L'APPROPRIATION DE LA MER
EN ASIE DU SUD-EST

Points sur l'Asie

Collection dirigée par Philippe Delalande

La collection a pour objet de publier des ouvrages brefs (200 à 250 pages), sur l'actualité politique, économique, sociale, culturelle en Asie. Ils traitent soit d'un pays d'Asie, soit d'un problème régional, soit des relations de ces pays avec le reste du monde. Ces ouvrages s'apparentent à des essais aisément accessibles, mais sur des bases documentaires précises et vérifiées. Ils s'efforcent, au-delà de l'analyse de l'actualité de prolonger la réflexion sur l'avenir. La collection voudrait, autant que faire se peut, pressentir les questions émergentes en Asie. Elle est ouverte à des témoignages, des expériences vécues, des études systématiques. Les auteurs ont tous une connaissance pratique de l'Asie.

Les lecteurs visés sont des personnes soucieuses de s'informer de l'actualité asiatique : investisseurs, négociants, journalistes, étudiants, universitaires, responsables d'ONG, cadres de la fonction publique en relation avec cette Asie en rapide mutation, où vit la majeure partie de la population du monde.

Dernières parutions

Philippe DELALANDE, *La Chine de Xi Jinping*, 2018.
Philippe DELALANDE, *La Chine depuis le congrès de 2012*, 2016.
Marion BOTTERO, *Tourisme sexuel et relations conjugales en Thaïlande et en Malaisie*, 2015.
Marie-Liesse LEFRANC, *L'Inde, « pharmacie du Sud ». Son rôle en matière de santé mondiale et commerce international*, 2015.
Peh BUNTONG, *Le développement socio-économique au Cambodge,* 2013.
Camille LAPORTE, *L'aide au développement en Corée du Nord. Efficacité et évaluation*, 2012.
Antoine MAIRE, *La Mongolie en quête d'indépendance. Une utilisation stratégique du développement minier,* 2012.
Frédéric BERAHA, *Apprendre de la Chine et s'y orienter*, 2012.
Anna OWHADI RICHARDSON (dir.), *Les Instituts Pasteur du Vietnam face à l'avenir. Alexandre Yersin à l'heure d'internet*, 2012.
Olivier van INGELGEM, *L'agriculture sud-coréenne*, 2012.
Tierry GUTHMANN, *Précis de politique japonaise,* 2011.

Jean-Marie Crouzatier

L'appropriation de la mer en Asie du Sud-Est

L'Harmattan

5-7, rue de l'École-Polytechnique, 75005 Paris

http://www.editions-harmattan.fr

ISBN : 978-2-343-14731-4
EAN : 9782343147314

Mer d'Asie du sud-est

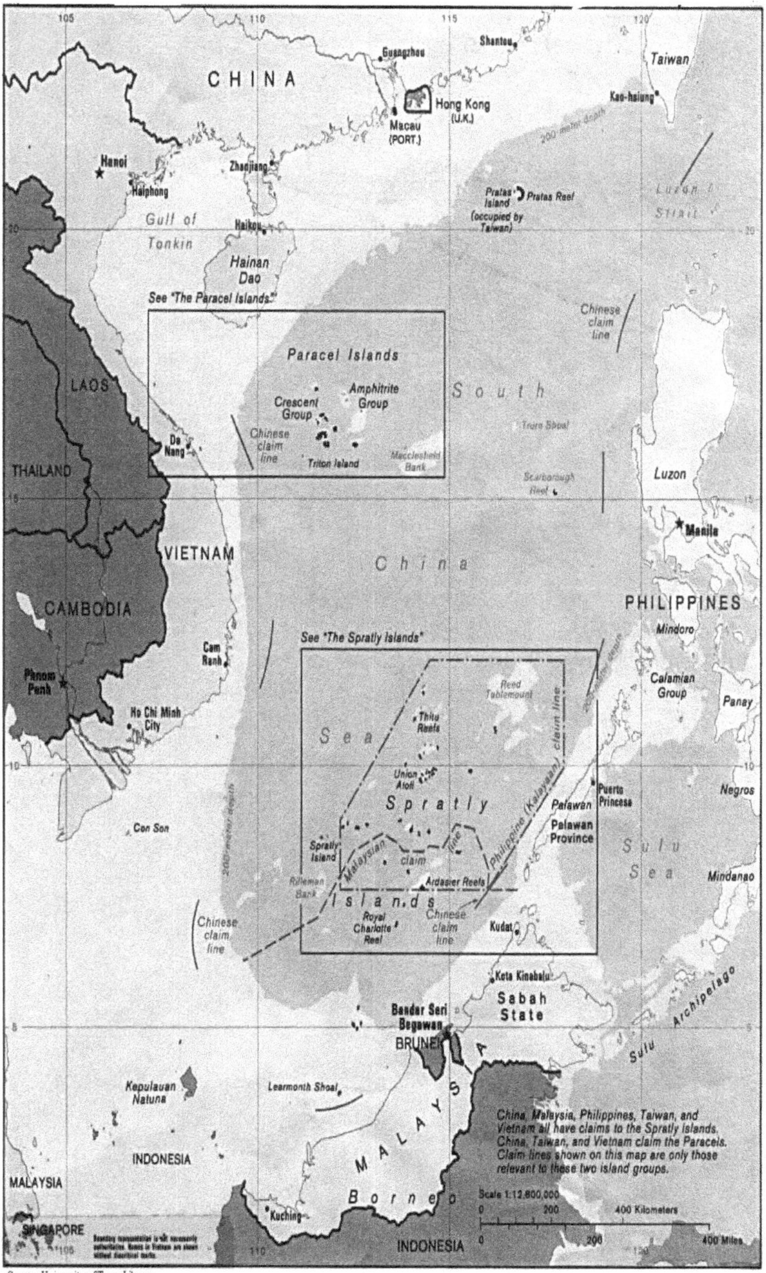

Source: University of Texas Library

« L'immense et vaste mer est-elle la dépendance d'un royaume seul, et qui n'est pas même le plus grand de tous ? Est-ce le droit d'un peuple quelconque d'empêcher les peuples qui le veulent de vendre, d'échanger, en un mot de communiquer entre eux ? Quelqu'un a-t-il pu donner ce qui ne lui a jamais appartenu, ou s'emparer à titre d'inventeur de ce qui était déjà la propriété d'un autre ? L'injustice d'un long temps donne-t-elle quelque droit en ces matières ? »[1].
Les formules ciselées par Grotius pour contester la prétention de l'Angleterre à considérer les mers voisines de l'Angleterre – les *narrow seas* – comme un *dominium* anglais, sur lesquelles leurs navires exigeaient le *naval salute* de la part des bateaux d'autres nationalités, sont reprises depuis quatre siècles pour justifier les libertés de navigation sur les océans et d'exploitation de leurs ressources.

Mais la théorie du *Mare liberum* élaborée par Grotius en 1609 ne tenait sa force que de l'impossibilité matérielle de réaliser une occupation effective et permanente du milieu marin. À l'heure actuelle, les installations fixes – plates-formes, îles artificielles, ports en mer et autres structures industrielles – concrétisent une emprise sur la mer appuyée par des moyens de contrôle rapides et efficaces. Ces progrès techniques expliquent, pour une bonne part, l'extension des juridictions côtières, notamment après l'adoption de la convention de Montego Bay. La troisième conférence sur le droit de la mer avait pour objectif d'élaborer un code de conduite universel touchant à toutes les questions du droit de la mer : la convention qu'elle adopta en 1984 fut d'ailleurs considérée comme une véritable « constitution des océans »[2]. Ce texte consacre une profonde évolution du statut et de l'utilisation des milieux marins qui sont désormais mesurés, divisés, catalogués, partagés en distinguant les eaux, le sol, le sous-sol, les ressources minérales

[1] Hugo Grotius, *De la liberté des mers*.

[2] La formule est de Tommy Koh (Singapour), président de la troisième conférence des Nations unies sur le droit de la mer.

et biologiques, les organismes vivant dans les eaux et ceux vivant sur les fonds…

Il est peu de zones dans lesquelles la convention de Montego Bay eut davantage d'incidences qu'en Asie du Sud-Est. La région ainsi dénommée fut conceptualisée récemment puisqu'elle apparaît pour la première fois en français dans l'édition 1929 de la *Géographie universelle* de Vidal de la Blache qui regroupe sous le vocable l'Indochine et l'Insulinde. Au début du XXe siècle, le géographe Élisée Reclus préférait appeler cette zone « l'angle de l'Asie ». Les limites de cette dernière restaient d'ailleurs incertaines. Depuis 1945, la conception qu'en avaient les Occidentaux a prévalu : pour l'armée américaine et son allié britannique pendant la Deuxième Guerre mondiale, l'expression « Asie du Sud-Est » désignait la zone située au sud de la Chine et à l'est de l'Inde, qui recouvre aujourd'hui les dix pays associés au sein de l'ASEAN. La mer qui baigne les côtes de la plupart d'entre eux est qualifiée de « mer de Chine méridionale » mais il serait plus juste de la dénommer « mer d'Asie du Sud-Est ». Bordée au nord par la Chine et au nord-est par Taïwan, à l'ouest par le Viêt Nam, le Cambodge et la Thaïlande, au sud par l'Indonésie, la Malaisie et Brunei, à l'ouest par les Philippines, il s'agit d'une mer semi-fermée.

Une des particularités de la région est que le « processus de délimitation des frontières y est le moins achevé »[3]. C'est tout particulièrement le cas des frontières maritimes dans une mer où la proximité des côtes des États riverains et la présence de nombreux archipels conduisent au chevauchement des zones maritimes revendiquées par ces derniers[4]. Les îles, îlots et récifs souvent inhospitaliers qui parsèment cette mer font l'objet de prétentions croisées des riverains qui souhaitent bénéficier du

---

[3] Michel Foucher (dir.), *Asies nouvelles*, Paris, Belin, 2002.

[4] Éric Dénécé., *Géostratégie de la mer de Chine méridionale et des bassins maritimes adjacents*, Coll. « Recherches Asiatiques », Paris, L'Harmattan, 2000.

principe général énoncé par la Cour internationale de justice : « C'est la terre qui confère à l'État riverain un droit sur les eaux qui baignent ses côtes » (CIJ, *Affaire des pêcheries*, 18 décembre 1951).

Cette mer d'Asie du Sud-Est est donc le lieu de tensions et de conflits depuis plusieurs décennies : d'abord limités au contentieux bilatéral entre la Chine et le Viêt Nam à propos de l'archipel des Paracels, ils se sont ensuite « multilatéralisés » sur la question des Spratleys et de ses environs, avant de se généraliser à l'ensemble de la zone depuis les années 1990. Sans qu'un règlement n'ait vu le jour, à l'exception d'une décision rendue par un tribunal arbitral le 12 juillet 2016 (*Arbitrage relatif à la mer de Chine méridionale, République des Philippines/République populaire de Chine*), décision dont les effets sont improbables étant donné le refus d'un des protagonistes – la République populaire de Chine – d'en tenir compte… Or, en raison de la politique qu'elle mène dans la région, cette dernière porte la responsabilité principale de la situation actuelle.
Rappelons les faits : la Chine a profité du conflit en Indochine pour occuper en 1956 la moitié orientale des Paracels qui relèvent historiquement du Viêt Nam et y édifier des infrastructures militaires et un port ; en 1974, après un bref engagement naval contre une flottille sud-vietnamienne, la marine chinoise s'empare du groupe des Paracels occidentales. L'ensemble de l'archipel est alors entre ses mains. Mais Pékin ne s'en tient pas là et revendique la souveraineté sur les îlots Spratleys, beaucoup plus au sud, dispersés sur 160 000 kilomètres carrés ; l'administration des empereurs d'Annam y a été beaucoup plus épisodique que dans les Paracels ; c'est en réalité la France, puissance occupante au Viêt Nam, qui y a affirmé des droits sans que ces prétentions ne soient contestées ; le Viêt Nam, après son indépendance, pouvait donc légitimement se considérer comme successeur de la France dans l'archipel et en occupe d'ailleurs quelques îlots. Les Philippines ne revendiqueront une partie des îles que dans les années 1970, imitées ensuite par les autres voisins : Taïwan, puis la Malaisie ; la revendication de la Chine populaire n'est fondée ni

juridiquement ni géographiquement, et c'est pourquoi son armée intervient militairement pour une occupation effective. En mars 1988, un violent incident naval oppose des navires chinois aux bateaux vietnamiens convoyant du ravitaillement aux garnisons stationnées dans quelques îles. Venue tardivement dans cet archipel qui est encore plus éloigné de ses côtes que les Paracels, la Chine a dû dans un premier temps se contenter de prendre appui sur des bancs dont certains sont recouverts à marée haute ; mais depuis 1999, elle a entrepris des travaux de poldérisation et la construction de bases destinées aux pêcheurs (*sic*) ; ces constructions artificielles transformant des îlots ou des récifs en facilités portuaires ou pistes d'atterrissage se sont multipliées dans les Spratleys et les Paracels, en contradiction avec le code de bonne conduite conclu dans le cadre de l'ASEAN en 2002 enjoignant aux États riverains d'éviter toute action qui mettrait en cause la stabilité de la région. En 2013, la Chine a même instauré une zone de pêche contrôlée dans la région. Son ambition est ainsi de dominer tout le bassin qui se trouve à son flanc sud.

Ces tensions dont il est peu question dans les médias occidentaux dépassent largement le cadre régional, car les enjeux sont considérables : sur le plan économique, les sous-sols sont riches en pétrole (plusieurs gisements sont en cours d'exploitation) et les ressources halieutiques importantes ; sur le plan stratégique, la possession d'une mer territoriale dans cette partie de l'océan, et plus encore d'une zone économique exclusive, permet de surveiller et de contrôler le trafic maritime qui est intense puisque transite par cette zone l'essentiel du commerce maritime japonais et chinois, et plus généralement la majorité du commerce maritime entre l'Asie de l'Est d'une part, et l'Asie du Sud, le Moyen-Orient et l'Europe d'autre part ; sur le plan géopolitique, la confiscation de la zone par la Chine remet en cause le *statu quo* régional. Le comportement de la République populaire de Chine dans le conflit est scruté et ses initiatives dans la région sont perçues comme autant de précédents : si Pékin impose ses diktats et son hégémonie sur l'Asie du Sud-Est et ses 600 millions d'habitants, l'impact de cette situation se fera sentir au-delà de la région Asie-Pacifique. C'est l'équilibre géopolitique mondial qui est en jeu.

La crise a atteint une telle ampleur ces dernières années que les ministres des Affaires étrangères du G7 ont décidé d'évoquer la question dans la déclaration finale de leurs réunions de Lübeck le 25 avril 2015 et d'Hiroshima le 11 avril 2016 : « Nous nous opposons résolument à toute action unilatérale d'intimidation ou de provocation qui pourrait changer le statu quo et accroître la tension. Nous appelons tous les États à s'abstenir d'actions telles que la revendication de zones maritimes, notamment par la construction de points d'appui et leur exploitation à des fins militaires » ; le G7 appelle les États côtiers à « renoncer aux actions unilatérales » et à « élaborer des mesures de confiance ».

Les initiatives de ce genre se multiplient pour un règlement diplomatique ; mais, en l'absence d'un mécanisme régional de sécurité collective, sa conclusion suppose soit une médiation plus efficace que celle de la principale organisation régionale concernée – l'ASEAN –, soit l'intervention des Nations unies. Quant à une solution juridictionnelle souhaitée par beaucoup, elle semble très improbable étant donné le refus de certains protagonistes d'accepter un tel type de règlement. La mise en œuvre effective des règles du droit international pour trouver une issue à cette situation est donc actuellement problématique. Dans l'attente, le statut des archipels et de la mer d'Asie du Sud-Est reste une affaire qui met en jeu la sécurité en Asie et dans le monde.

Partie 1

La mer, enjeu sécuritaire en Asie du Sud-Est

« La mer n'est plus un élément ; elle est devenue un espace dominé par l'homme. »
Carl Schmitt, *Souveraineté de l'État et liberté des mers,* 1941.

À son disciple qui l'interroge sur la première décision qu'il prendrait si le prince de Wei lui demandait de régler les affaires publiques, maître Kongzi (Confucius pour les Occidentaux) répond : « rendre à chaque chose son vrai nom ». Et au disciple qui s'étonne – « à quoi bon cette rectification des noms ? » – le maître explique : « si les noms ne sont pas ajustés, le langage n'est pas adéquat. Si le langage n'est pas adéquat, les choses ne peuvent être menées à bien… »[5].

Il conviendrait d'appliquer la maxime confucéenne à la dénomination de cette mer dite « de Chine méridionale ». Mer de l'Est ou mer orientale pour les Vietnamiens, mer occidentale pour les Philippins, mer du Sud pour les Chinois depuis la dynastie Qing, elle s'est vue qualifier par les géographes coloniaux de « mer de Chine méridionale » ou « mer de Chine du Sud », géonyme repris depuis les années 1960 par la plupart des atlas. L'appellation paraissait logique aux explorateurs, commerçants et missionnaires occidentaux qui – dans leur grande majorité – allaient dans l'empire du Milieu ; la mer qui les menait, au débouché du détroit de Malacca, vers l'eldorado chinois devait naturellement se nommer mer… de Chine. Or, cette appellation est dangereuse car elle laisse entendre que

[5] Confucius, *Entretiens du maître avec ses disciples*, Paris, Mille et une nuits, 1997, p. 111.

cette mer serait chinoise[6], ce qu'elle n'est ni géographiquement, ni historiquement, ni juridiquement. Géographiquement, cette mer baigne tous les États de la région d'Asie du Sud-Est (à l'exception du Laos enclavé et du Myanmar qui donne sur l'océan Indien) ; elle est l'équivalent en Asie du Sud-Est de la Méditerranée pour l'Europe et l'Afrique du Nord. Sur le plan historique, elle a été de tout temps parcourue par les pêcheurs et les navigateurs de toutes origines, et les titres « historiques » avancés par certains États ne leur confèrent pas de droit sur l'ensemble de cette mer. Juridiquement, malgré les prétentions de la Chine, cet espace maritime situé à « l'angle de l'Asie »[7] ne relève de la souveraineté exclusive d'aucun État (si l'on excepte les zones économiques exclusives des riverains).

En droit international, le seul fait de nommer une zone ne permet pas de fonder une souveraineté. Les atlas et cartes se réfèrent à une nomenclature émanant de l'Organisation hydrographique internationale : « Limites des océans et des mers ». Cette dénomination ne signifie donc pas reconnaissance de la souveraineté de la Chine par les États occidentaux ; mais elle est dangereuse, car elle est utilisée comme argument par la Chine pour confirmer ses « titres historiques »[8].

---

[6] Frédéric Lasserre rapporte cette affirmation d'un enseignant chinois : « Comme le nom l'indique, cette magnifique expression de "mer de Chine du Sud" n'a pas été choisie par les colonisateurs par amour de la Chine, mais bien plutôt comme une reconnaissance formelle d'un fait historique objectif », Zhao Lihai, *Journal de l'université de Pékin*, mai 1992, in *Le dragon et la mer. Stratégies géopolitiques chinoises en mer de Chine du Sud*, Paris, L'Harmattan, 1996, p. 115.

[7] Formule d'Élisée Reclus en 1883, reprise par Paul Mus en 1977.

[8] Pour contester ces « titres », certains riverains utilisent la toponymie : le 14 juillet 2017, le gouvernement indonésien a officiellement décidé de dénommer le territoire maritime situé dans sa zone économique exclusive au nord de l'archipel « mer septentrionale de Natuna ». Malgré les critiques du porte-parole du ministère chinois des Affaires étrangères, le terme a été enregistré par les instances internationales compétentes. Les Philippines avaient auparavant fait de même et dénommé leur zone économique exclusive « mer des Philippines occidentales ».

Le nom donné par les Occidentaux étant source de litige, la mer dite « de Chine méridionale » devrait s'intituler autrement. D'aucuns proposent que l'ASEAN se saisisse de la question et décide de la baptiser « mer de l'ASEAN »... Pour rester neutre et au plus près de la réalité géographique, cet espace sera intitulé dans cette étude « mer d'Asie du Sud-Est ».

1.1. Un espace maritime encombré

Bordée par dix pays – la Chine, les Philippines, la Malaisie, l'Indonésie, Brunei, Singapour, la Thaïlande, le Cambodge, le Viêt Nam et Taïwan –, elle constitue une mer semi-fermée, selon la définition qu'en donne la convention sur le droit de la mer (article 122) : « un golfe, un bassin ou une mer, entouré par plusieurs États et relié à une autre mer ou à l'océan par un passage étroit... ». De fait, on y accède par des détroits : au nord, les détroits de Taïwan et Luzon ; au sud, ceux de Malacca, de Karimata et de la Sonde ; à l'est, les détroits de San Bernardino et de Surigao ouvrent sur l'océan Pacifique. L'Organisation hydrographique internationale fixe ainsi ses limites maritimes : le parallèle au nord du détroit de Taïwan ; la ligne qui relie la pointe sud de Taïwan à la pointe nord de l'île de Luzon (Philippines) à l'est ; la côte nord de l'île indonésienne de Belitung au sud ; le débouché du détroit de Malacca à l'ouest[9].

D'une longueur de 3 520 kilomètres et d'une largeur de 1 200 kilomètres, la superficie totale du bassin est de 3 447 000 kilomètres carrés. La profondeur moyenne y est de 1 140 mètres, avec un bassin profond qui s'étend sur 50 % de sa surface à une profondeur moyenne de 4 300 mètres.

---

[9] Selon cette délimitation, le golfe de Thaïlande ne ferait donc pas partie de cette mer.

La « Méditerranée asiatique »

L'appellation de « Méditerranée asiatique » se justifie donc du point de vue géographique. Il s'agit d'un espace maritime circonscrit dans des terres – le continent asiatique à l'ouest et les archipels des Philippines et d'Indonésie à l'est et au sud. Mais cette « mer entre les terres » communique avec l'océan Pacifique et l'océan Indien par des détroits et des chenaux.

L'appellation recouvre également une réalité historique : cet espace maritime n'a jamais séparé, mais au contraire rapproché car il a servi de lien, de voie de communication et de relation sur les plans culturel et commercial ; c'est bien une *mare nostrum*.

L'analogie avec la Méditerranée vaut enfin sur le plan géopolitique, car c'est par la mer que les Occidentaux sont arrivés à partir du XVIe siècle et ont pris le contrôle de la région au XIXe siècle, suivis par le Japon ; c'est cette mer qui a été l'un des théâtres de l'affrontement entre les États-Unis et l'Union soviétique au moment de la guerre froide ; c'est la même mer qui suscite aujourd'hui l'appétit des riverains.

Cet espace maritime comporte de nombreuses îles et archipels ; les principaux sont : les îles Pescadores, les îles Pratas, le banc Macclesfield, les récifs Scarborough, les îles Paracels et les îles Spratleys. La structure sous-marine est encore imparfaitement connue. Les montagnes sous-marines qui s'élèvent au centre du bassin sont vraisemblablement d'origine volcanique ; les récifs, îles et archipels ne seraient que les sommets de montagnes sous-marines et de volcans reposant sur ces fragments. En raison de leur superficie réduite, du sol peu propice à l'agriculture et de la fréquence des typhons, il s'agit d'îles inhabitées ; elles servaient de point d'appui ou de refuge à des pêcheurs saisonniers.

Les quelque 90 îlots appelés Pescadores (*Penghu*) forment un archipel situé dans le détroit de Taïwan, à 45 kilomètres de la côte sud-ouest de Taïwan et à 140 kilomètres du continent. Ils sont administrés par la République de Chine (Taïwan).

Les Pratas, ou *Dongsha*, constituent un atoll circulaire de 24 kilomètres de diamètre à 420 kilomètres de Taïwan et à 240 kilomètres de la côte du continent. L'archipel est actuellement contrôlé par le gouvernement de Taïwan.

Le banc Macclesfield est un haut-fond situé à l'ouest des Paracels et au nord des Spratleys. Complètement immergé, l'atoll occupe une superficie de 6 450 mètres carrés. Il est revendiqué par la République populaire de Chine, Taïwan et les Philippines.

Les récifs Scarborough, ou *Huangyan*, forment un atoll de 150 kilomètres carrés, mais la plupart de ces éléments sont recouverts à marée haute. Ils sont situés à 200 kilomètres de Luzon, la principale île des Philippines, et sont revendiqués par les Philippines (qui en occupent une partie), la République populaire de Chine et Taïwan. En 2012, la marine chinoise a mené une opération militaire et, depuis, elle en contrôle l'accès. C'est la raison pour laquelle les Philippines ont porté l'affaire devant la Cour permanente d'arbitrage à La Haye. Les juges devaient déterminer si le récif est une île avec un territoire, ou un simple rocher privé de territoire. Dans le premier cas, le récif serait un territoire propre et la Chine en revendiquerait la souveraineté ; dans le second cas, le récif appartiendrait à la zone économique exclusive des Philippines. Le tribunal a rendu son verdict le 12 juillet 2016 et a affirmé que les revendications de Pékin ne sont pas fondées.

L'archipel des Paracels[10] (appelé *Hoang Sa* par les Vietnamiens et *Xisha* en chinois) est situé entre 16° et 17° de latitude nord et entre 111° et 113° de longitude est, à équidistance de la Chine et du Viêt Nam (environ 170 milles marins de Da Nang et de l'île chinoise de Hainan). La trentaine d'îlots et récifs qui le

[10] Déformation de l'indication *parcels* (récifs) figurant sur les cartes portugaises. Pierre Bernard Lafont, *Les frontières du Vietnam*, Paris, L'Harmattan, 1989, p. 244.

composent forment deux groupes : le groupe Amphitrite et le groupe Croissant, distants d'environ 70 kilomètres. À l'est, le groupe Amphitrite comprend Woody Island, Rocky Island, South Island, Middle Island, North Island, Tree Island et Lincoln Island. La plus grande de ces îles est Woody Island d'une longueur de 4 kilomètres et de 2 ou 3 kilomètres de largeur. À l'ouest, le groupe Croissant est formé de sept îles principales : Robert, Duncan, Palm Island, Drummond, Pattle, Money et Triton. L'ensemble de l'archipel occupe environ 15 000 kilomètres carrés. Depuis janvier 1974, lorsque l'armée chinoise s'est emparée par la force de l'ensemble de l'archipel, des infrastructures ont été établies, notamment un aérodrome et un port sur Woody Island, ainsi qu'un port sur l'île Triton.

L'archipel des Spratleys (*Truong Sa* pour les Vietnamiens, *Nansha* pour les Chinois, *Kalayaan* pour les Philippins) est situé beaucoup plus au sud que les Paracels (12° de latitude nord, 111° à 117° de longitude est) ; à mi-chemin des côtes vietnamiennes et philippines, il comprend plus d'une centaine d'îles, d'îlots, de rochers et de bancs de sable dispersés sur une surface totale de 160 000 kilomètres carrés. D'après le géographe Frédéric Lasserre, seulement 15 îles et 16 îlots rocheux émergent à marée haute. La plupart de ces formations sont petites : certaines sont totalement dépourvues de végétation et sont seulement couvertes de sable et de guano ; d'autres présentent quelques buissons et cocotiers et disposent d'eau potable. Certains auteurs répartissent ces îles en quatre groupes : les Spratleys de l'ouest, les récifs du sud, la zone dangereuse et les Spratleys de l'est.

Il faut ajouter à cette liste les hauts-fonds non découvrants suivants : le haut-fond de Truro (*Truro shoal* en anglais), à mi-distance entre le banc Macclesfield et l'île philippine de Luzon ; le haut-fond de Reed (*Reed bank*) situé au nord-est de l'archipel des Spratleys, les hauts-fonds de Luconia (*Luconia shoal*) et James (*James shoal*), situés à quelque 100 milles marins au nord de l'État malaisien de Sarawak, au nord de l'île de Bornéo.

Les États concurrents pour l'appropriation de ces minuscules formations ont pris pied sur certaines d'entre elles : le Viêt Nam occupe Spratley Island, une petite île de 750 mètres de long et de 400 mètres de large où se trouvent de l'eau et de la végétation ; il en fait la base principale de son rayonnement dans l'archipel. La marine taïwanaise entretient une garnison de près d'un millier d'hommes sur la plus importante des îles, Itu Aba (0,5 kilomètre carré). Les Philippines sont également présentes (Thitu), ainsi que la Malaisie (Swallow reef). Quant à la République populaire de Chine, elle a pris appui en 1988 sur de simples bancs, pas toujours découverts à marée haute. Aussi, ces bancs ont-ils fait l'objet depuis 2013 d'aménagements importants après que les formations coralliennes aient été attaquées à l'explosif et que le sol ait été surélevé sur une surface suffisante. Ces îles artificielles ont permis l'installation de bases militaires permanentes disposant de pistes aériennes. Au total, 48 îlots seraient occupés : 27 par le Viêt Nam, 8 par les Philippines, 7 par la Chine populaire, 5 par la Malaisie et 1 par Taïwan[11].

La mer nourricière

Parmi les dix premiers pays au monde qui pratiquent les captures halieutiques, figurent quatre pays de la région ; l'Asie compte plus de 47 millions de pêcheurs ; 80 % des navires de pêche équipés de moteurs se trouvent en Asie. Ces quelques données attestent combien la pêche et l'aquaculture jouent un rôle majeur dans les moyens d'existence de millions de

---

[11] Les chiffres varient selon les sources et dans la mesure où l'occupation n'est pas toujours rendue publique. Cf. par exemple, les décomptes de Patrice Jorland, in IRIS, *Mer de Chine méridionale, nouvel espace de crise*, Paris, 2012, p. 11 ; Kham Vorapet, *L'ASEAN de A à Z*, Paris, L'Harmattan, 2011, p. 320 ; Ian Storey, « Discordes en mer de Chine méridionale : les eaux troubles du Sud-Est asiatique », *Politique Étrangère*, 2014, n° 3, p. 36 ; Laurent Gédéon, « Mer de Chine méridionale. Les racines géopolitiques de la crise », *Mémoires d'Indochine*, 29 mai 2014 ; Patrick Hébrard, « Procédure d'arbitrage et montée des tensions en mer de Chine », note de la Fondation pour la recherche stratégique, n° 13, 2016 ; Yann Roche, « Mer de Chine du Sud : un jeu de go à hauts risques », *Diplomatie*, n° 33, 2016, p. 36.

personnes dans la région ; elles contribuent à la sécurité alimentaire (le poisson est estimé à un cinquième de l'apport global en protéines) et à la réduction de la pauvreté[12]. Mais, outre la satisfaction des besoins alimentaires des populations riveraines, les ressources halieutiques sont depuis longtemps et intensivement exploitées à des fins d'exportation.

Leur abondance dans cette mer est due à la convergence de plusieurs facteurs : la présence d'une longue plate-forme continentale ; l'importante quantité de matières nutritives transportées par les fleuves de la région (notamment le Mékong et le fleuve Rouge) ; la température uniforme des eaux tout au long de l'année ; des eaux relativement peu profondes et une grande biodiversité[13].

Les pays possédant une façade maritime veillent donc à contrôler et à protéger cette richesse. C'est dans ce but qu'a été créée par la convention sur le droit de la mer de 1982 la « zone économique exclusive » : un espace où l'État riverain dispose de droits souverains et de juridiction. Les droits souverains concernent l'exploration et l'exploitation, la conservation et la gestion des ressources naturelles, ainsi que la possibilité d'exercer des activités économiques telles que la production d'énergie à partir de l'eau, des courants et des vents. Les droits de juridiction recouvrent la mise en place et l'utilisation d'îles artificielles, d'installations et d'ouvrages, la recherche scientifique marine et la protection du milieu marin. Le sol et le sous-sol de la zone économique exclusive forment le plateau continental. Selon l'article 76 de la convention, le plateau continental d'un État s'étend jusqu'à 200 milles marins de la ligne de base ; il peut bénéficier d'une extension jusqu'à 350 milles marins. L'État dispose du droit de rechercher et

---

[12] Le rapport 2016 de la FAO sur les pêches et l'aquaculture s'intitule significativement : « Contribuer à la sécurité alimentaire et à la nutrition de tous », Rome, 2016.

[13] Rodolphe de Koninck, *L'Asie du Sud-Est*, Paris, A. Colin, 2012, p. 27.

d'exploiter les ressources naturelles qui peuvent être minérales, fossiles, mais aussi la faune et la flore.

La convention n'a pas mis fin aux conflits dans la mer d'Asie du Sud-Est ; ils se sont simplement déplacés et focalisés sur la délimitation de ces zones économiques exclusives et des plateaux continentaux. La dimension économique est majeure. Elle explique en grande partie les développements survenus après l'adoption de la convention sur le droit de la mer, lorsqu'est venue se greffer aux aspects purement territoriaux l'occasion de s'approprier les zones économiques exclusives des archipels et donc l'exploitation exclusive de leurs ressources naturelles, en particulier les ressources halieutiques.

Dès lors, il ne faut pas s'étonner si la pêche est un enjeu essentiel des conflits en mer d'Asie du Sud-Est. Avec le progrès du niveau de vie des populations de la région, notamment la population chinoise, l'amélioration qualitative et quantitative des repas contribue à augmenter la demande. La compétition entre pêcheurs de la région en devient plus rude. Mais les forces en présence sont disproportionnées.

Car dans la mer d'Asie du Sud-Est, coexistent deux types de pêche tout à fait distincts : la pêche artisanale, ou traditionnelle, et la pêche industrielle.

La pêche traditionnelle n'a guère changé au cours des siècles ; elle fait peu intervenir la technologie, emploie une main-d'œuvre nombreuse et reste généralement confinée aux zones côtières. Les membres d'équipage appartiennent souvent à la même famille ou sont des habitants de la même localité ; le navire et l'équipage en mer font donc partie intégrante de la vie familiale et communautaire. En général, les bateaux de pêche rentrent au port tous les jours, ou ne partent que pour quelques jours. Les communications par radio en mer et la tradition, entre navires amis, de pêcher dans les mêmes zones diminuent le sentiment d'isolement.

Cette pêche artisanale domine dans les pays d'Asie du Sud-Est. Au Viêt Nam, l'industrie de la pêche marine exploite 80 000 à 100 000 navires ; on estime que cette industrie et celle de la pêche intérieure emploient actuellement, directement ou indirectement 3,5 millions de personnes. Selon les données gouvernementales, la valeur de production directe de cette industrie (basée sur le prix à quai et le prix à la production) équivaut à 3 à 4 % du PIB du Viêt Nam. Cette industrie fait face à de nombreuses difficultés en raison de sa structure fragmentée et d'un équipement insuffisant pour la pêche en haute mer.

En Malaisie également, le secteur des pêches est dominé par la pêche artisanale, disséminée le long de la côte. La flotte est composée de plus de 40 000 unités enregistrées, dont 50 % possèdent un moteur intérieur. Le gouvernement encourage l'exploitation de la zone située au-delà des 30 milles depuis que la Malaisie a déclaré l'existence de la zone économique exclusive en 1980, et qu'elle est devenue effective en 1984. Car le secteur de la pêche joue un rôle important dans l'économie malaise, par l'approvisionnement en aliments (le poisson joue un rôle essentiel dans l'alimentation des populations ; au niveau national, il représente environ 22 % des apports en protéines et 50 % des protéines animales), grâce à la création d'emplois (le secteur des pêches fournit un emploi direct à 80 000 personnes, et à des nombreuses autres personnes dans les industries connexes) et en raison des rentrées de devises.

L'archipel des Philippines comporte plus de 7 000 îles et compte 17 640 km de côtes. Les produits de la mer font partie intégrante du régime alimentaire philippin, apportant plus de la moitié des protéines consommées. Plus d'un million de Philippins pêchent en mer ; environ 80 % d'entre eux sont de petits pêcheurs qui utilisent des méthodes traditionnelles. Mais, depuis les années 1970, le gouvernement philippin a autorisé des investisseurs étrangers à exploiter ses ressources marines : Japonais, Chinois et Australiens ont alors renforcé leur présence dans les eaux philippines, développant l'utilisation de méthodes de pêche commerciale. Ces nouvelles méthodes ont certes profité aux Philippins qui ont globalement augmenté leur production de poisson, mais cela au détriment des petits pêcheurs : l'intensification de la pêche au large des côtes a engendré un déclin des populations de poissons dans les zones côtières. Par conséquent, les pêcheurs doivent s'éloigner davantage des côtes pour parvenir à une prise équivalente ; mais cette pratique entraîne des coûts supplémentaires, obligeant à augmenter la production. Dans de nombreux endroits, les pêcheurs philippins se sont tournés vers une méthode interdite : la pêche à l'explosif qui détruit l'écosystème (les coraux mais aussi les jeunes poissons) au détriment des pêcheurs eux-mêmes…

Les quelque 8 millions de kilomètres carrés de l'archipel indonésien et son grand nombre d'îles en font l'une des plus vastes zones économiques exclusives du monde. De plus, elle est l'un des réservoirs les plus importants de la biodiversité marine de la planète, avec des ressources halieutiques considérables. En Indonésie comme dans les pays voisins, la pêche artisanale produit l'essentiel des captures totales. La flotte de pêche comprend plus de 50 000 bateaux, mais la moitié d'entre eux n'est pas motorisée. Plus de cinq millions de personnes vivent de la pêche et de l'aquaculture ; avec leurs familles, elles représentent 4 % de la population totale. Afin de résoudre le problème de la baisse des ressources et de la surpopulation de pêcheurs, le développement des pêches marines s'oriente vers l'est du pays et la zone économique exclusive ; de plus, le gouvernement encourage le changement d'emplois en direction de l'aquaculture marine, la production en eau saumâtre ou la transformation des produits et l'augmentation des récifs artificiels. Dans l'ensemble, le secteur des pêches apporte une très importante contribution à l'alimentation, en fournissant près des deux tiers des protéines animales.

À l'opposé de la pêche artisanale, la pêche industrielle fait appel à des techniques perfectionnées et des moyens financiers considérables. La Chine domine ce secteur dans la région. Les

navires de pêche industrielle sont généralement de grande taille, bien équipés et peuvent étendre leur activité à travers les océans. La durée d'une campagne varie généralement de dix jours à trois mois. Les membres d'équipage des navires de haute mer, dont le nombre oscille entre vingt et cent, ne peuvent être recrutés dans un réseau fermé de personnes unies par des liens de parenté et de voisinage. Les équipages comprennent donc des ressortissants de divers pays : c'est le cas de la flotte de pêche de Taïwan qui est la plus importante au monde, ou encore des entreprises de pêche commune lorsque des navires de pays industriels opèrent dans les eaux de pays en développement.
La République populaire de Chine pêche chaque année 15 millions de tonnes de poissons. Selon la FAO, c'est le premier pays exportateur dans ce domaine, devant la Thaïlande et la Norvège. Dotée d'une flotte de 3 400 navires, elle pêche dans les eaux internationales à proximité d'une centaine de pays. La plupart des navires de pêche chinois se déplacent par dizaines, voire par centaines : une flotte complète qui compte des chalutiers, mais aussi des navires logistiques et ravitailleurs, des navires-usines qui traitent la pêche jusqu'à la mise en boîte[14], des cargos, ou encore des navires-ateliers. En mer d'Asie du Sud-Est, la Chine envoie chaque année depuis l'île de Hainan une flotte de plusieurs dizaines de navires de pêche, disposant de navires d'approvisionnement et escortée de garde-côtes.

Or, les ressources se raréfient en raison de l'élévation de la température des mers et de leur acidification dues au changement climatique, ce qui constitue une grave menace pour la vie marine, et donc pour les communautés humaines qui vivent aux abords des côtes ou sur des îles. À cela s'ajoutent les

---

[14] Parmi eux, un véritable mastodonte, le *Lafayette*, un ancien pétrolier de 229 mètres reconverti par la société chinoise *Pacific Andes* : avec 320 employés à bord, il peut congeler 1 500 tonnes de poissons par jour et accueillir 14 000 tonnes dans ses frigorifiques. Utilisé comme « navire-mère », il ne pêche pas, mais récupère les poissons des bateaux plus petits qui font la navette autour de lui.

ravages de la surexploitation des ressources halieutiques, notamment la surpêche souvent illicite, non déclarée, non réglementée (dite « pêche INN »).

La pêche INN

Dans le plan d'action adopté par son conseil en juin 2001[15], la FAO définit ainsi la pêche illicite : « des activités de pêche effectuées par des navires nationaux ou étrangers dans les eaux placées sous la juridiction d'un État, sans l'autorisation de celui-ci, ou contrevenant à ses lois et règlements ; effectuées par des navires battant pavillon d'États qui sont parties à une organisation régionale de gestion des pêches compétente, mais qui contreviennent aux mesures de conservation et de gestion adoptées par cette organisation et ayant un caractère contraignant pour les États ou aux dispositions pertinentes du droit international applicable ; ou contrevenant aux lois nationales ou aux obligations internationales, y compris celles contractées par les États coopérant avec une organisation régionale de gestion des pêches compétente ».

Par pêche non déclarée, la FAO entend « des activités de pêche qui n'ont pas été déclarées, ou l'ont été de façon fallacieuse, à l'autorité nationale compétente, contrevenant ainsi aux lois et règlements nationaux ; ou entreprises dans la zone de compétence d'une organisation régionale de gestion des pêches compétente, qui n'ont pas été déclarées ou l'ont été de façon fallacieuse, contrevenant ainsi aux procédures de déclaration de cette organisation ».

Enfin, la FAO définit les activités de pêche non réglementée comme celles « qui sont menées dans la zone de compétence d'une organisation régionale de gestion des pêches compétente par des navires sans nationalité, ou par des navires battant

[15] « Plan d'action international visant à prévenir, à contrecarrer et à éliminer la pêche illicite, non déclarée et non réglementée », 23 juin 2001, 120e session du Conseil de la FAO.

pavillon d'un État non partie à cette organisation, ou par une entité de pêche, d'une façon non conforme ou contraire aux mesures de conservation et de gestion de cette organisation ; ou qui sont menées dans des zones, ou visent des stocks pour lesquels il n'existe pas de mesures applicables de conservation ou de gestion, et d'une façon non conforme aux responsabilités de l'État en matière de conservation des ressources biologiques marines en droit international ».

Il faut ajouter des pratiques de pêche telles que l'utilisation de la dynamite ou du cyanure qui sont néfastes pour l'environnement marin. Selon la FAO, un cinquième des prises de poissons est pêché de façon illégale et de nombreux États font état de l'augmentation de la pêche illicite, non déclarée et non réglementée dans leur zone économique exclusive. C'est particulièrement le cas en Asie où la plupart des États ne disposent pas des moyens de surveiller leurs eaux territoriales et leur zone économique exclusive. Ces pratiques de surpêche ont un impact économique (selon la FAO, 80 % des stocks de poissons en mer d'Asie du Sud-Est sont surexploités), mais aussi social : elles contribuent à la paupérisation des communautés vivant de la pêche artisanale et qui ne trouvent plus suffisamment de poisson pour subsister, ce qui les pousse souvent à recourir également à des pratiques illicites ; elles sont également à la source d'une forme de travail forcé, lorsque les plus démunis s'engagent sur des bateaux de pêche qui partent de plus en plus loin, pour des périodes toujours plus longues, pour un salaire de misère.

La Banque mondiale estime que la mer d'Asie du Sud-Est est au bord de l'épuisement. La disparition graduelle des ressources côtières, du fait d'une exploitation trop intensive, conduit les flottes de pêche des pays riverains à rechercher de nouvelles zones plus au large, y compris dans les zones économiques exclusives des pays voisins. Ces pratiques se perpétuent, de la part des riverains d'Asie du Sud-Est, mais surtout depuis la Chine : avec un soutien financier généreux pour l'approvision-

Des moyens disproportionnés :
bateau de pêche vietnamien et chalutier chinois

-nement en pétrole, les pêcheurs chinois s'éloignent toujours davantage de leurs eaux pour empiéter sur les zones économiques exclusives des riverains de la mer d'Asie du Sud-Est.
Il n'est donc pas surprenant que beaucoup d'accrochages impliquent des navires de pêche. Pour les garde-côtes, empêcher leur présence est une marque de souveraineté, mais aussi le moyen de préserver une richesse économique. Les incidents de pêches qui se sont multipliés depuis deux décennies concernent Taïwan, les Philippines, le Viêt Nam, la Thaïlande, mais aussi la Malaisie et l'Indonésie. Les pêcheurs surpris dans une zone interdite ou réglementée sont arrêtés et détenus : les Philippines et l'Indonésie ont ainsi placé en détention plusieurs dizaines de pêcheurs vietnamiens et malaisiens ; des centaines de pêcheurs thaïlandais sont arrêtées chaque année par les autorités vietnamiennes... Certains États en viennent à appliquer aux contrevenants des mesures drastiques. Ainsi, les autorités indonésiennes qui saisissent chaque année des centaines de navires de pêche en situation illégale dans les eaux indonésiennes ont-elles décidé de les couler[16]. Elles insistent certes sur les autres mesures prises pour contrecarrer ces activités : l'interdiction du transbordement des prises en haute mer, ou encore le contrôle systématique des licences délivrées pour pêcher dans les eaux indonésiennes. Mais cette politique est critiquée par d'autres riverains et par la Chine qui considère la zone autour de Natuna comme une des « zones traditionnelles de pêche » des Chinois. Pourtant, la Malaisie a décidé d'appliquer la même politique.

La prévention et la répression de la pêche INN relèvent des garde-côtes des pays concernés. Mais sur ce plan également, la comparaison des capacités des États concernés est significative des disparités dans la région : la Chine dispose de quelque 200 navires, la moitié d'entre eux sont supérieurs à 1 000 tonnes ; le Japon met en œuvre 80 navires, dont une cinquantaine de plus

---

[16] En septembre 2017, les autorités ont déclaré avoir coulé 317 navires étrangers convaincus de pêche illégale dans les eaux indonésiennes.

de 1 000 tonnes ; le Viêt Nam détient 50 navires, dont 5 de plus de 1 000 tonnes ; l'Indonésie 8 navires, dont 3 de plus de 1 000 tonnes ; les Philippines 5 navires ; la Malaisie 2 navires[17]... De plus, alors que les garde-côtes des Philippines, du Viêt Nam, l'agence malaisienne de police maritime, le bureau indonésien de sécurité maritime assurent un rôle de police en mer (respect de la réglementation maritime, prohibition de la pêche illicite dans la zone économique exclusive, prévention et répression des trafics illégaux et de la contrebande, lutte contre la piraterie et les activités terroristes, recherche des navires en perdition et sauvetage en mer, protection de l'environnement), les garde-côtes chinois assurent en outre la protection des droits revendiqués par la République populaire de Chine en matière de souveraineté, ainsi que le contrôle et la gestion du domaine maritime. Ils sont aussi utilisés comme instrument agressif pour affirmer ses revendications territoriales ; pour ce faire, ils disposent d'armements offensifs.

Des moyens disproportionnés : les garde-côtes

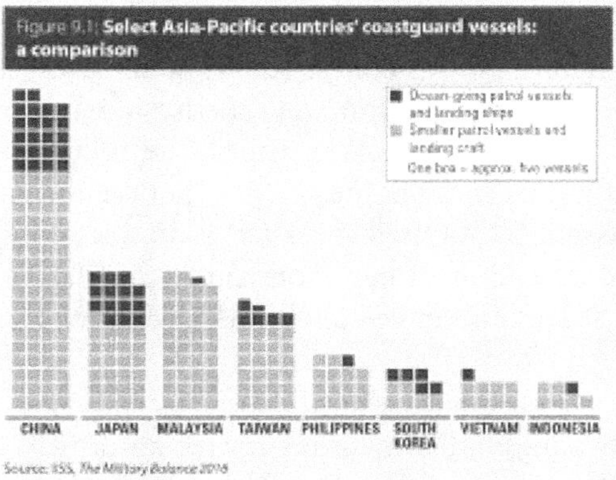

De 2010 à 2017, 53 incidents ont été rapportés ; les deux tiers d'entre eux impliquaient des garde-côtes chinois, des navires

[17] Lyle Morris, « Blunt Defenders of Sovereignty », *Naval War College Review,* 2017, n° 2, p. 2.

des autres agences chinoises de police maritime (Agence de surveillance maritime, administration de la sécurité maritime, commandement de la surveillance des pêches, administration générale des douanes), voire, même des navires de guerre chinois. Il s'agit le plus souvent de harcèlement, de manœuvres d'intimidation, d'arrosage au canon à eau, d'abordage à l'encontre de bateaux de pêche vietnamiens, philippins, malaisiens ou indonésiens. Dans certains cas, ces derniers se sont vus confisquer une partie de leurs prises ; des pêcheurs ont été pris en otage et relâchés contre rançon ; dans d'autres cas, heureusement peu nombreux, les garde-côtes chinois ont même ouvert le feu sur des pêcheurs désarmés et coulé leurs bateaux. En raison de la proximité géographique, les pêcheurs vietnamiens sont les premiers concernés : sur leurs bateaux en bois de taille moyenne (une dizaine d'hommes d'équipage), ils pratiquent une pêche essentiellement artisanale. Lorsqu'ils partent pour une ou deux semaines, les prises sont conservées dans un mélange de glace et de sel. Ils ne peuvent évidemment rivaliser avec les flottes de pêche chinoises : importantes (plusieurs dizaines de bâtiments, encadrés par des garde-côtes, escortés par des navires de ravitaillement), elles restent en mer plus longtemps ; les bateaux qui les composent sont en acier (la technologie chinoise de construction de navires est très supérieure à celle des pays de l'ASEAN). En cas de rencontre avec des pêcheurs d'autres nationalités, elles adoptent une attitude agressive, chassant les navires après les avoir encerclés, les repoussant à l'aide de canons à eau, coupant leurs filets. Il arrive que des navires soient éperonnés et abordés, des pêcheurs molestés et pris en otage.

De tels comportements sont évidemment contraires au droit. Le contrôle et l'inspection des navires étrangers obéissent à différentes règles en fonction de la zone maritime concernée : en haute mer, c'est un droit exclusif de l'État du pavillon ; l'État riverain dispose de pouvoirs de police dans les eaux territoriales, et de pouvoirs de contrôle dans sa zone économique exclusive et sur son plateau continental. Tous les États sont compétents et peuvent utiliser la contrainte pour assurer la liberté de navigation, la conservation des ressources marines et la protection de l'environnement marin. La convention sur le droit de la mer autorise certes les États à utiliser la contrainte pour faire respecter ses dispositions, mais les moyens utilisés ne doivent pas aller au-delà de ce qui est raisonnable et nécessaire pour atteindre le but recherché. Il s'agit là d'une limitation permanente au droit d'utiliser la force. Son article 225 prévoit que « lorsqu'ils exercent, en vertu de la convention, leurs pouvoirs de police à l'encontre des navires étrangers, les États ne doivent pas mettre en danger la sécurité de la navigation, ni faire courir aucun risque à un navire ou le conduire à un port ou lieu de mouillage dangereux, ni non plus faire courir de risques excessifs au milieu marin ». Ainsi, les forces de police ne doivent pas mettre en danger la sécurité de la navigation ou créer, d'une manière ou d'une autre, un danger pour un navire. Mettre en danger le navire d'un autre État met en jeu la responsabilité de l'État.

La jurisprudence renforce cet impératif. Dans la décision *République de Malte c/ République démocratique de São Tomé et Príncipe* (affaire du *Duzgit Integrity*, 12 septembre 2016), la Cour permanente d'arbitrage remarque que, selon le droit international, les mesures d'exécution prises par un État côtier en réponse à une activité menée dans ses eaux archipélagiques doivent satisfaire à l'exigence du caractère raisonnable, qui comprend les principes généraux de nécessité et de proportionnalité.

La Cour a considéré, à l'unanimité, que les mesures prises par São Tomé et Príncipe le 15 mars 2013 – la détention du navire, la demande au capitaine de descendre à terre afin d'expliquer les circonstances et l'imposition d'une contravention – s'inscrivent bien dans l'exercice de sa compétence juridique exécutoire. Mais le tribunal conclut, à la majorité, que les autres sanctions imposées par São Tomé et Príncipe, à savoir la détention prolongée du capitaine et du navire, les sanctions pécuniaires et la confiscation de la cargaison dans son entier, ne peuvent être considérées comme proportionnelles par rapport à l'infraction initiale ou à l'intérêt d'assurer le respect de la souveraineté de São Tomé et Príncipe. Le tribunal conclut que la disproportionnalité est telle qu'elle rend l'effet cumulatif des sanctions incompatible avec les responsabilités d'un État exerçant sa souveraineté sur le fondement de l'article 49 de la convention sur le droit de la mer.

Cette décision se situe dans le droit fil de la jurisprudence, déjà substantielle, du tribunal international du droit de la mer qui a statué sur plusieurs cas d'arrestation et de détention de navires et de leurs équipages. Dans chacune de ces décisions, le tribunal a insisté sur l'importance des considérations humanitaires et du respect des droits humains, ainsi que sur la nécessité d'éviter – autant que possible – l'emploi de la force[18]. Il a également souligné l'obligation de respecter le principe de proportionnalité entre les mesures prises et la gravité des violations alléguées[19] ; il a précisé différents facteurs permettant d'apprécier le caractère raisonnable des sanctions[20].

Pour harmoniser les pratiques et éviter des atteintes répétées aux bâtiments et aux personnes, une coopération régionale entre garde-côtes s'impose : Indonésie et Viêt Nam ont mis en œuvre des rencontres entre officiers des garde-côtes et des séances de formation à l'intention des pêcheurs ; Philippines et Viêt Nam organisent des exercices communs ; ces deux États sont également engagés dans une coopération avec la Chine pour l'organisation de stages de formation et de visites réciproques. Le Japon et les États-Unis contribuent à l'amélioration des équipements (notamment par la donation de bâtiments déclassés) et à la formation des garde-côtes des Philippines et du Viêt Nam. Ce dernier État entretient également une coopération dans ce secteur avec la République de Corée, la

[18] Cf. notamment TIDM, 4 décembre 1997, « Saiga » (Saint-Vincent et Grenadines/Guinée) ; 28 mai 2013, « Louisa » (Saint-Vincent et Grenadines/Espagne) ; 14 avril 2014, « Virginia G » (Panama/Guinée-Bissau).

[19] TIDM, 6 août 2007, « Hoshinmaru » (Japon/Russie).

[20] TIDM, 7 février 2000, « Camouco » (Panama/France), par. 67.

Russie et le Canada. Le Viêt Nam a proposé en 2014 l'organisation d'un forum des garde-côtes des pays de l'ASEAN. Sans résultat pour l'instant.

Outre les ressources halieutiques déjà évoquées, l'attention des riverains se porte sur les ressources minérales[21], mais surtout sur la présence d'hydrocarbures. À une époque où plus de trois barils sur dix produits dans le monde sont pompés en mer, la présence de ressources en hydrocarbures dans cette région joue un rôle sans cesse croissant. La connaissance de l'existence de gisements pétroliers et gaziers *offshore* en mer d'Asie du Sud-Est n'est pas nouvelle[22], et la présence de nouveaux gisements y est avérée, même si les évaluations de la véritable ampleur de ces gisements varient. Les principaux gisements existants se trouvent au large de l'île de Bornéo, dans les eaux de la Malaisie et de Brunei : autant de secteurs revendiqués par la Chine. Le principal producteur de pétrole des Spratleys est le Viêt Nam, avec 350 000 barils par jour. Les gisements sont exploités par une *joint-venture* née en 1981, *Vietsovpetro*, qui fonctionne encore aujourd'hui et qui travaille sur trois champs de pétrole : le White Tiger (*Bach Hô*), le Blue Dragon (*Rong Xanh*) et le Big Bear (*Dai Hung*), même si le premier a vu sa production décliner récemment. Au fur et à mesure de l'évolution de la crise énergétique et de l'augmentation des besoins en énergie de la Chine, mais aussi du Viêt Nam et des autres protagonistes, l'enjeu pétrolier va devenir de plus en plus crucial. Les pays impliqués dans la dispute sont d'ailleurs particulièrement inquiets et irrités par les efforts de prospection de leurs voisins.

---

[21] Notamment les nodules polymétalliques, riches en métaux, qui jonchent le sol des océans ; elles se trouvent en mer d'Asie du Sud-Est, mais à une grande profondeur : leur éventuelle exploitation paraît aujourd'hui trop coûteuse.

[22] Les spécialistes affirment depuis longtemps que, dans la mer d'Asie du Sud-Est, les épaisseurs de sédiments se révèlent porteuses soit de gaz, soit de pétrole.

La question de la souveraineté ne concerne pas seulement les États, mais aussi les sociétés pétrolières. En signant le contrat d'exploration et/ou d'exploitation, ces dernières veulent avoir la certitude qu'elles disposent d'un véritable droit dans la mesure où le titulaire de la souveraineté est indiscutable. C'est la raison pour laquelle une grande partie de la zone des Spratleys ne peut être explorée par l'industrie pétrolière, parce qu'elle ne correspond pas à une souveraineté reconnue. Quand un accord sur la souveraineté est impossible, la seule possibilité est alors la création d'une zone commune d'exploitation où un opérateur se voit attribuer un contrat et où les profits sont partagés entre les deux États.

Faute d'accord sur la souveraineté d'une zone potentiellement riche en hydrocarbures, ou d'accord de partage, un État peut profiter d'un rapport de forces qui lui est favorable pour empêcher un autre État de lancer l'exploitation. C'est ce qu'a fait la Chine vis-à-vis du Viêt Nam : entre 2006 et 2007, quatorze sociétés pétrolières sous contrat avec *Petrovietnam* pour opérer dans la zone économique exclusive vietnamienne ont fait l'objet de harcèlement par la marine chinoise en vue de les contraindre à abandonner le terrain. En 2011, des navires chinois de police maritime se sont livrés à des manœuvres dangereuses contre des bâtiments de recherches sismiques vietnamiens ; ils sont notamment parvenus à sectionner les câbles de remontée des données de recherches sismiques en cours. La Chine poursuit les mêmes menées agressives à l'égard des Philippines : en 2011 et 2012, Pékin a fait pression sur Manille pour l'empêcher de passer un contrat avec des compagnies pétrolières en vue d'exploiter les gisements de *Reed bank* qui se trouve pourtant sur le plateau continental des Philippines (et qui est de surcroît un haut-fond).
Enfin, l'État le plus puissant peut tout simplement ignorer les droits les mieux établis : le 23 juin 2012, la compagnie chinoise d'exploitation pétrolière offshore – *China National Oil Offshore Company* – a lancé un appel d'offres international pour inviter à participer à la recherche – exploration sur neuf blocs situés au

large des côtes vietnamiennes, dans la zone économique exclusive de ce pays...

Un corridor maritime

90 % des marchandises transportées dans le monde le sont par voie maritime. À ce titre, le transport maritime joue un rôle clé dans le développement économique mondial. Il est dépendant d'un certain nombre de voies, dont les plus importantes se trouvent en Asie du Sud-Est.

Dès les premiers siècles de notre ère, les échanges entre l'Inde et l'Asie du Sud-Est *via* le golfe du Bengale sont importants et les routes maritimes qui traversent la zone sont connues[23]. Du VIIe au Xe siècle, le royaume du Champa domine le commerce dans la région et met en place un véritable réseau entre le nord et le sud du bassin. À la fin du XIIIe siècle, Marco Polo décrit l'intense trafic maritime entre l'Inde et la Chine[24]. La route maritime des épices (poivre, gingembre, cannelle) venues d'Insulinde et du monde musulman longe les côtes du Viêt Nam, ce qui explique la présence à la cour vietnamienne d'un représentant de la dynastie mongole Yuan, chargé de récolter des renseignements susceptibles d'assurer la sécurité de cette voie ; ce qui explique aussi les tentatives d'invasion du Dai-Viêt par les troupes de Kubilaï en 1257, 1284 et 1287. Il en sera de même au XVe siècle : les Ming qui ont chassé les Mongols en 1368 veulent s'assurer la maîtrise du Viêt Nam pour contrôler la route des épices : en 1406, les troupes chinoises envahissent le pays. Enfin, au XVIIe siècle, le port de Faïfo (Hôi-An) doit sa fortune à sa position géographique sur la route du sud-est. Alors que la cour des Ming interdit le commerce avec le Japon, les commerçants chinois y rencontrent leurs homologues japonais et pratiquent leurs transactions,

---

[23] Georges Coedes, *Les États hindouisés d'Indochine et d'Indonésie*, Paris, de Boccard, 1989, p. 58 *sq.*

[24] *Le devisement du monde. Le livre des merveilles*, tome II, Paris, La Découverte, 1998, p. 382.

contournant ainsi l'embargo. Les Portugais, les Anglais, les Néerlandais, les Français font de même durant les décennies qui suivent. Ils établiront des cartes de navigation tenant compte des changements climatiques et commenceront à tracer les contours des côtes. Du XVe au XVIIe siècle, les pays de la région bénéficient largement des échanges entre le réseau commercial chinois, le réseau indien et celui des pays du Moyen-Orient. Par l'intermédiaire des marchands portugais, puis hollandais, qui se sont installés sur place, la circulation des richesses entre l'Asie et l'Europe s'intensifie. Les villes portuaires et celles qui servent de comptoir s'enrichissent.

Les guerres du XXe siècle ont constitué un frein aux activités commerciales ; mais les échanges n'ont jamais cessé. C'est la thèse essentielle de l'ouvrage de François Gipouloux, *La Méditerranée asiatique*[25] : l'essor actuel des économies est-asiatiques reposerait sur un système historique d'organisations transnationales ayant perduré depuis plusieurs siècles « grâce à la stabilité d'institutions économiques et juridiques en dehors des cadres étatiques, et grâce à la vitalité des réseaux marchands cosmopolites ». Les grands ports, les centres boursiers et les métropoles de la région, « acteurs majeurs de l'économie mondiale, foyers de la diversité culturelle, de l'innovation et de l'initiative entrepreneuriale » en seraient les héritiers.

Depuis les années 1980, la mer d'Asie du Sud-Est est devenue un axe majeur de la croissance de l'Asie-Pacifique : les nouveaux pays industrialisés (NPI) sont en effet situés le long d'une ligne allant du détroit de Corée à celui de Singapour. Cet axe se matérialise par des flux constants de biens et de marchandises : lieu de passage obligé des flottes marchandes entre l'Asie orientale d'une part, l'océan Indien, le Moyen-Orient, l'Afrique et l'Europe d'autre part, ce bassin est l'espace le plus fréquenté au monde en termes de tonnage ; en moyenne, 60 000 navires le traversent chaque année, ce qui équivaut, en termes de fret, au quart du commerce mondial.

---

[25] Paris, CNRS, 2009.

Ce trafic maritime international est polarisé par une chaîne de ports asiatiques : sur les 15 plus grands ports de commerce du monde en 2016[26], 11 se trouvent dans la région, sur l'axe Jakarta-Singapour au sud, jusqu'à Taïwan et Shenzhen au nord. Ce n'est pas seulement la taille de ces ports qui est significative, mais aussi la manière par laquelle ils sont liés ensemble par des réseaux de *shipping* régionaux et mondiaux.

Sur le même axe asiatique, s'étire le maillage dense des câbles sous-marins de communication, vitaux pour le téléphone comme pour les liaisons numériques commerciales. Les opérateurs se souviennent qu'en février 2002, la panne d'un nœud de réseau sur l'un des câbles maritimes dans la zone a brutalement limité le débit des connexions bancaires internationales et handicapé l'usage d'Internet en Thaïlande, en Malaisie et à Singapour.

Dans une économie planétaire et mondialisée, cette mer occupe donc un rôle central. Elle devrait le conserver à l'avenir car les pays de l'ASEAN constituent un marché en devenir : depuis le début des années 2000, leur taux de croissance se maintient à un niveau élevé (entre 4 % et 7,5 %). Selon la Banque mondiale, le produit intérieur brut est passé de 5 116 $ américains en 2000 à 12 593 $ américains en 2014 ; une nouvelle classe moyenne apparaît dans ces pays, synonyme d'importantes opportunités d'affaires pour les grandes puissances.

Encore faut-il que la règle du droit de passage inoffensif, traditionnelle en droit de la mer, soit respectée. En tentant de faire valoir que la mer d'Asie du Sud-Est est une mer historique, une mer territoriale, voire une zone économique exclusive, Pékin veut se réserver la possibilité de contrôler toute la navigation internationale sur cette mer et éventuellement y interdire la navigation militaire. Autrement dit, les Chinois prétendent appliquer à l'ensemble de la mer les règles qui président au franchissement des eaux territoriales. Imposées en

[26] Classement basé sur le tonnage.

contravention avec le droit de la mer, ces règles auraient pour conséquence de contraindre les navires de toutes nationalités à demander à la Chine l'autorisation préalable d'effectuer le passage. Depuis le début des années 2000, plusieurs incidents démontrent cette volonté chinoise, en contradiction avec le droit international de la mer.

En effet, la liberté et la sécurité sont les principes cardinaux autour desquels s'ordonnent les dispositions de la convention sur le droit de la mer qui concernent la navigation.

Le principe de liberté de navigation fait partie depuis le XVIIe siècle du droit coutumier ; il a été confirmé dans la convention des Nations unies sur le droit de la mer. Il connaît pourtant des restrictions qui concernent le respect des droits souverains et de juridiction des États côtiers ; en conséquence, la liberté de navigation se décline différemment selon la zone maritime considérée : elle comprend le droit au passage inoffensif dans la mer territoriale[27]; elle consiste dans un droit de passage en transit dans les détroits qui servent à la navigation internationale entre une partie de la haute mer ou une zone économique exclusive et une autre partie de la haute mer ou une zone économique exclusive[28]; enfin, elle est complète en haute mer et dans les zones économiques exclusives.

Le passage inoffensif dans la mer territoriale est entendu comme un passage continu et rapide, sauf en cas d'incident de navigation ou à la suite d'un cas de force majeure ou de détresse. Il ne doit pas porter atteinte à la paix, au bon ordre ou à la sécurité de l'État côtier ; ce dernier exerçant un droit souverain sur la mer territoriale peut donc édicter des lois et règlements que les navires étrangers doivent respecter, qu'il s'agisse de la régulation du trafic maritime, de la protection des équipements, de la conservation des ressources biologiques ou encore de la prévention des infractions aux lois et règlements

---

[27] Convention sur le droit de la mer, art. 17 à 32.

[28] Convention sur le droit de la mer, art. 37 à 44.

douaniers, fiscaux, sanitaires ou d'immigration de l'État côtier. Pour assurer la sécurité de la navigation, l'État côtier peut

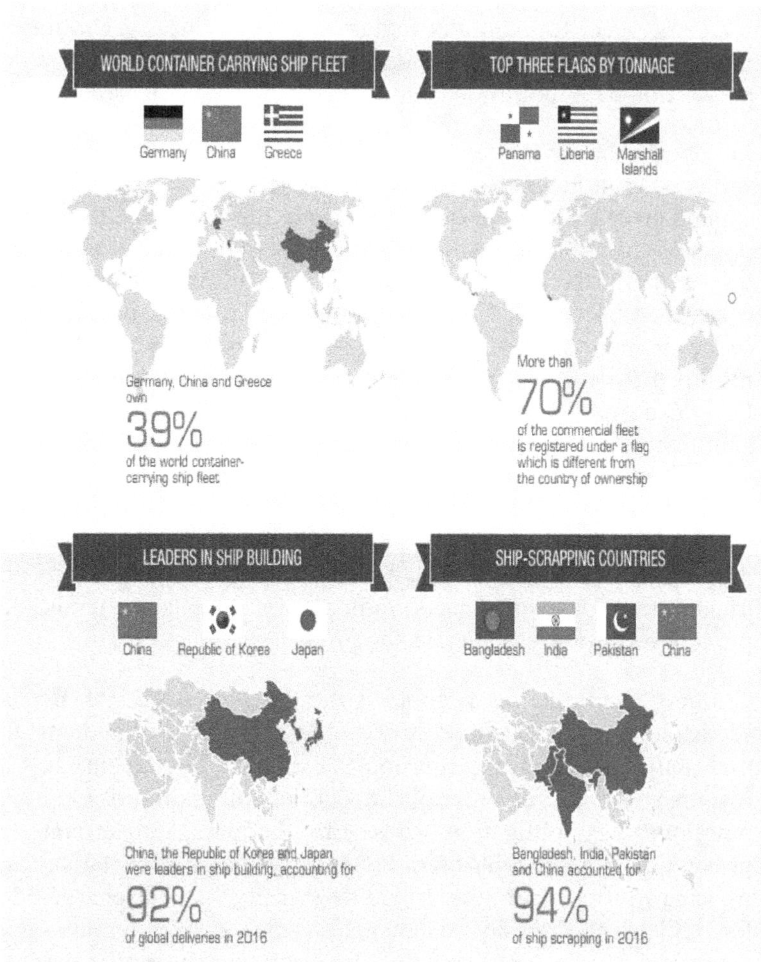

CNUCED, rapport 2017

exiger des navires étrangers qui exercent le droit de passage inoffensif dans sa mer territoriale qu'ils empruntent des voies de circulation désignées par lui et qu'ils respectent les dispositifs de séparation du trafic prescrits par lui. Le passage en transit consiste dans la navigation ou le survol continu et rapide d'un détroit. Pendant le passage, les navires et aéronefs se conforment aux règlements, procédures et pratiques internationaux relatifs à la sécurité de la navigation et à la prévention de la pollution.

La liberté de navigation est entière en haute mer et dans les zones économiques exclusives ; en haute mer, chaque État doit cependant tenir compte de l'intérêt que représente cette liberté pour les autres États ; dans les zones économiques exclusives, les navires doivent respecter les droits et obligations de l'État côtier et observer les lois et règlements adoptés par celui-ci conformément aux dispositions de la convention (et dans la mesure où ils ne sont pas incompatibles avec la convention). Liberté de navigation, passage inoffensif et passage en transit sont reconnus à tous les navires sans discrimination, qu'ils soient publics ou privés, civils, commerciaux ou militaires. Cependant, un régime particulier s'applique en cas de passage inoffensif aux sous-marins (qui doivent naviguer en surface et arborer leur pavillon) et aux navires à propulsion nucléaire ou transportant des substances radioactives (qui sont tenus de prendre des mesures spéciales de précaution).

Comme l'indique ce régime particulier, la nécessité de la sécurité de la navigation et le souci de prévenir les incidents en mer sont également présents tout au long de la convention. La responsabilité en revient aux États côtiers ainsi qu'aux États du pavillon. Les obligations des États côtiers concernant la prévention des incidents en mer sont principalement relatives au passage inoffensif et au passage de transit ; ils sont chargés de les réglementer et de désigner les voies de circulation aux navires ainsi que des dispositifs de séparation du trafic ; ils ont, en cas de nécessité pour la sécurité de la navigation, le droit de suspendre temporairement le passage inoffensif. Quant aux États du pavillon, ils doivent respecter les lois et règlements des États côtiers ainsi que la réglementation internationale pour prévenir les collisions en mer. En outre, ils exercent leur juridiction et leur contrôle sur les navires battant leur pavillon[29], tant sur le plan administratif que technique et social. Lorsqu'ils font usage de leurs droits souverains sur les zones maritimes qui se trouvent sous leur juridiction, les États ne doivent pas empêcher la liberté de navigation ou porter atteinte à la sécurité. La convention sur le droit de la mer contient nombre de dispositions sur ce point, notamment lors de la construction d'îles artificielles et d'ouvrages dans la zone économique exclusive[30]. La construction de ces îles artificielles doit être notifiée, la signalisation de leur présence assurée. L'État côtier fixe la largeur de la zone de sécurité autour de l'île ou de l'ouvrage, qui ne peut excéder une distance de 500 mètres. Il ne peut être établi d'îles artificielles ou d'installations lorsque cela risque d'entraver l'utilisation de voies de circulation essentielles pour la navigation internationale.

Un carrefour stratégique

Car cette mer occupe une position stratégique à la jonction de deux océans, entre la Chine, l'Inde et l'Asie-Pacifique. Au même titre que la mer de Java ou la mer intérieure des Philippines, la mer d'Asie du Sud-Est est une autoroute maritime par où transite une grande partie du trafic mondial, notamment les matières premières et le pétrole dont dépendent le Japon[31], la Corée du Sud et la Chine. On comprend que la sécurité de leurs approvisionnements préoccupe ces puissances régionales, mais aussi les pays de l'ASEAN, et au-delà les États-Unis et l'Europe. Par exemple, le détroit de Malacca qui fait communiquer l'océan Indien, la mer d'Asie du Sud-Est et l'océan Pacifique voit passer chaque année quelque 94 000 navires qui transportent un quart des marchandises échangées dans le monde, du pétrole des pays du Golfe aux produits

---

[29] Convention sur le droit de la mer, art. 94.

[30] Convention sur le droit de la mer, art. 60.

[31] 75 % des approvisionnements en pétrole du Japon passent par la mer d'Asie du Sud-Est.

manufacturés chinois en passant par le café d'Indonésie ou le riz du Viêt Nam... La liberté de circuler sur cette mer constitue donc un intérêt économique majeur pour les pays de la région, mais aussi pour les grandes puissances maritimes et toutes les compagnies maritimes qui desservent la région, notamment les compagnies européennes.

Cette liberté peut être limitée par le brigandage : vols, sabotages, actes de piraterie, trafics en tous genres[32]. L'abondance des mouvements maritimes et des échanges commerciaux a très tôt favorisé la piraterie maritime en Asie orientale. Au XVe siècle, les pirates japonais écumaient les rivages de Corée, de Chine, ainsi que les mers du sud. Au XVIIe siècle, le relais est pris par les pirates chinois. Ces derniers veulent contrer les interdits de commercer avec l'extérieur. À la fin du XVIIIe siècle, ils vont jusqu'à mener des opérations en remontant les rivières et en attaquant des villes. C'est d'ailleurs pour empêcher leurs menées que les Français, qui commencent d'occuper le Viêt Nam à la fin du XIXe siècle, ont hâte de signer avec la Chine une ligne de délimitation des eaux dans le golfe du Tonkin.

La piraterie n'a jamais totalement disparu de la région ; elle est même redevenue très active depuis les années 1970 dans le détroit de Malacca, au nord de la Malaisie orientale et au sud des Philippines. Elle s'explique par la réunion de plusieurs facteurs conjoncturels : sur le plan économique, la surpêche a pour conséquence directe de ne plus permettre à de nombreux pêcheurs de vivre correctement de leur activité, ce qui les pousse à se tourner vers d'autres sources de revenus ; sur le plan politique, les mouvements indépendantistes en Indonésie et aux Philippines en ont fait une source de profit ; enfin, la crise financière qui a fortement touché l'Asie du Sud-Est en 1997 et

---

[32] Pierre-Arnaud Chouvy (ed.), *An Atlas of Trafficking in South East Asia. The illegal Trade in Arms, People, Counterfeit Goods and Natural Resources*, Londres, Tauris, 2013.

appauvri les populations a renforcé cette pratique. L'année 2000 connaît une véritable explosion du phénomène avec près de 200 actes commis dans la zone.

Les attaques, qui ont généralement lieu la nuit, sont menées à partir de navires rapides ; comme la région abrite de nombreux ports où les navires font escale soit à quai, soit au mouillage, ces derniers sont également vulnérables aux attaques venant de la terre ferme. En outre, la topographie favorise ces pratiques : la région est composée de milliers d'îles et il est facile pour les pirates d'agir avec des embarcations légères et d'y trouver refuge. Les pirates menacent l'équipage et pillent les marchandises avant de s'enfuir.

L'accord de coopération régionale pour combattre la piraterie et les vols à main armée contre les navires en Asie (ReCAAP) entré en vigueur en septembre 2006 regroupe vingt États, dont les membres de l'ASEAN et la Chine, quatre pays européens, ainsi que l'Australie et les États-Unis. Fondé sur l'idée que les crimes commis en mer sont décidés, commandités et gérés depuis la terre ferme, il prévoit le partage d'informations, l'organisation de sessions de formation et une coopération poussée avec l'Organisation maritime internationale, mais aussi Interpol et divers organismes de lutte contre le crime organisé… L'ASEAN s'est également investie dans la conclusion du mécanisme de coopération pour la sécurité maritime et la protection de l'environnement dans les détroits de Malacca et de Singapour.

Du point de vue juridique, la plupart des espaces maritimes où ont lieu ces actes font partie de la mer territoriale des États côtiers ; cette spécificité rend plus difficile la lutte contre la piraterie puisqu'un navire pirate peut facilement échapper à ses poursuivants en pénétrant dans les eaux territoriales d'un autre État. C'est pourquoi l'Indonésie, la Malaisie et Singapour ont mis en place en 2004 un système de patrouilles policières communes pour lutter contre ce phénomène : les *Malacca's straits patrols* ; plus récemment, la Malaisie, l'Indonésie et les Philippines ont convenu de patrouiller ensemble dans la mer de

Sulu qui a connu un regain de vols par des groupes armés. La flotte militaire américaine contribue également à ce combat contre la piraterie dans la zone[33]. C'est sans doute la raison pour laquelle le Bureau maritime international enregistre en 2016 une diminution importante des actes de piraterie en haute mer[34]. Il apparaît cependant que le mode opératoire des pirates de la région a évolué : ils opèrent de plus en plus à partir de bateaux-mères ; ainsi, la piraterie se délocalise-t-elle vers la haute mer et les pirates agissent selon le modèle somalien. La lutte s'avère donc longue et difficile, mais la Malaisie et Singapour disposent de moyens efficaces, grâce à une aéronautique navale basée à terre (notamment des hélicoptères modernes), ainsi qu'à des frégates porte-hélicoptères.

Plus que par la piraterie et les activités illégales privées, la liberté de circulation peut être entravée par les États riverains eux-mêmes en raison de la situation géostratégique de la zone contestée. Pourquoi la République populaire de Chine considère-t-elle que cette mer lui appartient dans sa quasi-intégralité, au même titre que la Méditerranée appartenait à Rome ou que les Caraïbes sont la « mer intérieure » des États-Unis ? Quels sont donc les réels enjeux des disputes territoriales sur les Paracels et les Spratleys alors que ces archipels ne comprennent que de minuscules portions de terres émergées, situées à de grandes distances des pays qui les revendiquent ? Pour qui examine une carte de la région, la réponse est évidente : au débouché du détroit de Malacca et du port de Singapour, sur l'une des plus importantes routes maritimes du monde, une mainmise sur les archipels de la mer d'Asie du Sud-Est assure un contrôle sur l'approvisionnement des économies du nord-est asiatique (Taïwan, Chine, Japon, Corée du Sud), notamment en provenance des pays du Golfe et de

[33] Frédéric Puppatti, « La sécurité maritime, facteur de consensus de la nouvelle politique américaine en Asie du Sud-Est : le cas du partenariat stratégique avec l'Indonésie », *Monde Chinois*, 2014, n° 1, p. 70-78.

[34] 68 cas enregistrés en 2016, contre 81 en 2015.

Singapour. L'enjeu apparaît donc de première importance pour la Chine comme pour ses voisins ; il l'est également pour les États-Unis qui n'entendent pas permettre à la Chine de contrôler des lignes maritimes aussi stratégiques et qui veulent la contraindre à accepter le *statu quo*. Les efforts militaires déployés le démontrent. On assiste en effet depuis plusieurs années à une course à l'armement particulièrement préoccupante.

Permettant à un pays d'interdire l'utilisation de la mer à un autre pays, même plus puissant, par la simple menace de son usage, le sous-marin est d'une grande importance stratégique dans cette zone[35]. Car l'aspect physique de la mer – déjà décrit auparavant – les avantage (une quarantaine d'entre eux patrouilleraient en permanence dans la zone[36]). D'une part, la plupart des détroits qui ferment la mer d'Asie du Sud-Est sont inaccessibles aux sous-marins en plongée ; le seul endroit où ils peuvent passer en plongée est le détroit de Lombok. D'autre part, le bassin est divisé en deux grandes zones, l'une avec de faibles profondeurs, l'autre avec des fonds plus importants, là où les sous-marins sont les plus efficaces. C'est le cas notamment de la zone des Spratleys où les eaux sont plus profondes que dans la mer de Chine orientale. C'est pourquoi les archipels présentent une si grande importance stratégique : la topographie sous-marine des environs des archipels offre un véritable labyrinthe au sein duquel il est très facile pour les sous-marins d'échapper à toute détection. D'où l'importance des campagnes de cartographie bathymétrique menées dans la zone. Il est avéré que Pékin entend déployer dans la région une force nucléaire sous-marine, notamment à partir de la base de Longpo, au sud de l'île de Hainan. Il s'agit apparemment de

[35] L'emploi de sous-marins permet de mettre en œuvre des stratégies d'interdiction d'accès. D'autant que les nouveaux sous-marins utilisent un système de propulsion anaérobie leur permettant de fonctionner pendant des semaines sans avoir à remonter à la surface.

[36] Jean Louis Vichot, « Les enjeux navals en mer de Chine méridionale », IRIS, *Mer de Chine méridionale, nouvel espace de crise ?*, Paris, 2012, p. 58.

tenter de « fermer » la mer d'Asie, pour en faire une base arrière sûre pour les sous-marins nucléaires chinois. La réouverture du port vietnamien de Cam Ranh, base navale employée par la marine américaine à l'époque du Sud-Viêt Nam, puis par les Soviétiques après 1987, est à ce titre très significative. Les autorités de Hanoï ont en effet décidé d'ouvrir ce port aux navires militaires occidentaux, notamment australiens, facilitant ainsi la présence dans le secteur de navires de guerre hostiles aux Chinois pour contrecarrer la progression de ces derniers, une tendance amorcée depuis 1992 du fait du retrait des Américains de leurs bases dans les Philippines.

La circulation pourrait également être contrôlée par une force aérienne conséquente. Sur ce plan, l'importance stratégique des archipels est évidente ; elle est décuplée quand des bases aéronavales sont implantées sur les îlots.

Tous ces éléments expliquent la présence de marines puissantes dans la mer d'Asie du Sud-Est.

C'est d'abord, par ordre d'importance, la septième flotte des États-Unis, celle du Pacifique ouest. Elle compte plus de 60 bâtiments de combat, 200 à 300 aéronefs, 40 000 marins et fantassins ; elle est organisée autour d'un porte-avions basé au Japon, le *USS Ronald Reagan*, et d'un porte-hélicoptères d'assaut. Une vingtaine de ces bâtiments sont déployés au Japon, d'autres à Singapour. Quant aux sous-marins nucléaires d'attaque, ils sont basés sur l'île de Guam. Depuis le « rééquilibrage » de la politique extérieure américaine en 2011[37], des *Marines* ont été déployés à Darwin et dans les

[37] Le 11 octobre 2011, la revue *Foreign Policy* publiait un article d'Hillary Clinton sous le titre « America's Pacific Century ». La secrétaire d'État y expliquait le « rééquilibrage » de la politique étrangère des États-Unis qui consistait à accorder une plus grande importance à la zone dynamique et prometteuse de l'Asie orientale, aussi bien sur le plan militaire que diplomatique et économique. Sur la stratégie du « pivot », cf. Phillip Saunders, "China's Rising Power, the US Rebalance to Asia, and Implications for US-China Relations", *Issues and Studies*, 2014, n° 3, p. 19-55.

Philippines.
La flotte chinoise en mer d'Asie du Sud-Est comprend une quinzaine de destroyers modernes et autant d'anciens, 17 frégates « multimission » modernes et 30 anciennes, une demi-douzaine de corvettes très rapides, ainsi que plus de 260 patrouilleurs. Elle est déployée à partir de la base de Longpo. Il faut y ajouter des croiseurs russes et japonais, des destroyers sud-coréens, des frégates et un porte-avions indien, des frégates de Taïwan ainsi que des sous-marins nucléaires lanceurs d'engins de diverses nationalités. Le nombre et l'importance des différentes marines dans cette zone en font donc l'épicentre de la puissance navale du XXIe siècle.

Face aux ambitions chinoises et à la présence des diverses marines étrangères à la région, les pays riverains ne restent pas inactifs. Ils peuvent tout d'abord profiter du contexte géographique dans la mesure où, dans cette zone, toute marine est vulnérable vis-à-vis des batteries côtières et de l'aviation. Étant donné sa position stratégique, le Viêt Nam a ainsi acquis des systèmes de missiles côtiers russes et des avions de chasse[38] ; la Malaisie a fait de même ; l'Indonésie poursuit des recherches dans le domaine des missiles et des navires d'attaque rapide ; le regain de tension entre la Chine et les Philippines en 2014 a amené le gouvernement de Manille à autoriser à nouveau les États-Unis à utiliser cinq bases sur leur territoire[39]. Tous les États riverains s'équipent. Leurs dépenses militaires ont progressé de 50 % en termes réels depuis le début du XXIe siècle[40].

---

38 En plus des six sous-marins de classe Kilo achetés à la Russie.

39 Effet paradoxal de l'agressivité chinoise : son comportement a contribué à favoriser le retour militaire des États-Unis en Asie du Sud-Est, au nom de la liberté de navigation.

40 Selon le *Stockholm Peace Institute*, c'est la région Asie-Pacifique qui a connu la progression la plus importante des dépenses en matière de défense depuis une décennie. Elles étaient estimées à 450 milliards de dollars en 2016.

Si la militarisation de la région est indéniable, il faut cependant noter que la plupart des navires utilisés dans les tactiques d'intimidation sont de type paramilitaire : il s'agit le plus souvent de garde-côtes ou d'agences de police. L'utilisation de ces forces dans le bassin s'explique par deux raisons. La première tient au souci d'éviter un éventuel conflit militaire ; la seconde résulte de la volonté de renforcer une souveraineté de fait. L'utilisation par un État d'un navire de police maritime, plutôt que la marine de guerre, implique que le territoire maritime sur lequel le navire intervient relève de la souveraineté de l'État... Le geste est certes symbolique ; mais lorsqu'il est répété, la souveraineté de fait peut devenir incontestable.

1.2. Des territoires marins convoités

L'importance économique et stratégique des îlots, bancs et archipels en mer d'Asie du Sud-Est est soulignée par tous les observateurs. Ces territoires ont donc attiré l'attention, plus ou moins précoce, des riverains. Depuis la mise en œuvre de la convention sur le droit de la mer, la convoitise porte également sur les espaces marins susceptibles d'être appropriés par les États.

Les dispositions de la convention sur le droit de la mer – pourtant considérée comme une « constitution pour les océans » – sont pour la plupart des compromis entre des intérêts contradictoires : le nationalisme côtier des États riverains d'une part, l'internationalisme maritime des grandes puissances d'autre part. La convention a consacré un accroissement très significatif de l'emprise des États sur les espaces marins, mais sans porter atteinte à la liberté de navigation.

L'intérêt des riverains d'Asie du Sud-Est

La plupart des puissances de la région expriment leur intérêt pour les territoires marins.

Ainsi, les Philippines considèrent-elles les Spratleys comme une *terra nullius* et en revendiquent la souveraineté à partir de

1971. Elles se fondent sur les limites fixées par le traité de Paris de 1898 par lequel l'Espagne cède les Philippines aux États-Unis, et sur la proximité géographique, pour étayer leurs revendications sur le groupe des îles Kalaayan, à l'ouest de Palawan, qu'elles considèrent comme formant un groupe distinct de Spratleys. Déjà, en 1956, un homme d'affaires philippin, amiral à la retraite, Tomas Cloma, avait « pris possession » des quatre cinquièmes de l'archipel. Depuis 1978, les Philippines occupent militairement quelques-unes des îles situées au nord de l'archipel.

La convention sur le droit de la mer autorisant à étendre la zone économique exclusive jusqu'à 200 milles marins, celle de la Malaisie peut atteindre les îles du sud de l'archipel des Spratleys. Bien que juridiquement, cela ne lui confère pas un droit sur les îles concernées (puisque la jurisprudence internationale et la convention rattachent les eaux territoriales à des terres sous souveraineté, et non l'inverse), la Malaisie occupe militairement trois des îles de l'archipel.

Pour les mêmes raisons, Brunei prétend à la souveraineté sur un des îlots – Louisa Reef – qu'il n'occupe cependant pas. Sur le plan juridique, sa revendication est aussi infondée que celle de la Malaisie.

Taïwan occupe une île dans les Spratleys, Itu Aba. Elle revendique les mêmes territoires que la Chine populaire dans la mer d'Asie du Sud-Est, d'autant que le tracé en neuf tirets est d'origine nationaliste. Même si elles expriment les revendications de façon séparée, les deux entités communiste et nationaliste mènent une seule et même lutte au nom de la grande Chine.

Le Viêt Nam occupe une place modeste sur la bordure orientale de la péninsule indochinoise. Mais, outre son territoire continental, il dispose d'un espace maritime important sur le plan géographique et géopolitique : disposant de 3 260 kilomètres de littoral, de la frontière chinoise au nord à la frontière cambodgienne au sud – avec des ports en eau profonde, des îles et des archipels – et d'une zone économique exclusive évaluée à plus de 700 000 kilomètres carrés, le Viêt Nam ambitionne de devenir une puissance maritime pour des raisons tant économiques que politiques.

Les intérêts économiques du Viêt Nam sont multiples. Concernant la pêche, le pays ambitionne de passer de la pêche traditionnelle côtière à la pêche hauturière. Le rapport 2016 de la FAO indique que le Viêt Nam fait partie des seize principaux pays producteurs en matière de capture marine ; il est le quatrième producteur mondial pour les produits de l'aquaculture et le troisième exportateur mondial de poissons et de produits de la mer. Or, ses eaux côtières sont surexploitées ; c'est pourquoi le gouvernement vietnamien soutient activement la pêche hauturière, et d'abord dans sa zone économique exclusive. Cette politique s'accompagne d'un renforcement des moyens des garde-côtes et de la mise en place de centres de surveillance et de contrôle à Hanoï, Haiphong, Da Nang et Vung Tau.

Parallèlement, le Viêt Nam est devenu un important producteur de pétrole et de gaz naturel, le troisième plus grand producteur d'Asie du Sud-Est. Plus d'une cinquantaine de champs pétrolifères se trouvent au large de ses côtes ; l'entreprise d'État « *Vietnam National Oil and Gas Group* » (*Petrovietnam*) contribue pour un quart du budget de l'État et 24 % du PNB du pays. Depuis 1988, une centaine de contrats d'exploration ont été signés par des compagnies étrangères pour l'exploitation en commun des gisements, afin de partager les coûts d'investissement et de prospection. Depuis 1993, l'entreprise vietnamienne et la malaisienne *Petronas* exploitent en commun le gisement de Bunga Kewa situé dans une zone revendiquée par les deux pays.

Enfin, le Viêt Nam dispose d'une position géographique exceptionnelle, à la pointe nord de l'Asie du Sud-Est, sur les voies maritimes internationales reliant l'Asie de l'Est et du Sud-Est au nord-ouest de l'océan Pacifique. Il constitue un débouché maritime pour le Laos et le Cambodge, ainsi qu'une « tête de pont » des échanges commerciaux, aussi bien terrestres que maritimes : ce que les spécialistes appellent une « station de transfert » comme Hong Kong et Singapour. Le Viêt Nam entend également tirer profit du développement du trafic des conteneurs qui a triplé ces vingt dernières années. Le pays veut développer ses infrastructures portuaires ; son *Seaport Master plan 2010-2020* prévoit d'instaurer des liaisons directes entre le Viêt Nam, l'Europe et les États-Unis, sans passer par les *hubs* de transbordements régionaux. Cela lui permettrait de capter les flux d'importation et d'exportation du Laos et du Cambodge, ainsi que des provinces de Chine méridionale (Kunming et Nanning)[41].

Sur le plan politique, le Viêt Nam aimerait attirer l'attention de la Communauté internationale sur son conflit avec la Chine à propos des archipels. Il est vrai que la position géographique du Viêt Nam, à l'angle de l'Asie où se croisent et s'entrechoquent les influences chinoise et indienne, a déterminé son histoire, et notamment cette lutte permanente contre les menaces extérieures. « Les fonctions fondamentales de pont et de carrefour du Viêt Nam entre deux sphères d'influence régionales : la Chine et l'Asie du Sud-Est... en font un État vulnérable »[42].

En raison de son histoire, l'intégrité territoriale est un des principes cardinaux de la politique extérieure du Viêt Nam, avec la souveraineté et la sécurité[43]. Ceci explique l'insistance

---

[41] Nathalie Fau, « La maritimisation de l'économie vietnamienne : un facteur exacerbant les conflits entre le Vietnam et la Chine en mer de Chine méridionale ? », in *Les enjeux géopolitiques du Vietnam*, *Hérodote*, n° 157, 2015, p. 39-55.

[42] Ly Toan Quan, « Géopolitique du Viêt Nam. Un État entre continent et mers du sud », thèse Droit, Lille, 2002, p. 5.

[43] La quête de l'unité est affirmée tout au long de la lutte pour l'indépendance, dans des formules percutantes : « le Viêt Nam comprenant le Bac Bô, le Trung Bô et le Nam Bô constitue un bloc monolithique et indivisible » (Constitution de 1946, art. 2) ; « Le Viêt Nam est un, de Lang Song à Ca Mau » (Constitution de 1959, préambule ; et art. 1 : « Le Viêt Nam est un bloc

mise sur les frontières en raison des incertitudes qui pèsent sur nombre d'entre elles.

Au nord, vis-à-vis de la Chine, le Viêt Nam veut affirmer et défendre son identité ; il nie la situation inférieure que les conceptions chinoises assignaient aux peuples limitrophes de l'empire ; il s'agit donc pour le Viêt Nam de faire respecter une ligne fixée avec précision entre les deux États. Si, sur le plan terrestre, cette ligne ne souffre guère de contestation (elle suit le tracé établi par les accords franco-chinois de 1887 et 1895, qui ne font qu'avaliser une frontière précisément définie historiquement et reconnue par les deux entités[44]), il n'en va pas de même quant à la délimitation maritime : en effet, la frontière maritime du Viêt Nam est d'origine récente puisqu'elle est issue de l'époque coloniale ; et encore la convention franco-chinoise de 1887 qui fixe la limite entre les eaux chinoises et tonkinoises au méridien de 108° de longitude est n'intéresse-t-elle que les îles du golfe du Tonkin. Le 26 décembre 1973, la République démocratique du Viêt Nam propose à la Chine d'ouvrir des négociations « en vue de délimiter officiellement la frontière entre le Viêt Nam et la Chine dans le golfe du Bac Bô ». Les entretiens débutent le 15 août 1974 : la République démocratique du Viêt Nam propose de fixer la délimitation en s'appuyant sur la convention franco-chinoise de 1887. La proposition est rejetée par Pékin au motif que cette convention ne portait pas sur la fixation d'une frontière dans le golfe, mais concernerait uniquement le partage des îles côtières. Sur proposition de Pékin, un nouveau cycle de négociations s'ouvre le 7 octobre 1977 ; mais elles sont ajournées après l'invasion

---

nord-sud un et indivisible ») ; « La République socialiste du Viêt Nam est un pays… unifié englobant dans son intégrité territoriale la terre ferme, l'espace aérien, les eaux territoriales et les îles » (Constitutions de 1980 et 1992 : art. 1).

[44] Engagées tardivement, en 1993, les négociations entre la Chine et le Viêt Nam pour la fixation des frontières ont abouti en 1999 à un accord qui concerne la totalité des frontières terrestres.

chinoise de 1979[45]. Malgré un accord préalable aux négociations sur le tracé des frontières dans le golfe, selon lequel les parties s'engagent à ne pas entreprendre de travaux d'exploration dans la zone délimitée par les parallèles 18° et 20° nord et par les méridiens 107° et 108° est (zone neutre), la Chine passe un contrat avec plusieurs consortiums étrangers en 1979 et refuse de prendre en compte les protestations vietnamiennes. Les trois quarts de la zone sont aujourd'hui exploités par des compagnies étrangères sous contrat chinois. En 1992-1993, des plates-formes de forage sont installées à 38 kilomètres de la côte vietnamienne ; la zone d'interdiction de 1 000 mètres autour des sites imposée par la République populaire de Chine se trouve sur la voie d'accès au port de Haiphong. À la suite de protestations du Viêt Nam et de manifestations anti-chinoises, les recherches sont suspendues.

Au sud et à l'ouest, les frontières actuelles sont le résultat de l'expansion continue des Vietnamiens au détriment du Champa, puis du Cambodge. Le pouvoir impérial officialisait les jalons de cette avancée progressive par une protection politique et militaire, suivie d'une occupation réelle et la création de circonscriptions administratives. Ici encore, le pouvoir colonial est à l'origine du tracé des délimitations – purement administratives à l'époque – entre le Cambodge et la Cochinchine, délimitations qui semblent avoir été modifiées lors de l'occupation vietnamienne à partir de 1980 ; quelques portions de frontière sont de ce fait contestées. À partir de 1982,

[45] Le Viêt Nam est victime de la brouille sino-soviétique qui a créé une concurrence dans l'aide apportée au pays par ses alliés et dans le modèle de référence pour son régime. À la suite du rapprochement entre Pékin et Washington entamé en 1972 alors que la guerre d'indépendance se poursuivait avec acharnement, le Viêt Nam se sent trahi : il adhère au CAEM et signe avec Moscou un traité d'amitié, de coopération en 1978. La même année, la nationalisation du commerce provoque un exode massif des membres de la communauté chinoise. Ces événements provoquent une violente réaction de la part de la Chine : après avoir, le 1er janvier 1979, normalisé ses relations avec les États-Unis, elle prend prétexte de l'intervention vietnamienne au Cambodge pour attaquer les provinces du nord du pays. Hugues Tertrais, *Atlas des guerres d'Indochine*, Paris, Autrement, 2004, p. 51.

une série de traités sont signés, mais la démarcation et l'abornement restent encore très partiels, ce qui ne fait que renforcer les revendications de certains partis cambodgiens et corrélativement les inquiétudes du côté vietnamien.

Il en va de même de la frontière maritime : elle découle de la fameuse « ligne Brévié » ; le gouverneur général Brévié fixa, par la circulaire du 31 janvier 1939, la frontière par « une ligne perpendiculaire à la côte, partant de la limite entre le Cambodge et la Cochinchine et faisant un angle de 140° avec le nord du méridien… la ligne de démarcation ainsi fixée contournera le nord de l'île de Phu-Quoc en passant à 3 km des points extrêmes de la côte nord de cette île » ; les îles situées au nord de cette ligne dépendaient de Phnom Penh, celles au sud étaient rattachées à Saigon. Mais Brévié réservait le problème de l'appartenance politique et territoriale : « la question de la dépendance territoriale des îles situées de part et d'autre de cette ligne reste entièrement réservée ». C'est pourquoi les Cambodgiens continuent de contester cette délimitation, notamment en ce qui concerne l'île de Phu-Quoc. L'accord du 7 juillet 1982 représente une solution d'attente puisqu'il maintient « provisoirement » la ligne Brévié. Mais chaque projet d'exploration des hydrocarbures relance le débat[46].

Dans ce domaine comme dans d'autres, le Viêt Nam n'a pas fini de « gérer l'héritage des influences extérieures successives et la plupart du temps contradictoires »[47].

---

[46] Quant à la frontière occidentale avec le Laos, elle fait l'objet du traité du 19 septembre 1987. On pouvait penser qu'entre deux États socialistes, unis dans une même lutte contre l'occupant français puis nord-américain, la fixation de la frontière ne poserait pas de problème. Pourtant, les négociations avaient débuté en… 1977. La longueur du délai ne peut s'expliquer que par des négociations difficiles et âpres, les Vietnamiens exigent des rectifications au tracé colonial (souvent flou et indécis d'ailleurs) pour contrôler les grands axes de communication (notamment les cols) et mieux préciser l'espace social des ethnies minoritaires qui vivent sur les franges frontalières.

[47] Ly Toan Quan, *op. cit.*, p. 5.

La souveraineté controversée sur les archipels Paracels et Spratleys

La connaissance de l'existence des archipels est certainement très ancienne ; les pêcheurs des pays riverains, mais aussi des navigateurs indiens, arabes, portugais, hollandais, français, les fréquentent. On en trouve de nombreuses mentions dans les ouvrages historiques qui rapportent les propos de voyages des navigateurs et ils figurent sur les cartes, bien qu'avec une relative imprécision : ainsi, avant le XVIIIe siècle, les deux archipels ne sont pas mentionnés séparément ; ils paraissent faire partie d'un même ensemble. C'est l'expédition française Kergariou-Locmaria (1787-1788) qui va identifier plus précisément l'archipel des Paracels et le distinguer des îles qui, plus au sud, forment celui des Spratleys.

L'archipel des Paracels (appelé *Hoang Sa* par les Vietnamiens et *Xisha* en chinois) est situé à équidistance de la Chine et du Viêt Nam (environ 170 milles marins de Da Nang et de l'île chinoise de Hainan). Depuis janvier 1974, lorsque l'armée chinoise s'est emparée par la force de l'ensemble de l'archipel, des infrastructures ont été établies, principalement militaires.

L'archipel des Spratleys (*Truong Sa* pour les Vietnamiens, *Nansha* pour les Chinois, *Kalayaan* pour les Philippins) est situé à mi-chemin des côtes vietnamiennes et philippines. Les États concurrents pour l'appropriation de ces formations ont pris pied sur certaines d'entre elles : le Viêt Nam occupe Spratley Island, la marine taïwanaise entretient une garnison sur la plus importante des îles, Itu Aba. Les Philippines sont également présentes, ainsi que la Malaisie. La République populaire de Chine a pris possession en 1988 de simples bancs, qui font l'objet depuis 2013 d'aménagements importants pour surélever le sol sur une surface suffisante. Ces îles artificielles ont permis l'installation de bases militaires permanentes disposant de pistes aériennes et de facilités portuaires. L'objectif est d'affirmer que ces formations maritimes sont des îles qui ouvrent ainsi le droit pour l'État occupant de se réserver des eaux territoriales, une zone économique exclusive et un plateau continental.

Dans l'affaire des Minquiers et des Ecréhous (17 novembre 1953), la Cour internationale de justice avait considéré que, pour être susceptible d'appropriation, un territoire insulaire devait présenter à marée haute une surface de terre suffisante pour être pratiquement habitable. L'article 121 de la convention sur le droit de la mer (10 décembre 1982) prend en compte un critère géologique et hydrographique : « une étendue naturelle de terre »[48]. En conséquence, le caractère susceptible d'appropriation de nombreux bancs de sable, récifs coralliens ou rochers peut faire problème ; en revanche, il ne fait pas de doute pour les îles principales identifiées sur les cartes marines.

L'appropriation de ces îles ouvre-t-elle des droits sur les ressources biologiques et celle du sous-sol marin dans la limite de 200 milles autour de ces formations ? L'article 121 § 3 de la convention indique que « les rochers qui ne se prêtent pas à l'habitation humaine ou à une vie économique propre n'ont pas de zone économique exclusive ni de plateau continental »[49]. C'est pourquoi les stratégies des États de la région sont ambiguës : chacun d'entre eux prétend à la possession des terres et considère que toutes les îles sont habitables, ce qui augmente les surfaces maritimes qui tomberaient alors sous son contrôle. Mais lorsqu'il s'agit de revendications concurrentes, l'interprétation est différente, afin de restreindre le nombre

---

[48] Les îles artificielles sont ainsi exclues.

[49] La convention sur le droit de la mer fait appel à l'idée de communauté humaine ; dès lors qu'une population humaine ne peut survivre sur un rocher, les droits souverains et les fonctions auxquelles ils servent n'ont plus d'utilité. Cette conception trouve une application jurisprudentielle dans l'arrêt de la CIJ relatif à l'affaire de la délimitation maritime dans la région située entre le Groenland et Jan Mayen (*Danemark C/Norvège*, 1994), dans laquelle la cour constate que Jan Mayen étant une île et non un rocher au sens de l'article 121 de la convention de Montego Bay, « il a bien droit à des espaces maritimes propres ». L'île étant habitable, elle est susceptible de générer autour d'elle une projection de souveraineté.

d'îlots qui engendreraient des droits sur les eaux avoisinantes. Ce phénomène est autorisé par l'ambiguïté des dispositions de la convention sur le droit de la mer qui est le résultat de compromis complexes : comment distinguer une île d'un îlot ou d'un rocher ? Comment affirmer que l'habitation humaine et une vie économique propre sont possibles sur une île[50] ? Pour tenter de se placer dans de bonnes conditions sur le plan juridique, certains États – tout particulièrement la République populaire de Chine – ont fait surgir, à l'aide d'une considérable logistique militaire, des ports, aéroports, routes, fortifications et habitations, y compris sur des bancs de sable qui étaient auparavant recouverts à marée haute.

Pour revenir à la question essentielle, celle de la souveraineté sur les archipels : le Viêt Nam se fonde sur des titres anciens – à l'époque où il s'agissait de *terra nullius* – et toujours maintenus pour affirmer sa souveraineté sur les deux archipels.

Concernant les Paracels, la Chine oppose à cette affirmation vietnamienne une prétention qu'elle a concrétisée par une occupation militaire en 1956 pour une partie de l'archipel, et en 1974 pour le reste. Rappelons que la charte des Nations unies (article 2 § 4) interdit le recours à l'emploi de la force contre l'intégrité territoriale d'un État ; ainsi, une occupation militaire dénoncée comme telle ne peut se transformer en un titre valable et reconnu[51].

Concernant l'archipel des Spratleys, l'affirmation de souveraineté du gouvernement vietnamien se voit opposer des revendications et des occupations de la part des Philippines, de

[50] Dans le paragraphe 3, il n'est pas question de rochers inhabités mais de « rochers qui ne se prêtent pas à l'habitation humaine ».

[51] Le titre juridique ne doit pas être conçu à l'image d'un titre de propriété ; selon la définition donnée par le *Dictionnaire de la terminologie du droit international*, le titre juridique « désigne tout fait, acte ou situation qui est la cause et le fondement d'un droit » (Paris, Sirey, 1969, p. 604). En droit international de la mer, la fonction du titre est de déterminer l'espace sur lequel l'État va faire porter sa souveraineté.

la Malaisie, de Taïwan et plus récemment (1988) de la République populaire de Chine.

Depuis le XVIIe siècle, le mode reconnu par le droit international pour l'acquisition de la souveraineté sur un territoire non étatique se fonde sur la règle de l'occupation effective. Le droit international s'inspire du droit romain de la propriété : l'acquisition d'un bien suppose d'une part l'intention de l'acquérir et d'autre part une prise de possession concrète. Transposées aux territoires non étatiques, ces conditions sont le fait de les découvrir et la manifestation de la souveraineté : prise de possession par la pose de bornes, la construction de bâtiments, ou des actes d'administration…

Ces actes doivent émaner d'une autorité étatique et correspondre aux fonctions étatiques traditionnelles. C'est l'exercice réel et continu des fonctions étatiques qui constitue le titre territorial. Le caractère de continuité est cependant apprécié différemment selon les conditions géographiques : dans les territoires facilement accessibles, des opérations matérielles et constantes sont la condition de la reconnaissance du titre[52] ; en revanche, des actes épisodiques sont jugés suffisants lorsque la zone est inhospitalière et d'accès difficile[53].

L'acte général de Berlin de 1885 dont l'objet était l'attribution des territoires africains aux puissances européennes ajoute à ces conditions des exigences nouvelles : les États qui revendiquent doivent prouver une prise de possession ininterrompue et une administration paisible. De plus, la reconnaissance ou l'approbation – active ou passive – par des États tiers est un

---

[52] *Affaire des Minquiers et des Ecrehous*, CIJ, 17 novembre 1953 ; *Délimitation maritime et questions territoriales entre Qatar et Bahreïn*, CIJ, 16 mars 2001.

[53] *Île de Clipperton*, sentence arbitrale du 28 janvier 1931 ; *avis consultatif à propos du Groenland oriental*, CPJI, 5 avril 1933 ; arrêt d'une Chambre de la CIJ dans l'affaire du *différend frontalier terrestre, insulaire et maritime entre El Salvador et le Honduras*, 11 septembre 1992.

élément qui, sans servir de base au titre, renforce la position de l'État disposant de l'autorité.

Enfin, un élément complémentaire, mais important, a été introduit par la charte des Nations unies. C'est l'interdiction de la guerre de conquête : l'article 2 § 4 de la charte interdit le recours à la force contre l'intégrité territoriale d'un État ; tout comme dans le cas des Paracels, la conquête par la force de certaines îles des Spratleys entraîne donc une situation d'occupation militaire qui est toujours illicite. Cette disposition a été renforcée par la résolution 2625 du 24 octobre 1970 qui affirme l'interdiction de l'emploi de la force comme moyen de règlement des différends territoriaux, et rappelle qu'une acquisition territoriale obtenue par la menace ou l'emploi de la force ne sera pas reconnue légale. La résolution 3170 de l'Assemblée générale des Nations unies (dite déclaration de Manille) du 15 novembre 1982 sur le règlement pacifique des différends internationaux définit les principes qui doivent se substituer à la violence.

Au regard de ces règles, quels sont les titres des différents prétendants à la souveraineté sur les archipels ? Lesquels de ces titres bénéficient d'une antériorité ?[54]

L'empire du Viêt Nam

Les archipels sont bien documentés à partir du XVIIe siècle. D'une part, des cartes anciennes du Viêt Nam sont conservées aux archives nationales, ainsi que les documents officiels des dynasties Nguyen[55]. D'autre part, il est possible de consulter les

[54] Dans son analyse de *La souveraineté sur les archipels Paracels et Spratleys* (Paris, L'Harmattan, 1996), le professeur Monique Chemillier-Gendreau a parfaitement résumé les positions respectives de la Chine et du Viêt Nam, notamment les arguments d'ordre historique, en se fondant sur le dépouillement des archives françaises.

[55] Voir notamment les actes administratifs originaux in *Collection des documents officiels de la dynastie des Nguyen prouvant la souveraineté du Vietnam sur les archipels Hoang Sa et Truong Sa*, ministère des Affaires étrangères du Vietnam, Commission nationale des frontières, 2013.

témoignages de navigateurs et de missionnaires étrangers. Enfin, des cartes marines ont été établies par des expéditions hollandaises, françaises et britanniques.

Il faut rappeler qu'au XVIIe siècle, le Viêt Nam actuel était divisé en deux royaumes rivaux. Les seigneurs Nguyen dirigent le sud du pays ; ils disposent d'une marine efficace et sont attentifs au contrôle des mers[56]. Plusieurs cartes établies par leur administration[57], datant du début du XVIIe siècle, mentionnent *Bai Cat Vang*, des bancs de sable jaune, à l'emplacement des Paracels et des Spratleys comme partie du territoire des Nguyen. Les chroniques décrivent les archipels et indiquent que les seigneurs Nguyen envoient chaque année une flottille afin de récupérer les marchandises des navires naufragés sur ces récifs et collecter les ressources locales (tortues de mer, crustacés...)[58]. Les flottilles sont constituées chaque année par des volontaires originaires du village d'Anh Vinh. Ils emportent de la nourriture pour six mois ; ils chassent, pêchent et collectent les marchandises des épaves. Au retour, ils présentent leur récolte à l'administration et reçoivent une part du butin.

Dans l'ouvrage *Mélange sur le gouvernement des marches* (1776), Lê Quy-Don évoque les combats menés contre la flotte hollandaise, notamment la victoire remportée en 1644 à l'embouchure du Song Gianh par les galères vietnamiennes sur les navires hollandais ; il décrit les archipels et leur exploitation

---

56 Dans son *Journal de voyage du Siam fait en 1685 et 1686*, l'abbé de Choisy rapporte que le roi de Cochinchine entretenait, en 1679, 131 galères, chacune pourvue de 30 rames sur chaque bord et montée par trois officiers, six canonniers et deux tambours.

57 Le plus ancien document cartographique est sans doute la « collection des cartes routières des pays du Sud », rédigé par Cong Dao (1686) ; sur les cartes de l'Annam, figurent les archipels *Bai Cat Vang* (bancs de sable jaune) et *Truong Sa* (dunes de sable long) relevant de la préfecture de Quang Nghia.

58 VO Long Tê, *Les archipels de Hoang Sa et de Truong Sa selon les anciens ouvrages vietnamiens d'histoire et de géographie*, Saigon, ministère de la Culture, Publications en langues étrangères, 1974.

organisée par les seigneurs de l'Annam. Ces derniers ont en effet créé les compagnies de Hoang Sa et de Bac Hai et leur ont accordé le monopole d'exploiter les produits de la mer et de recueillir les marchandises des vaisseaux naufragés. Elles devaient également effectuer des explorations, mesurer les itinéraires et dresser des cartes à l'intention du gouvernement.

C'est Nguyen Anh qui, à partir de 1792, procéda à la conquête méthodique de la Cochinchine (prise de Qui Nhon en 1799) et de l'Annam (prise de Huê en 1801). L'année suivante il entrait dans Hanoï et en 1802, il se proclama empereur sous le nom de Gia Long ; il transféra sa capitale à Huê en 1806. Tous les pays vietnamiens étaient désormais réunis sous une souveraineté unique et effective. Dans son effort de reconstruction du pays, l'empereur entreprit l'inventaire de toutes les terres du pays ; il n'oublia pas le domaine maritime : en 1816, il confirma solennellement la souveraineté des empereurs d'Annam sur les archipels et prit des mesures administratives et militaires qui sont rapportées dans les publications officielles.

Son successeur Minh Mênh poursuit dans ce sens : en 1833, il donne l'ordre de construire un temple et une stèle, et de dresser une carte des archipels ; durant les années suivantes, des travaux sont entrepris sur *Hoang Sa* (plantation d'arbres pour éviter les naufrages, grâce à une végétation visible de loin ; plantation de bornes) et une administration des îles est mise en place. Plusieurs missions d'exploration permettent de préciser les relevés cartographiques[59]. En 1836, les autorités de la province de Quang Nghia décrètent la construction d'un temple sur une des îles des Paracels en l'honneur des génies de l'archipel. Enfin, l'empereur perçoit des impôts ou des taxes frappant les bateaux étrangers traversant la région ; à partir du XVIIIe siècle, une garnison stationne sur les archipels plusieurs mois par an pour surveiller le trafic, venir au secours des bateaux en péril et protéger les droits des pêcheurs vietnamiens.

---

[59] Cf. notamment la « carte complète du Dai Nam unifié » établie durant le règne de Minh Menh.

Les documents historiques attestent donc d'une activité gouvernementale du Viêt Nam sur les archipels du XVIIe siècle jusqu'au début de la période coloniale. Non seulement les empereurs prétendent à la souveraineté sur les archipels, mais ils exercent leur pouvoir de souveraineté, c'est-à-dire qu'ils prennent des actes témoignant d'une intention réelle d'administrer le territoire. Il s'agit d'un exercice effectif et pacifique de la souveraineté depuis le XVIIe siècle. Les autorités vietnamiennes ont donc acquis des droits de souveraineté sur les archipels, conformément au droit international applicable à l'époque. Certes, il ne s'agit pas d'une occupation générale et permanente ; mais les activités saisonnières tiennent aux caractéristiques physiques des îles et au climat dans la région.

Cette souveraineté est attestée par les témoignages de navigateurs et de missionnaires. Voyageant depuis la France vers la Chine sur le bateau « Amphitrite », le missionnaire Jean-Yves Clayes indique en 1701 dans son journal de voyage : « les Paracels sont un archipel qui relève de l'empire d'Annam »[60]. L'évêque Jean-Louis Taberd, dans une « note sur la géographie de la Cochinchine » accompagnée d'une carte publiée en 1837[61], relève que les « Pracel ou Paracels » font partie du territoire de Cochinchine. En 1820, dans un « mémoire sur la Cochinchine »[62], Jean-Baptiste Chaigneau affirme : « La Cochinchine dont l'empereur vient d'accéder au trône comprend la Cochinchine proprement dite, le Tonkin... ainsi que des îles inhabitées peu éloignées de la côte et l'archipel des Paracels composé d'écueils et de rochers inhabités ». Enfin,

---

60 « Mystère des atolls. Journal de voyage aux Paracels », *Indochine*, juillet 1941.

61 *Journal de la société asiatique du Bengale*, 1837, p. 745.

62 Mémoire résumé en 1923 dans le *Bulletin des amis du Vieux Hué*, 1923, vol. 2, page 257.

Charles Gutzlaff[63] en 1849 et Adriano Balbi[64] en 1861 confirment l'appartenance des archipels à l'Annam.

Les cartes marines établies par les navigateurs européens, puis nord-américains, vont dans le même sens. Dès 1838, la « carte générale de l'océan Pacifique » établie par Vincendon-Dumoulin, mentionne les Paracels comme partie de l'empire du Dai Viet. Les documents ultérieurs archivés aux Pays-Bas, en France et en Grande-Bretagne indiquent clairement le sentiment des Européens : les Paracels relèvent de l'empire d'Annam. Aucun d'entre eux ne mentionne les prétentions de la Chine sur les archipels. D'ailleurs, à la même époque, les cartes géographiques chinoises témoignent que le territoire chinois s'arrête à l'île de Hainan.

À sa mort en 1820, Gia Long avait fait du Viêt Nam un pays indépendant, pacifié, unifié et centralisé. Ses successeurs pouvaient développer les échanges avec l'étranger et moderniser le pays comme le faisaient à la même époque les souverains siamois. Mais les choix de ces derniers furent tout différents. Minh Mênh (1820-1841) était profondément traditionaliste ; à ses yeux, les innovations techniques et le culte catholique venus d'Europe étaient contraires aux rites. Il contraignit les conseillers français au départ et entreprit une campagne de persécutions religieuses contre les catholiques ; des milliers d'entre eux ainsi que des missionnaires français furent exécutés à la suite d'une insurrection à Saigon en 1822. De 1841 à 1847, Thieu Tri poursuivit la même politique et cinq missionnaires ne durent la vie sauve qu'à la présence de l'escadre de l'amiral Cécille dans le port de Tourane (Da Nang). En 1848, Tu Duc monta sur le trône et son obstination à poursuivre la lutte contre le catholicisme fut le prétexte à l'intervention française en 1858.

---

63 "Geography of the Cochinchina empire", *Journal of the royal geography society of London*, 1849, vol. 19, p. 93.

64 *Compendio de geografia.*

Le protectorat français

Le premier traité de protectorat signé à Saigon le 15 mars 1874 est confirmé par le traité de Hué du 6 juin 1884 ; ces accords donnent à la France le contrôle du Tonkin et de l'Annam. En particulier, « la France représentera l'Annam dans toutes ses relations extérieures » (article 1, § 2 du traité de 1884) ; elle s'engage en outre à protéger l'intégrité et la souveraineté du Viêt Nam.

C'est à titre de puissance protectrice que la France signe avec la Chine en 1885 le traité de Tianjin. La Chine renonce à toute prétention de suzeraineté sur l'Annam et donc sur les Paracels. Par la suite, une convention relative à la délimitation de la frontière entre le Tonkin et la Chine est passée le 26 juin 1887[65]. L'accord porte principalement sur les terres continentales ; à titre accessoire, elle délimite la possession des îles les plus proches en attribuant à l'Annam celles qui se trouvent à l'ouest d'une ligne nord-sud passant par la pointe orientale de l'île de Trà-Cô (méridien de Paris 105° 45' de longitude est), et à la Chine celles qui sont à l'est. Le golfe du Tonkin est en effet parsemé de nombreuses îles, refuge idéal pour les pirates qui menaient des attaques en mer contre les navires de commerce, mais aussi sur le littoral ; la France était soucieuse d'éloigner ces hors-la-loi des côtes vietnamiennes. Par ailleurs, la puissance coloniale appliqua à l'Indochine la notion d'eaux territoriales en 1926 (3 milles marins à partir des côtes) et 1936 (10 milles marins à partir de la laisse de basse mer).

En revanche, la France ne manifeste pas d'intérêt particulier pour les archipels ; elle ne semble pas les considérer comme partie du territoire vietnamien. Ce n'est que lorsque le Japon puis la Chine se manifestent sur les lieux que la France fait acte de souveraineté. Ainsi pour les Paracels : alertés par les prétentions des Japonais sur les îles Pratas, les Chinois décident en 1909 une mission de reconnaissance dans les Paracels. Cette

---

[65] Suivie d'une convention additionnelle en 1895.

dernière hisse le pavillon chinois sur les îles et affirme la souveraineté chinoise. En 1921, le gouverneur civil du Kouang Tong décide de rattacher les îles Paracels à la sous-préfecture de Yai Hien (Hainan). La France organise alors des patrouilles maritimes régulières autour de l'archipel, au prétexte de lutter contre la contrebande ; des expéditions océanographiques ont lieu en 1925. Lorsque, en mars 1932, le gouvernement chinois met en adjudication publique les droits d'exploitation du guano sur l'archipel, la France proteste et ses autorités remettent à la Chine une note affirmant ses droits et proposant, au cas où la Chine ne les reconnaîtrait pas, de soumettre le différend à l'arbitrage. Et pour concrétiser les titres du Viêt Nam sur l'archipel, il est décidé en 1938 d'ériger une stèle et de construire un phare, une station météo et une station radio sur l'île Pattle. Sur le plan administratif, le gouverneur général de l'Indochine, Jules Brévié, signe le 5 mai 1939 un décret établissant deux délégations administratives – une pour Croissant et ses dépendances ; une autre pour Amphitrite et ses dépendances – relevant de la province de Thua-Thien. Aux Spratleys, des garnisons sont installées sur place d'avril 1930 à avril 1933. C'est à ce moment que la France prend officiellement possession des îlots[66]. Le gouverneur de la Cochinchine promulgue le 21 décembre 1933 un arrêté rattachant ces îles et îlots à la province de Phuoc-Tuy. Quelques années plus tard, la France objectera à l'inclusion par le Japon de l'archipel dans la liste des territoires relevant de sa juridiction (4 avril 1939). La reprise par le Viêt Nam de cet archipel est juridiquement effectuée lors de la signature des traités et protocoles par lesquels le Viêt Nam accède à l'indépendance après 1945.

La Seconde Guerre mondiale va rendre la situation confuse car des forces militaires de diverses nationalités vont occuper tout ou partie des archipels. C'est le cas des troupes japonaises jusqu'en 1946. Les troupes chinoises chargées de désarmer ces dernières (traité de Chongqing, 28 février 1946) en profitent

---

[66] *J.O.* du 26 juillet 1933.

pour occuper l'îlot Woody (*Dao Phu Lam* en vietnamien), le plus important du groupe Amphitrite, mais aussi certaines îles des Spratleys. Le ministère de l'Intérieur du gouvernement chinois publie alors en 1947 un atlas dans lequel la Chine inclut les archipels dans son territoire. De leur côté, les Français dépêchent une mission militaire sur l'île Pattle, ce qui provoque une protestation du gouvernement chinois. La France renouvelle, en vain, sa proposition de porter l'affaire devant la Cour internationale de justice. Après son arrivée au pouvoir en octobre 1949, Mao Tsé Toung retire toute présence militaire sur les Paracels ; le contrôle de l'archipel revient alors en totalité au sud-Viêt Nam. Mais en 1956, après le retrait du corps expéditionnaire français d'Indochine, la Chine populaire occupe le groupe Amphitrite des Paracels par la force et revendique la souveraineté sur les Spratleys.

Pourtant, lors de la préparation de la déclaration du Caire du 1er décembre 1945 (États-Unis, Chine, Royaume-Uni), le gouvernement nationaliste n'avait pas demandé d'inclure les Paracels et les Spratleys dans les territoires que le Japon devait restituer à la République chinoise (Mandchourie, Formose, les Pescadores) après la fin du conflit. Quant au traité de San Francisco signé le 8 septembre 1951 entre le Japon et les puissances alliées, son article 2 indique que le Japon renonce à tous droits et revendications sur un certain nombre de territoires parmi lesquels les îles Paracels et Spratleys ; aucune attribution de ces territoires à un État n'est alors effectuée par le traité, mais le chef de la délégation vietnamienne, le premier ministre Tran Van Huu, réaffirme la souveraineté de son gouvernement sur les archipels sans qu'aucun des délégués présents n'émette d'objection ou de réserve. Il existe donc un consensus sur la question[67].

---

[67] « Les États associés à la conférence de San Francisco : le Viêt Nam », *Revue France-Asie*, décembre 1951, n°s 66-67, p. 502-505. La règle du *statu quo post bellum* – c'est-à-dire la position juridique des parties à la fin des hostilités – a été énoncée dans plusieurs documents par la Chine, le Japon et les alliés après la Seconde Guerre mondiale pour décider du statut des îles dans les mers de Chine. Melissa H. Loja, "Status quo post bellum and the

La guerre d'indépendance

Les accords de Genève du 21 juillet 1954 entérinent le partage du Viêt Nam en deux zones de part et d'autre du 17° parallèle, jusqu'à l'organisation d'élections générales (dans un délai de deux ans) ; il est interdit aux puissances étrangères d'introduire des armes et des troupes ; la surveillance et le contrôle de l'exécution de l'accord sur la cessation des hostilités sont assurés par une commission internationale composée de représentants du Canada, de l'Inde et de la Pologne. Mais ni le gouvernement nationaliste vietnamien ni les États-Unis ne ratifient le document final. À l'issue de la conférence, le problème vietnamien n'est pas résolu.

Au nord du 17° parallèle, s'installe la République démocratique du Viêt Nam, soutenue par la Chine et l'URSS. Au sud, le gouvernement de « l'État du Viêt Nam » est dirigé par Ngo Dinh Diem. C'est à ce gouvernement que la France a transféré l'administration des deux archipels après la signature du traité de Genève. La constitution du 26 octobre 1956 met en place un régime présidentiel au Viêt Nam du Sud, devenu protectorat américain. La constitution de 1956 est un parfait outil de dictature pour Ngo Dinh Diem et sa famille ; d'ailleurs, l'assemblée élue en 1959 lui accorde d'emblée les pleins pouvoirs. La corruption du pouvoir et la répression qu'il mène contre les opposants communistes ou modérés, mais aussi plusieurs tentatives de coups d'État militaires qui prouvent les divisions de l'armée du sud, renforcent les mouvements de résistance, notamment à l'initiative des anciens Viêt Minh. En mars 1958, un Front national de libération est formé. En réponse, les États-Unis doublent leur aide financière ; des conseillers militaires nord-américains élaborent un plan dont l'essentiel réside dans le regroupement des populations dans des « hameaux stratégiques » ; en 1961, plus de 11 000 conseillers nord-américains sont sur place : la priorité est donnée à la lutte

---

legal resolution of the territorial dispute between China and Japan over the Senkaku-Diaoyu islands", *The European Journal of International Law*, 2016, n° 4, p. 984.

armée ; elle est confirmée par la création en février 1962 d'un état-major opérationnel nord-américain à Saigon. La seconde guerre d'Indochine, la « guerre américaine », commence. Elle durera jusqu'en 1975.

La coupure du pays en deux États et la guerre qui les oppose sont mises à profit par des États tiers. C'est le cas, on l'a vu, de la République populaire de Chine qui occupe une partie des Paracels en 1956, et qui s'emparera de la partie ouest (Croissant) après de violents combats en janvier 1974. À partir de cette date, la totalité de l'archipel se trouve sous le contrôle militaire chinois. C'est également le cas des Philippines : en mars 1956, Thomas Cloma prétend occuper à titre privé tout l'archipel des Spratleys ; une expédition philippine débarque une trentaine d'hommes sur une des îles de l'archipel ; trois autres îles sont occupées en 1968 et trois autres occupées et fortifiées par la suite. C'est enfin le cas de Taïwan qui s'empare d'Itu Aba, une des îles des Spratleys, en 1956.

Les gouvernements de ces États expriment des intentions de souveraineté. La République populaire de Chine qui occupe les Paracels par la force prétend avoir récupéré des îles qui lui appartiennent depuis toujours. Le fait qu'elle mette en place depuis 1956 une administration effective sur l'archipel n'a pas de conséquences juridiques en termes de souveraineté puisque l'occupation est effectuée dans des conditions illégales. Concernant les Spratleys, la revendication de la République populaire ne peut s'appuyer, à cette époque, sur aucune occupation effective ni sur une administration réelle.

En revanche, la Chine nationaliste maintient ses prétentions fondées sur la découverte et la fréquentation de la zone par les pêcheurs chinois depuis des siècles et sur une déclaration du gouvernement nationaliste après la capitulation du Japon, affirmant siens les archipels Paracels et Spratleys car placés sous son administration... En réalité, le gouvernement chinois de Tchang Kaï-chek était chargé par les alliés de désarmer les troupes japonaises au nord du 16° parallèle : ce qui ne l'autorisait pas à débarquer aux Spratleys qui se trouvent au sud du 16° parallèle, et encore moins d'y établir une administration. Reste que Taïwan bénéficie d'une présence réelle sur Itu Aba.

Le gouvernement philippin qui occupe plusieurs îles ne formule pourtant pas de revendications sur l'ensemble de l'archipel ; il poursuit cependant des conversations à ce sujet avec Taïwan.

Le gouvernement du sud-Viêt Nam, territorialement compétent à l'égard des archipels, proteste le 16 juin 1956 contre l'occupation d'une partie des Paracels par la République populaire de Chine. Il manifeste sa volonté, clairement affirmée, de maintenir ses droits souverains sur les deux archipels. Des arrêtés sur l'organisation et le rattachement administratif des Paracels sont pris le 13 juillet 1961 et le 21 octobre 1969 : les îles Spratleys sont rattachées à la province de Phuoc Tuy le 22 octobre 1956, puis au district de Dat Do le 6 septembre 1973. Sur le plan diplomatique, Saigon proteste à plusieurs reprises contre les initiatives chinoises, notamment en janvier 1974 après la prise de la partie ouest des Paracels par les forces militaires chinoises[68]. L'administration de Saigon profite de la troisième conférence des Nations unies sur le droit de la mer à Caracas, en juin 1974, pour réaffirmer ses droits sur les deux archipels.

Après la réunification

Aux Paracels, la situation n'évolue guère depuis 1975. L'armée populaire chinoise développe les infrastructures militaires sur l'archipel. Le gouvernement chinois veut manifestement créer une situation de « fait accompli » irréversible, susceptible de démontrer, dans l'hypothèse d'un recours contentieux, qu'il exerce sur l'archipel une administration continue depuis plus d'un demi-siècle. C'est dans ce sens qu'il faut interpréter le

[68] Le gouvernement du sud-Viêt Nam tente de saisir le Conseil de sécurité des Nations unies le 20 janvier 1974 de la « situation extrêmement grave » ; mais il doit retirer sa demande le 25 janvier, suivant les suggestions du président du Conseil, au motif que seuls cinq États auraient accepté d'inscrire l'affaire à l'ordre du jour du Conseil.

plan de développement touristique de l'île[69]. En décembre 2009, le comité provincial du PCC à Hainan annonçait le lancement d'un plan de développement économique en trois étapes (les Paracels et les Spratleys dépendant administrativement de la province de Hainan) : il s'agit de faire des Paracels une destination touristique. Le Viêt Nam a immédiatement protesté : le plan chinois est une « affirmation illégale de la souveraineté de Pékin sur les territoires contestés ». Le ministère vietnamien des Affaires étrangères a évoqué une « sérieuse violation de la souveraineté du Viêt Nam » et une décision « causant des tensions et compliquant la situation dans le futur ». Le ministère chinois des Affaires étrangères a alors répliqué en invoquant une « souveraineté indiscutable chinoise sur ces îles »[70].

Dans les Spratleys, les forces vietnamiennes prennent le relais des détachements de Saigon sur les îlots occupés par ceux-ci ; les Philippines renforcent leur dispositif militaire sur sept îles de l'archipel et confirment leur revendication sur ces dernières, revendications fondées sur la proximité géographique ; la Malaisie occupe plusieurs atolls en septembre 1983 et soutient qu'elle a des droits sur une partie des îlots ; Taïwan maintient une garnison sur Itu Aba ; enfin, en mars 1988, la Chine envoie des troupes sur les récifs Johnson et un violent engagement

---

[69] Benoît de Tréglodé, *La mer de Chine du Sud, le Viêt Nam et la Chine*, Paris, Observatoire Asie du Sud-Est, 2011.

[70] Basée à Hainan, la *Paracel, Spratley and Zhongdha Islands Authority* est chargée de la gestion des trois archipels contestés. C'est sous sa tutelle que la décision a été prise d'organiser des voyages touristiques dans les archipels. Au printemps 2011, le gouverneur de Hainan a donné l'autorisation à des sociétés étrangères d'organiser des tournages ou des séances de photos dans les îles des Paracels. Mais pour l'instant, les infrastructures touristiques disponibles dans les Paracels se résument à quelques baraques de chantier. Des marinas et pistes d'atterrissage pour avions légers doivent être prochainement construites. Le projet prévoit également de « prendre pleinement en compte l'avantage des ressources océaniques, d'augmenter et de renforcer l'industrie de la pêche ainsi que les transports maritimes, d'augmenter/renforcer les explorations et l'extraction des ressources pétrolières océaniques, d'augmenter l'industrie, de fortement développer le tourisme océanique, et d'encourager le développement des industries océaniques émergentes ».

naval se traduit par la perte de navires vietnamiens qui convoyaient du ravitaillement et la mort de soixante-dix marins vietnamiens. Le 14 mars 1988, le ministère des Affaires étrangères du Viêt Nam condamne l'agression chinoise et réaffirme la souveraineté du Viêt Nam sur l'archipel des Spratleys. Mais lorsque l'opportunité se présente, les Chinois s'installent sur d'autres sites tels que le récif Mischief en 1995, malgré les protestations réitérées des Philippines et du Viêt Nam. Enfin, à la faveur de l'adoption de la convention sur le droit de la mer, Brunei voit sa zone économique exclusive atteindre le sud des Spratleys, ce qui amène cet État à avancer des prétentions sur les émergences concernées.

Sur le plan juridique, les prétentions de la Malaisie et de Brunei sont mal fondées : selon la logique de la convention sur le droit de la mer, ce ne sont pas les eaux qui génèrent des droits à souveraineté territoriale, mais la terre qui crée des droits sur l'espace maritime. Ces deux États ne peuvent donc se prévaloir d'un droit de souveraineté sur les îles et récifs concernés. Quant au Viêt Nam, il réaffirme ses droits sur les archipels dans une déclaration accompagnant sa ratification de la convention sur le droit de la mer : « L'Assemblée nationale réaffirme la souveraineté du Vietnam sur les deux archipels de Hoang Sa et Truong Sa, et réitère que le Vietnam est décidé à régler les différends relatifs à la souveraineté territoriale ainsi que les autres différends en mer de l'Est par des négociations pacifiques, dans un esprit d'égalité, de respect mutuel... Les parties concernées devraient maintenir la stabilité sur la base du *statu quo* et s'abstenir de tout acte qui risque de compliquer davantage la situation, ainsi que de l'usage ou de la menace de l'usage de la force ».

L'extension des espaces maritimes

La convention de Montego Bay distingue les zones maritimes sous juridiction nationale et la haute mer. Selon la théorie de la « proximité » ou de la « contiguïté » qui inspire la jurisprudence dans ce domaine, le sort des eaux adjacentes aux côtes suit en effet celui du territoire terrestre. Le fondement du titre juridique de l'État côtier réside dans le principe que « la terre domine la mer », c'est-à-dire le principe d'adjacence littorale. Or, le droit de la mer contemporain enregistre l'extension continuelle de la notion d'adjacence, et donc l'appropriation progressive par l'État côtier d'espaces marins toujours plus étendus : les eaux intérieures, puis la mer territoriale, la zone contiguë, le plateau continental et enfin la zone économique exclusive.

Les compétences reconnues à l'État dans ces différentes zones marines sont très diverses. Certaines portent sur l'espace marin lui-même (souveraineté sur les eaux intérieures, la mer territoriale et les eaux archipélagiques) ; d'autres sont fonction de l'activité menée : droits souverains dans l'exploitation des ressources de la zone économique exclusive et du plateau continental ; droits exclusifs pour les installations artificielles dans la zone économique exclusive ; contrôle des réglementations dont le respect doit être assuré dans la zone contiguë.

C'est par une déclaration datée du 12 mai 1977 que le Viêt Nam affirme sa souveraineté sur trois zones maritimes situées au-delà de ses eaux intérieures – continentales et insulaires : la mer territoriale, la zone contiguë et la zone économique exclusive.

Le Viêt Nam a fixé la largeur de la mer territoriale à 12 milles marins du continent et des îles sur lesquelles il exerce sa souveraineté ; la distance est calculée non à partir de la ligne des côtes, mais à partir d'une ligne de base joignant les points les plus avancés de la côte et les points extrêmes des îles côtières à la laisse de basse mer. Cette ligne de base a été rendue publique dans une déclaration du 12 novembre 1982 ; elle est constituée par des lignes droites reliant des points aux coordonnées précises.

La zone contiguë, jouxtant la mer territoriale, s'étend sur une longueur de 12 milles marins à partir de la limite extérieure de la mer territoriale. Dans sa déclaration, la République socialiste du Viêt Nam indique qu'elle exerce dans cette zone un contrôle destiné à préserver sa sécurité, à prélever des droits de douane et des taxes, et à garantir le respect de sa réglementation concernant la santé publique, les migrations, l'immigration sur son territoire.

Enfin, le Viêt Nam a délimité une zone économique exclusive de 200 milles marins à partir de la ligne de base. Dans cette zone, le Viêt Nam déclare exercer des droits d'ordre économique : « exploration, exploitation, protection et gestion de toutes les ressources naturelles, organiques et inorganiques dans l'eau, sur le fond marin ou dans le sous-sol marin ».

La déclaration traite aussi du plateau continental : « le plateau continental comprend le fond marin et le sous-sol marin qui constituent le prolongement naturel du continent vietnamien vers sa mer territoriale jusqu'à la bordure extérieure du continent. Si un point du bord extérieur du continent est à moins de 200 milles de la ligne de base, le plateau continental est reporté à 200 milles à compter de cette ligne de base. Le Viêt Nam exerce sa pleine souveraineté quant à l'exploration, l'exploitation, la protection et la gestion de toutes les ressources naturelles de ce plateau continental, comprenant les ressources inorganiques et les ressources biologiques qui s'y sont fixées. Les îles et archipels relevant du territoire vietnamien et situés au-delà de la mer territoriale du Viêt Nam possèdent aussi leur propre mer territoriale, zone contiguë, zone économique exclusive et plateau continental ».

« À compter du 12 mai 1977, le Viêt Nam se compose d'un Viêt Nam continental de 329 000 km² d'étendue et d'un Viêt Nam maritime plusieurs fois plus vaste englobant les deux archipels Truong Sa et Hoang Sa. Le Viêt Nam d'aujourd'hui s'étend depuis les régions montagneuses et les plaines jusqu'à une large étendue de la mer orientale. Depuis la fondation de l'État Van Lang, le développement du Viêt Nam a connu plusieurs étapes, mais voici maintenant un tournant dans l'histoire nationale : se basant sur le droit international, le Viêt Nam s'étend vers l'est »[71].

Le Viêt Nam a ratifié en 1994 la convention sur le droit de la mer. Certains observateurs n'ont pas manqué de critiquer le caractère tardif de cette ratification par un État qui avait pourtant participé à l'élaboration de la convention[72]. Ce retard s'explique par le contexte des années 1980 (agression chinoise au nord, intervention au Cambodge) durant lesquelles le gouvernement avait les yeux fixés sur les frontières terrestres, ce qui l'a conduit à négliger les appétits chinois sur la mer orientale et à ne pas tirer immédiatement toutes les conséquences de la convention sur le droit de la mer.

En mai 2009, le Viêt Nam a transmis à la commission des limites du plateau continental une proposition d'extension des limites au-delà des 200 milles marins dans la partie nord de la mer, ainsi qu'une proposition conjointe Viêt Nam-Malaisie concernant la partie sud.

En effet, la convention de 1982 (art. 76) n'a pas simplifié la définition du plateau continental. Tout État côtier est assuré de disposer, au large de ses côtes, d'une zone de fonds marins allant jusqu'à 200 milles marins à partir des lignes de base. Mais, si le plateau continental naturel s'étend effectivement au-delà de la définition de 200 milles à partir de la côte, l'État côtier peut définir lui-même le rebord externe du plateau. Sa liberté n'est cependant pas totale, car la détermination de ce rebord extérieur ne devra pas excéder une distance à la côte de 350 milles marins à partir des lignes de base ; cette délimitation devra même intervenir avant la distance précitée pour ne pas excéder la distance de 100 milles marins calculée à partir d'une ligne tracée sur l'isobathe de 2 500 mètres. Cette définition hybride résulte d'une conciliation entre les intérêts des États

---

[71] Déclaration du 12 mai 1977, *Le courrier du Vietnam*, n° 9, 1982, p. 5.

[72] Bui Xuân Quang, « Vertiges mythologiques et réalités géopolitiques », in *Tonkin 1873-1954*, Paris, Autrement, 2014, p. 147.

n'ayant pas de plateau continental (et qui voulaient cependant se voir reconnaître des droits d'exploitation sur les richesses des fonds avoisinant leurs côtes) et ceux des États disposant d'un vaste prolongement naturel sous-marin et qui souhaitaient voir reconnaître une définition du plateau continental la plus conforme à la morphologie.

La commission des limites du plateau continental a pour mission de faciliter l'application des dispositions de la convention concernant la délimitation de la limite extérieure du plateau continental, quand cette partie immergée de la masse terrestre d'un État côtier s'étend au-delà de 200 milles marins de ses côtes. La commission est composée de 21 membres, experts en géologie, géophysique, hydrographie et géodésie ; ils sont élus par les États parties et exercent leurs fonctions à titre individuel. L'objectif étant d'éviter des revendications excessives de la part des États côtiers, elle a pour tâche de recueillir les informations transmises par les États sur les délimitations de leur plateau continental au-delà des 200 milles marins, de leur faire des recommandations et de les conseiller quant à l'établissement des données qui vont leur permettre de délimiter leur plateau continental. Ces limites établies conformément aux recommandations de la commission s'imposent alors aux États tiers[73]. Mais la commission n'est pas compétente pour la détermination des limites en cas de revendications concurrentes.

En l'absence d'un accord international sur le partage des eaux en mer d'Asie du Sud-Est, les riverains procèdent à des règlements bilatéraux : le Viêt Nam a signé trois accords de délimitation des frontières maritimes (avec la Thaïlande, dans le golfe de Thaïlande en 1997 ; avec la Chine dans le golfe du Tonkin en 2000 ; avec l'Indonésie en 2003) ; en outre, Hanoï a passé avec la Malaisie un accord sur la délimitation du plateau continental en 2009. Dans la zone des îles Natuna riche en hydrocarbures, la Malaisie et l'Indonésie ont conclu un accord

[73] Annexe II, art. 4 de la Convention.

de délimitation du plateau continental le 27 octobre 1969. Enfin, un accord de délimitation a été annoncé en 2008 entre la Malaisie et Brunei permettant l'exploitation conjointe de gisements chevauchants.

Revendications en mer d'Asie du sud-est

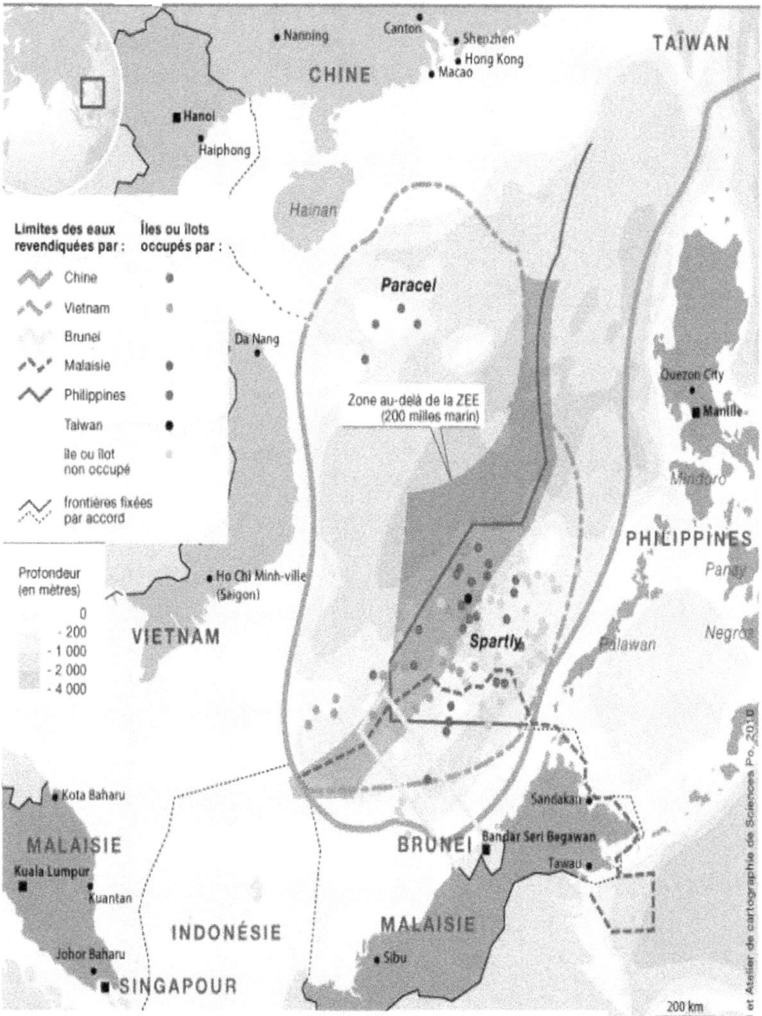

Source : Didier Ortolland, Jean Pierre Pirat, *Atlas géopolitique des espaces maritimes, Paris,* Technip, 2010

Partie 2

L'aggravation des différends : contestations territoriales et disputes juridiques

« Dans le monde des hommes, les arguments de droit n'ont de poids que dans la mesure où les adversaires en présence disposent de moyens de contrainte équivalents... »
Thucydide, *La guerre du Péloponnèse*, livre V, 89.

Sans prendre parti, la plupart des observateurs conviennent que l'aggravation des différends depuis le début des années 1990 résulte essentiellement de l'intérêt porté par les autorités de la République populaire de Chine à cette zone, de leurs déclarations unilatérales concernant la souveraineté sur certains éléments de la mer et de leurs prises de possession souvent brutales. Cette politique offensive a avivé les craintes des États riverains et suscité des prétentions territoriales concurrentes de la part de certains d'entre eux.

Délaissant le « profil bas » théorisé par Deng Xiaoping, la politique étrangère chinoise sous Xi Jinping est pugnace et décomplexée[74] ; elle poursuit deux objectifs prioritaires : le premier consiste à assurer la protection et la sécurité des

---

[74] Lors du dernier congrès du parti communiste (octobre 2017), Xi Jinping a affirmé que la Chine devait prendre un rôle actif « en tant qu'architecte d'une paix mondiale, contributeur au développement de la gouvernance globale et protecteur de l'ordre international ».
Son Daekwon, "Xi Jinping Thought vs. Deng Xiaoping Theory", *The Diplomat*, 25 octobre 2017.

frontières[75]. C'est ce qui l'amène à jouer un rôle actif dans les dialogues multilatéraux sur la sécurité (organisation de coopération de Shanghai, *Asean Regional Forum*) au cours desquels elle met en avant sa théorie du « développement pacifique » pour s'affirmer comme un pays responsable[76]. Mais dans le même temps, la Chine fait preuve d'une grande rigidité à l'égard d'un certain nombre d'« intérêts fondamentaux » considérés comme non négociables[77]. Ces « intérêts fondamentaux » concernent la protection de la souveraineté, de l'intégrité territoriale et de la « sécurité nationale ». Ils recouvrent un périmètre géographique incluant le Tibet, Taïwan, ainsi que les mers de Chine et leurs formations insulaires[78]. L'importance de ces dernières pour le pouvoir chinois ne peut être négligée pour deux raisons. La première raison de l'intérêt chinois pour les mers tient au fait que les régions les plus développées du pays se trouvent sur la côte ; c'est également le long de la côte que se trouvent la majorité de la population et la plus grande concentration des industries de haute technologie du pays[79]. C'est pourquoi la

---

[75] Jean-Pierre Cabestan, *La politique internationale de la Chine*, Paris, Presses de Sciences Po, 2010.

[76] Cf. sur ce point l'ouvrage de propagande de Zhang Qingmin, *La diplomatie chinoise*, Paris, Pages ouvertes, 2015. Les intitulés des chapitres sont révélateurs : « Construction d'un monde harmonieux de paix durable », « Participation active à la diplomatie multilatérale et assurance d'un rôle constructif », « Observation des cinq principes de la coexistence pacifique »...

[77] Pour une analyse pertinente de la position chinoise, cf. Neville Maxwell, *China's borders*, Newcastle, Cambridge Scholars Publishing, 2014. Chapitre introductif : « China : threat or threatened ? », p. 3-20.

[78] Le 26 mai 2015, le ministère de la Défense nationale publie un livre blanc sur la stratégie militaire chinoise ; l'accroissement de la puissance navale de l'armée chinoise vise bien plus que la défense des eaux littorales. *China's military strategy*, 26 mai 2015, https://news.usni.org/2015/05/26/document-chinas-military-strategy

[79] Le littoral chinois compte 18 000 kilomètres de côtes, 1,3 million de kilomètres carrés (soit 15 % du territoire de la RPC), 600 millions d'habitants sur les 1,35 milliard de Chinois, une densité de 459 habitants au kilomètre carré, un PIB régional représentant 58 % du PIB total de la Chine

Chine, habituellement considérée comme une puissance continentale, se tourne depuis les années 1980 et l'arrivée au pouvoir de Deng Xiaoping vers le sud et le Sud-Est maritime. Elle a « stabilisé » ses frontières du nord et de l'ouest en passant des accords avec les pays voisins concernés[80] en vue de se concentrer sur les zones maritimes, notamment les mers du sud[81].

La seconde raison est liée à l'autre objectif prioritaire de Pékin qui est de redonner à la Chine une place centrale en Asie et dans le monde. C'est déjà le cas sur le plan économique. Or, cette puissance économique est dépendante de l'étranger pour une partie de son énergie[82], et surtout en raison de la fragilité de ses routes commerciales. Elle est notamment confrontée au « dilemme de Malacca », c'est-à-dire sa vulnérabilité à l'égard de ce passage commercial majeur pour l'approvisionnement de son économie : le trafic dans le détroit de Malacca est le plus important au monde, juste après celui d'Ormuz ; deux-tiers du commerce mondial y transitent, et la moitié de celui des hydrocarbures destinés au Japon, à la Corée du Sud et à la Chine. Cette dernière a dû définir des axes de contournement pour réduire sa dépendance. À cet effet, elle a initié un vaste

(8 700 dollars en PPA sur un total de 15 000 dollars), des exportations de 831,5 milliards de dollars… Le littoral concentre 83 % des investissements des entreprises étrangères et 86 % des exportations de la Chine. Sa place est donc centrale. Cf. François Gipouloux *et al.*, *La Chine, puissance maritime*, Paris, Éditions Dougier, 2016.

[80] Bruce Elleman *et al.* (ed.), *Beijing's power and China's borders: twenty neighbors in Asia*, New York, Sharpe, 2013.

[81] Cyrille Coutansais, « La Chine au miroir de la mer », *Revue internationale et stratégique*, 2010, n° 2, p. 28-39 ; Hugues Eudeline, « La nouvelle puissance maritime de la Chine et ses conséquences », *Stratégique*, 2015, n° 2, p. 169-196.

[82] La Chine est le premier consommateur d'énergie au monde, et ses besoins ne cessent d'augmenter. Elle est le deuxième consommateur de pétrole derrière les États-Unis (et le deuxième importateur mondial de pétrole), le premier consommateur de charbon (et le premier importateur mondial) et le premier consommateur d'électricité.

programme qui repose sur le développement d'infrastructures portuaires dans des pays avec lesquels elle entretient des partenariats politico-économiques et qui bénéficient de son soutien diplomatique et financier, depuis la mer d'Asie du Sud-Est jusqu'à la Corne de l'Afrique et au golfe arabo-persique, en passant par le pourtour nord de l'océan Indien.

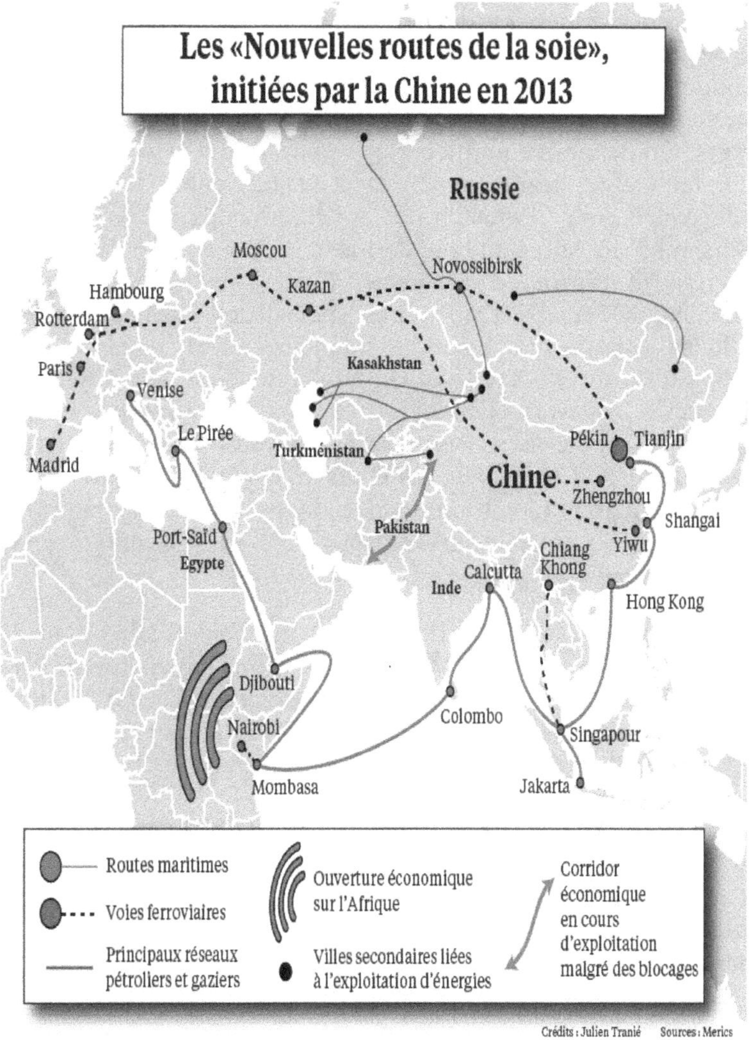

Sur cette route qui va des zones pétrolières du golfe arabo-persique jusqu'aux zones de consommation de ses régions côtières, la Chine se dote d'un réseau de « perles »[83] pour protéger ses importations énergétiques et ses exportations commerciales, ainsi que pour promouvoir ses ambitions stratégiques. Il s'agit de bases navales ou aéronavales, et de ports. On dénombre huit « perles » entre l'île de Hainan, au sud de la Chine continentale, et Gwadar dans la province pakistanaise du Baloutchistan : l'île Woody aux Paracels, Sihanoukville au Cambodge, Laem Chabang en Thaïlande, Mergui et Sittwe en Birmanie, Chittagong au Bangladesh, Hambantota au Sri Lanka. Les spécialistes considèrent Port Soudan comme une « perle » supplémentaire[84] et notent que Pékin dispose de facilités en Birmanie dans trois localités côtières : Thilawa, Hainggyi et Kyaukpyu, ainsi que d'une station d'écoute aux îles Coco. De plus, des sous-marins nucléaires et des navires militaires font escale à Colombo et Karachi, démontrant l'importance du partenariat de la Chine avec le Sri Lanka et le Pakistan pour la projection de sa puissance navale[85].

Sur les huit « perles » officiellement identifiées, deux sont de nature spécifiquement militaire : Woody, une base aéroportuaire chinoise ; Mergui, une base navale birmane avec des facilités accordées à la marine chinoise. Mais d'autres sont équipées de bases aériennes de surveillance, voire d'installations d'écoute et d'interception.
Cette politique, structurée depuis la fin de la première moitié des années 2000, est officiellement à vocation défensive : il s'agit de protéger les routes commerciales essentielles au commerce chinois. Elle ne fait l'objet d'aucune appellation particulière en République populaire de Chine. Cette dernière

[83] L'expression *String of Pearls* (« collier de perles ») figure à l'origine dans un rapport publié par le département de la Défense des États-Unis en 2006 et repris par les médias nord-américains.

[84] Il faut y ajouter Djibouti, première base chinoise outre-mer, inaugurée en 2017.

[85] *Times of India*, 27 juin 2015.

conteste d'ailleurs l'expression même de « stratégie du collier de perles » et nie vigoureusement qu'il s'agisse de la pointe visible d'un vaste projet hégémonique visant à déplacer le centre de gravité de l'économie mondiale vers la Chine. Pour le gouvernement des États-Unis au contraire, la nécessité pour les Chinois de protéger leurs approvisionnements énergétiques en provenance de l'étranger sert à masquer un objectif offensif plus ambitieux : créer un nouvel ordre international se traduisant par la remise en cause de l'équilibre des puissances existant en Asie, en particulier pour affaiblir la position des États-Unis qui sont censés être les garants de la sécurité du continent, et notamment de ses voies de communication maritimes.

Pour les dirigeants nord-américains, la stratégie du « collier de perles » ne répond pas au discours sur « le développement pacifique » mais constitue une authentique menace contre leurs intérêts dans la région et ceux de leurs alliés[86]. Ce discours nord-américain sur la « menace chinoise » de la stratégie du « collier de perles » trouve un écho favorable en Inde – où il conforte celui de New Delhi sur son encerclement par la République populaire de Chine – et parmi les pays riverains de la mer d'Asie du Sud-Est avec lesquels Pékin est en litige au sujet de la souveraineté sur la zone.

Ainsi se met en place le piège décrit par Thucydide dans *La guerre du Péloponnèse* et qui est resté dans l'histoire sous son nom : toute initiative militaire destinée à se protéger d'une situation considérée comme dangereuse est perçue par la ou les puissances rivales comme une décision offensive et une menace[87].

---

[86] Pourtant, la stratégie chinoise du « collier de perles » ressemble beaucoup à celle des Nord-Américains : la constitution de bases avancées à proximité des points de passage maritimes obligés, ou des zones perçues comme stratégiques du point de vue de leurs intérêts.

[87] « Ce fut l'ascension d'Athènes et la peur que celle-ci instilla à Sparte qui rendirent la guerre inévitable ». Thucydide, *La guerre du Péloponnèse*, livre I,

2.1. *Une emprise progressive*

Dans sa quête de suprématie, la Chine reproduit les stratégies des puissances hégémoniques régionales à l'égard de leurs voisins : pressions économiques pour les forcer à se conformer à ses volontés, manifestations de puissance militaire pour décourager d'éventuelles contestations, intervention dans les affaires intérieures pour les amener à adopter une posture plus amicale, investissements massifs dans l'éducation et la culture pour augmenter son *soft power*, tout en profitant de l'influence des communautés d'immigrés chinois dans les pays de la région.

La Chine en « mer du sud »

Cet immense espace maritime avait très tôt intéressé le pouvoir chinois. Au XVe siècle, sous la dynastie Ming, des expéditions maritimes portaient les jonques chinoises au-delà du détroit de Malacca dans l'océan Indien, jusqu'au détroit d'Ormuz et les côtes orientales de l'Afrique[88].

Parallèlement, des flux migratoires, plus ou moins importants selon les périodes, étaient constants sur le pourtour de cette mer. C'est notamment le cas au XIXe siècle, en raison des bouleversements économiques, politiques et militaires sur le continent. L'immigration de Chinois dans les zones côtières des pays de la région est alors massive, le plus souvent incontrôlée. Ainsi, en 1829, le Viêt Nam dut armer 45 navires pour déloger plusieurs centaines de bateaux de pêche chinois qui s'étaient installés dans les eaux territoriales à Yên-Quang afin de se protéger des troubles en Chine ; il en sera de même en 1833

23. Cf. l'interprétation qu'en fait Graham Allison in *Destined for war: can America and China escape Thucydide's trap?*, Londres, Scribe, 2017.

[88] Ng Chin-Keong, *Boundaries and Beyond: China's Maritime Southeast in Late Imperial Times*, Singapore, NUS press, 2016.

et 1839 dans la région de Van-Dong[89]. Les pays riverains accueillent aujourd'hui 70 % de la diaspora chinoise dans le monde ; elle est estimée à 32,7 millions d'individus[90]. Les « Chinois de l'outre-mer » (expression adoptée par Pékin pour les désigner) profitent de la montée en puissance de la Chine et accompagnent son *soft power* ; ils représentent un véhicule de culture et une opportunité sur le plan des affaires[91].

L'enjeu économique est considérable, alors que les économies de la région s'industrialisent et se tournent vers les marchés d'exportation, tandis que leurs infrastructures industrielles se concentrent sur les rives de cette mer marchande. En septembre 2013, Xi Jinping propose la création d'une « ceinture économique le long de la route de la soie » (une stratégie nommée désormais *Belt and Road Initiative*) qui vise à connecter l'Asie, l'Europe et l'Afrique par des réseaux de transports commerciaux terrestres, mais aussi maritimes[92]. Pour son financement, la Chine met en place en 2015 la « Banque asiatique d'investissement dans les infrastructures » (*Asian Infrastructure Investment Bank*). Cet établissement est destiné à promouvoir « l'intégration économique de la région », en coopération avec les autres banques multilatérales. Il est également censé lui permettre de s'imposer sur la scène économique internationale, après avoir échoué à augmenter son poids au sein des institutions existantes, notamment le Fonds monétaire international. Selon le *memorandum of*

---

89 Philippe Langlet, « La frontière sino-vietnamienne du XVIIIe au XIXe siècle », *in* Pierre Bernard Lafont, *Les frontières du Vietnam*, Paris, L'Harmattan, 1989, p. 71 *sq.*

90 Les Chinois expatriés représentent 3 % de la population en Indonésie, 14 % en Thaïlande, 26 % en Malaisie et 74 % à Singapour. Cf. Leo Suryadinata, *The Rise of China and the Chinese Overseas*, Singapore, ISEAS, 2017, p. 11.

91 Leo Suryadinata, *op. cit.*, p. 40-52.

92 Nadège Rolland, « La nouvelle route de la soie », *Politique Étrangère*, 2015, n° 3, p. 135-146.

Understanding signé en octobre 2014, Pékin héberge le siège de la banque qui compte 57 États participants.

Mais l'intérêt chinois pour cette mer est également lié aux enjeux sécuritaires : la piraterie est une menace constante, notamment du XVIe au XVIIIe siècle. Par la suite, c'est par cette mer que se succéderont les invasions occidentales. Pendant la guerre froide, « l'endiguement » nord-américain se manifestera par la présence de forces militaires aux Philippines, en Indonésie, à Singapour et en Thaïlande. Ce bref rappel historique explique plusieurs caractéristiques de la conception chinoise de la puissance navale. Comme l'explique Mathieu Duchatel[93], « elle est tout d'abord liée à la défense de l'intégrité territoriale et pensée en termes de vulnérabilité qu'il faut surmonter pour assurer la sécurité nationale. En d'autres termes, la sécurité de la Chine dépend de sa capacité à dénier à tout rival potentiel la supériorité navale dans les mers de Chine orientale et méridionale, ce qui n'est pas le cas aujourd'hui. L'écart de puissance navale avec les États-Unis, le Japon et l'Inde au début du XXIe siècle entretient donc chez les militaires et les dirigeants chinois un sentiment de fragilité. La puissance navale de la Chine est ensuite indissociable d'une perspective réaliste dans le sens où l'expérience historique du pays démontre à ses dirigeants que la supériorité navale est un outil d'influence politique et l'attribut essentiel de toute grande puissance. La construction d'une puissance navale relève ainsi d'une vision stratégique à la confluence de la recherche de sécurité et de la quête de puissance ».

Autant d'éléments qui expliquent la volonté de Pékin – qui souhaite devenir une superpuissance régionale et exercer son influence militaire dans cet environnement – de faire de la mer d'Asie du Sud-Est un « lac chinois » pour garantir à sa marine

93 « Marine de Pékin et (fantasme de) menace sur la sécurité », *Outre-Terre*, 2010, n° 2, p. 205.

une profondeur stratégique[94]. Sur l'île de Hainan, une base navale souterraine est implantée afin d'abriter les sous-marins nucléaires lanceurs d'engins (SNLE) chargés d'assurer la capacité de « seconde frappe » de la Chine en matière nucléaire ; on comprend que, pour cette dernière, assurer une présence militaire dans toute la mer revient ainsi à protéger sa dissuasion nucléaire[95]. En effet, si des puissances hostiles peuvent contrôler la circulation maritime et sous-marine dans cette mer et les détroits qui la bordent, la dissuasion nucléaire chinoise assurée par les SNLE n'est plus crédible. Cette possibilité de frappe nucléaire est un moyen pour Pékin de compenser sa relative faiblesse aéronavale : en attendant de disposer d'un plus grand nombre de porte-avions[96], les îles des archipels Paracels et Spratleys peuvent servir de porte-avions naturels pour augmenter la portée des chasseurs de l'armée populaire de libération ; ce sont également autant de capacités d'accueil pour les navires en route vers l'océan Indien et pour l'installation de systèmes antiaériens et antimissiles accompagnés de radars à longue distance. Pékin se dote ainsi de capacités de déni d'accès et d'interdiction de zone (*Anti-Access/Area Denial* ou *A2/AD*). Selon l'analyse d'images prises par satellite et confirmées par le Pentagone et les autorités

---

[94] En 2012, la Chine établit un « groupe dirigeant restreint pour la protection des intérêts maritimes » présidé par Xi Jinping. Il s'agit de centraliser la prise de décision pour répondre à la nécessité d'agir de manière plus stratégique dans le pourtour maritime de la Chine.

[95] Si Pékin connaît un certain retard dans le développement de sous-marins nucléaires par rapport aux États-Unis ou à la Russie, elle entend combler celui-ci rapidement, à l'image des progrès considérables accomplis en matière de bâtiments de surface (frégates, destroyers et navires amphibies).

[96] La République populaire de Chine dispose d'un porte-avions, le *Liaoning*, acheté à l'Ukraine en 1998. Ce navire d'entraînement ne semble pas avoir les capacités opérationnelles susceptibles d'inquiéter sérieusement les voisins, d'autant que les Chinois ne disposent pas encore de corps de pilotes d'aéronavale expérimentés et d'équipages de porte-avions. Ce n'est qu'en 2027 ou 2029 qu'ils devraient posséder quatre unités, soit moins de la moitié des dix porte-avions nord-américains.

taïwanaises en mars 2016, l'Armée populaire de libération a déployé sur l'île de Woody Island, située dans l'archipel des Paracels, des batteries de défense aérienne Hongqi-9/FD 2000. Doté d'un radar à balayage électronique et antenne active, cet équipement permet théoriquement aux Chinois de surveiller, voire de détruire, tout ce qui vole dans un rayon de 200 kilomètres.
Woody Island a également accueilli des avions de chasse de type J-11, grâce à la construction d'une nouvelle piste de 2 000 mètres. Sa position géographique permet de contrôler les approches de Hainan et donne aux forces chinoises une capacité de frappe dans une zone allant de l'île taïwanaise des Pratas au nord du Viêt Nam, en passant par l'ouest des Philippines. Il est probable que d'autres îlots aménagés soient équipés, à l'avenir de ce système, comme, par exemple, celui de Fiery Cross, dans l'archipel des Spratleys, ce qui élargirait le périmètre de défense jusqu'à Bornéo et Palawan.

Pour toutes ces raisons militaro-stratégiques, Pékin ne veut pas abandonner un pouce de souveraineté en mer d'Asie du Sud-Est et compte bien poursuivre son implantation d'équipements militaires de plus en plus nombreux et perfectionnés. Aujourd'hui, quatre bases militaires et un aéroport existent déjà dans les Paracels ; sept bases militaires, dont trois disposant d'un aéroport avec des pistes d'envol de plus de trois kilomètres, ont été construites sur les îles artificielles des Spratleys contrôlées par la République populaire de Chine (Fiery Cross reef, Subi reef et Mischief reef). Il faut noter que trois de ces îles artificielles ne sont pas situées dans les eaux internationales, mais dans la zone économique exclusive des Philippines[97].

---

[97] Le 13 décembre 2016, l'*Asia Maritime Transparency Initiative* publie des clichés pris depuis un satellite montrant les sept îles artificielles dans l'archipel des Spratleys où se trouvent des plates-formes hexagonales fortifiées. Cela contredit le discours du président Xi Jinping, qui déclarait en septembre 2015 que la « Chine n'entend pas militariser » la mer de Chine méridionale. Le 15 décembre 2016, le ministre de la Défense chinois juge

Il faut également noter le développement massif de la marine chinoise avec la construction de destroyers ultramodernes équipés de radars à antenne active (AESA) et de systèmes antiaériens et antimissiles de longue portée[98].

Ainsi l'armée populaire de libération peut-elle remplir les missions assignées par le gouvernement : la sécurisation des voies de communication maritime, la sauvegarde des intérêts maritimes et de la souveraineté territoriale en mer, la protection des ressortissants chinois à l'étranger.

Sur le plan politique et diplomatique, « Pékin a su mener une politique offensive de crises, procédant par publications cartographiques, déclarations unilatérales et prises de gage, et s'imposant à des rivaux asiatiques qui n'en peuvent mais face à cette grande muraille sourde aux imprécations »[99]. La dernière décennie témoigne de la pertinence de ce jugement avec l'arraisonnement de dizaines de chalutiers vietnamiens et l'arrestation de leurs équipages. En 2009, le Viêt Nam et les Philippines déposent auprès de la commission sur les limites du plateau continental des Nations unies une demande conjointe d'extension de leurs plateaux continentaux ; cette initiative entraîne une vive réaction de Pékin qui transmet à la commission une carte contenant la « ligne en neuf tirets ». En avril 2011, la Chine publie une note affirmant que « les îles Nansha (Paracels) sont pleinement investies d'un droit à des eaux territoriales, zone économique exclusive et plateau continental étendu ». En mai 2011, un navire de surveillance chinoise harcèle un navire d'explorations sismiques vietnamien dans une zone située entre la côte vietnamienne et les Paracels. En juillet 2012, une nouvelle crise éclate entre la République

---

légitime le « déploiement d'installations militaires d'autodéfense pour ces constructions à but civil » (*sic*).

[98] Ely Ratner, "Course correction. How to stop China's maritime advance", *Foreign Affairs*, July 2017, p. 64-72.

[99] Bui Xuân Quang, « Vertiges mythologiques et réalités géopolitiques », in *Tonkin. 1873-1954*, Paris, Autrement, p. 148.

populaire de Chine et les Philippines alors que la marine chinoise vient de prendre, par la force, possession du récif Scarborough ; les Philippines déposent le 22 janvier 2013 un recours contre la Chine devant le tribunal permanent d'arbitrage, pour faire invalider les revendications « excessives » de la Chine. En mai 2014, la Chine installe une plate-forme d'exploration pétrolière au sud des Paracels, à 120 milles des côtes vietnamiennes ; de nombreux accrochages navals s'ensuivent, jusqu'au naufrage d'un chalutier vietnamien le 27 mai ; à la suite d'une véritable crise diplomatique, accompagnée de manifestations anti-chinoises au Viêt Nam, la Chine démantèle la plate-forme en juillet 2014.

Pourtant, pendant cette période, le dialogue se poursuit dans le cadre des forums de l'ASEAN. Les États riverains s'efforcent d'amener la Chine à cesser ses initiatives unilatérales et ses coups de force par le biais d'un code de conduite proposé dès 1999. En 2002, une *Declaration on conduct of parties in the South-China sea* (*DOC*) est adoptée. En 2006, la proposition d'un projet de *Guideline to implement the DOC* se heurte à l'objection de la Chine qui insiste sur le caractère impératif des négociations bilatérales comme méthode de résolution des conflits ; elle est finalement signée en juillet 2011. Mais, durant l'été 2014, la découverte de travaux importants de remblaiement et de construction de bases chinoises dans les Spratleys diffuse le sentiment que la Chine cherche à gagner du temps sans volonté d'aboutir à un accord multilatéral, et qu'elle couvre ses coups de force et ses provocations d'un discours consensuel sur la nécessité d'un développement conjoint. Cette inflexibilité sur des questions de souveraineté tend à propager l'image d'une Chine menaçante auprès des populations des pays voisins[100]... « On touche là un dilemme important de la politique extérieure chinoise qui consiste à défendre la sacro-sainte souveraineté, parfois de manière

---

[100] Yida Zhai, "Can Power make a Great State? Asian Citizens' views of China Power", *Issues and Studies*, 2015, n° 4, p. 85-117.

agressive, tout en véhiculant l'idée du développement et de la paix »[101].

Cependant, aucun front commun ne se manifeste dans la région, car la Chine excelle à diviser, par gratifications ou par rétorsions économiques, tout en refusant tout arbitrage international ou toute discussion multilatérale.

Un conflit précurseur : l'archipel Pinnacle

Depuis le début des années 1970, un conflit oppose la Chine au Japon à propos de l'archipel Pinnacle (*Senkaku* pour les Japonais ; *Diaoyu* pour les Chinois). Bien que les îlots qui le composent se situent en dehors de la mer d'Asie du Sud-Est, l'affaire mérite d'être évoquée car elle annonce la plupart des évènements qui vont survenir plus au sud. En effet, dès les années 1970, la Chine manifeste déjà sa prétention à contrôler la majeure partie des mers qui bordent ses côtes au détriment des autres riverains ; elle procède déjà par déclarations péremptoires, postures agressives, voire attaques simulées sur le terrain, tout en tenant un discours officiel prônant l'harmonie, la paix et la concorde ; pour justifier ses prétentions à la souveraineté sur la zone, elle teste déjà les arguments d'ordre juridique et historique qu'elle invoque aujourd'hui en mer d'Asie du Sud-Est. Le conflit Chine-Japon sur l'archipel Pinnacle – et au-delà sur la mer de Chine orientale – est donc précurseur.

L'archipel composé de cinq petites îles et de trois rochers se situe entre les îles japonaises *Ryukyu* à l'ouest d'Okinawa et la côte nord de Taïwan. Les îles ne représentent qu'une superficie réduite (la plus importante fait moins de 4 kilomètres carrés ; les autres ne couvrent que quelques dizaines d'hectares) et sont inhabitées. Elles sont contrôlées par le Japon, mais revendiquées par Taïwan et Pékin. Il n'existe aucune construction sur les îlots, et pas davantage d'existence humaine

---

[101] Sébastien Colin, *La Chine et ses frontières*, Paris, A. Colin, 2011, p. 6.

continue. Le Japon manifeste sa souveraineté par la patrouille de ses garde-côtes dans les eaux environnantes et par la surveillance de son espace aérien. La Chine fait de même pour manifester ses prétentions et tenter de contrebalancer celle du Japon.

Les Japonais ont annexé l'archipel à la fin de la guerre sino-japonaise en vertu du traité de Shimonoseki de 1895 ; ils mettent en avant son caractère de *res nullius* avant l'annexion et le caractère effectif de l'occupation depuis lors, les îles étant administrées par la préfecture d'Okinawa. À la fin de la guerre (2 septembre 1945) et après la signature du traité de paix (28 avril 1952), les îles sont occupées par les forces nord-américaines ; dans le traité de paix, les puissances alliées reconnaissent que les îles appartiennent à *Nansei Shoto* (les *Ryukyu*) sur lequel le Japon exerce sa souveraineté et à l'égard duquel la Chine ne présente aucune prétention. La République de Chine ne présenta aucune objection au traité et accepta le statut décidé pour les îles ; d'ailleurs, l'occupation de Formose par la Chine ne s'étendit pas aux îles *Senkaku* placées sous occupation militaire américaine jusqu'à leur restitution en 1972. Le Japon exerce donc sa souveraineté sur les îles en vertu du traité de paix de San Francisco (1952) et du traité de rétrocession d'Okinawa (1970).

En octobre et novembre 1969, un relevé géophysique de la mer de Chine orientale fut mené par une équipe conjointe du Japon et de la République de Chine, à la demande du « comité des Nations unies pour la prospection conjointe des ressources minérales en secteur maritime asiatique », un organisme intergouvernemental. Le rapport de l'équipe incluait des cartes de la zone sur lesquelles un îlot était dénommé simplement *Senkaku*. La République populaire de Chine ne formula aucune objection à la publication de ce rapport et de ces cartes ni à la présence du Japon sur les îles. Il semblait alors qu'il n'existait aucun désaccord à leur sujet.

En revanche, lorsque furent publiées les conclusions du rapport selon lesquelles il était hautement probable que le plateau continental entre Taïwan et le Japon constituait sans doute la réserve de pétrole et de gaz la plus importante au monde, la République populaire de Chine, la République de Chine et le Japon n'ont pas tardé à faire valoir leurs prétentions respectives.

Pékin remit en question le *statu quo* en refusant que le traité de paix de San Francisco lui soit opposé dans la mesure où la République populaire de Chine n'en était pas partie[102]. Le 5 septembre 1970, l'ambassadeur de la République de Chine adressa un aide-mémoire au département d'État pour protester contre la présence japonaise dans la zone et la signature du traité de rétrocession qui remettait au Japon les droits sur les îles *Senkaku/Diaoyu.* Pour la Chine, ce transfert de souveraineté était illégal puisqu'il concernait un territoire relevant de la souveraineté de Formose, donc de la Chine. En effet, pour la Chine, le Japon a volé ces îles lorsqu'il força le gouvernement de Pékin à signer le traité Shimonoseki en 1895, un traité abrogé après la déclaration de guerre du Japon. Les îles auraient dû être rétrocédées à Formose. De son côté, Taïwan affirma sa souveraineté sur la zone en accordant des licences d'exploitation à quatre sociétés étrangères. Le 29 décembre 1971, la Chine communiste déclara également sa souveraineté sur l'archipel en tant que gouvernement central de la Chine.

Car les Chinois considèrent que Pékin détient un titre historique sur ces îles qui ont été découvertes et utilisées par les marins chinois et qui ont été très tôt rattachées à Taïwan. L'argument est fondé sur des titres historiques et des cartes anciennes. La Chine appuie ses prétentions sur des ouvrages anciens qui mentionnent les îles par leur nom chinois, des rapports de voyage des représentants des Ming et des Qing donnant un relevé précis des îles, des archives de la dynastie Qing indiquant

---

[102] Il faut rappeler que lors de la signature du traité de San Francisco entre le Japon et la coalition alliée, aucune partie chinoise n'est invitée ; en effet, les négociateurs du traité ne parviennent pas à s'entendre sur la partie chinoise concernée : la République populaire de Chine officialisée le 1ère octobre 1949 par Mao Tsé-toung, ou le gouvernement nationaliste de Tchang Kaï-chek réfugié à Formose.

que les îles se trouvent à l'intérieur des frontières chinoises, et enfin des cartes chinoises et étrangères du XIVe au XIXe siècle mentionnant les îles comme se trouvant sous la suzeraineté des Ming et des Qing. Du point de vue du juge international, ces éléments ne suffisent cependant pas lorsque le demandeur ne peut prouver l'exercice de la souveraineté sur le territoire contesté par une autorité publique. La simple découverte d'un territoire sans une occupation effective, l'établissement d'individus ou de groupes ne représentant pas une autorité centrale ne sont pas constitutifs de titres territoriaux. Il en va de même des cartes qui ne sont pas une source de titres, à moins qu'elles ne soient annexées à un accord ou reconnues comme une source d'interprétations d'un traité de délimitation territoriale.

L'affaire a pris une nouvelle dimension le 11 septembre 2012, quand les autorités japonaises ont décidé de « nationaliser » trois des îlots : ces derniers ont été achetés par le gouvernement japonais à un homme d'affaires nippon. Le gouvernement japonais a invoqué sa volonté d'empêcher le gouverneur nationaliste de Tokyo d'acheter les îles par souscription pour y installer des colons. Jamais depuis 1972 et la normalisation des relations diplomatiques entre la Chine et le Japon, le contentieux territorial entre les deux États en mer de Chine orientale n'avait pris une telle ampleur. Il semble que pour Pékin, la protection de la souveraineté territoriale chinoise, de ses droits maritimes et de ses intérêts concernant les îles *Senkaku/Diaoyu* doit être assurée même aux dépens de la relation globale sino-japonaise. Et du point de vue du gouvernement chinois, les tensions actuelles sont entièrement dues à la décision, perçue comme provocatrice, de « nationaliser » trois des îles qui font l'objet de la dispute.

Le 13 septembre 2012, en réaction à l'initiative japonaise, le gouvernement chinois transmet au secrétaire général des Nations unies une carte des îles comportant 17 points de base à partir desquels sont tirées des lignes droites censées délimiter le territoire de l'archipel. Le procédé, identique à celui utilisé pour les Paracels, n'est pas valide. Il ne vaut en effet que pour les

États archipels ; dans tous les autres cas, c'est le régime des îles, prises isolément, qui prévaut. Comme aucun des rochers des *Senkaku* ne peut se « prêter à l'habitation humaine ou à une vie économique propre »[103], la Chine ne peut prétendre leur adjoindre une zone contiguë et une zone économique exclusive.

L'attitude chinoise s'explique par le fait qu'à ce différend sur la souveraineté, s'ajoutent des désaccords sur la délimitation du plateau continental. Le litige est apparu lorsque le Japon a rendu publique la délimitation de zones d'exploitation pétrolifère face aux côtes chinoises : délimitation dénoncée par la République populaire de Chine comme portant atteinte à sa souveraineté sur le plateau continental adjacent à son territoire. Le gouvernement japonais a délimité cette portion de plateau continental en recourant à la méthode de l'équidistance, par le tracé d'une ligne médiane entre les côtes respectives des deux États. La Chine conteste le tracé pour deux raisons : d'une part, le tracé intègre l'archipel Pinnacle au territoire du Japon alors que Pékin revendique la souveraineté sur ce dernier ; d'autre part, la méthode même de l'équidistance aboutit à un résultat inéquitable. Pour Pékin, le plateau continental doit être le prolongement naturel de l'État riverain ; or, la fosse d'Okinawa située au large des côtes japonaises et profonde de 500 à 2 000 mètres constitue une ligne de fracture géomorphologique et doit être considérée comme formant la limite des plateaux continentaux des deux États.

Il faut noter qu'un litige oppose la Chine à la Corée du Sud depuis les années 1970 et porte également sur le bien-fondé des méthodes de délimitation. C'est également le cas entre le Japon et la Corée du Sud ; mais les deux États ont décidé de geler leur différend au profit d'un accord de développement conjoint des gisements d'hydrocarbures dans la zone contestée. Malgré l'opposition de la Chine, un accord a été conclu créant une zone de développement conjoint ; les ressources extraites de cette zone sont partagées à parts égales entre les deux États, les

[103] Article 121.3 de la Convention sur le droit de la mer.

concessionnaires devant faire en sorte que leurs activités d'exploration et l'exploitation ne soient pas préjudiciables aux intérêts des pêcheurs.

Comment expliquer l'attitude des parties dans cette affaire ?

Les richesses économiques de la zone contribuent sans doute au développement des tensions : ressources halieutiques, mais surtout ressources en hydrocarbures (essentielles pour le Japon et la Chine qui dépendent de leurs importations de gaz et de pétrole). La République populaire de Chine a d'ailleurs entamé dans les années 1980 l'exploitation de sept champs pétrolifères et gaziers *offshore* ; le champ de Chunxiao qui fit dans un premier temps l'objet d'un différend avec le Japon, car il est situé à quelques milles de la zone économique exclusive du Japon, a fait l'objet d'un accord-cadre en juin 2008 en vue d'une exploitation en commun. Cet accord n'a cependant jamais été mis en œuvre en l'absence des compléments techniques nécessaires ; les négociations engagées dans ce but ont été suspendues en juillet 2010 et n'ont pas repris depuis. En attendant de nouvelles discussions, la Chine exploite le gisement malgré les protestations du Japon.

Autre élément d'ordre économique et commercial : c'est essentiellement par la voie maritime que la Chine importe les matières premières indispensables à la croissance de son économie ; il n'est donc pas étonnant qu'elle veuille contrôler les voies de communication maritimes au sud et à l'est de son territoire.

Il faut enfin prendre en compte des considérations d'ordre stratégique : pour ne plus subir le contrôle du Japon et des États-Unis lors du franchissement des détroits japonais, la marine chinoise a besoin de disposer d'eaux entièrement nationales. C'est pourquoi, au-delà des *Senkaku*, les revendications chinoises portent aussi sur l'archipel voisin des *Ryukyu* au motif que, à l'époque impériale, le royaume était placé sous double suzeraineté chinoise et japonaise…

Alors que par le passé Pékin faisait valoir sa souveraineté à travers des protestations diplomatiques, en organisant des manifestations massives antijaponaises, en annulant des rencontres entre hauts fonctionnaires, les dirigeants chinois ont commencé en 2012 à contester directement le contrôle physique de la zone disputée en déployant des bâtiments afin de patrouiller dans les eaux territoriales de l'archipel tandis que des avions militaires et de surveillance maritime les survolent. De telles activités ont évidemment modifié le *statu quo* en créant une sorte de « double administration » de la zone disputée. Face au développement de la marine chinoise, le Japon met en œuvre d'importants programmes navals, notamment en matière de porte-hélicoptères et de destroyers.

La Chine n'a jamais utilisé directement la force directe dans sa confrontation maritime avec le Japon ; elle a plutôt adopté une approche caractérisée par une série de provocations calculées, d'escarmouches navales et de faits accomplis, faisant de la mer de Chine orientale ce que les experts militaires appellent une « zone grise ». Cette attitude constitue un défi pour Tokyo qui est toujours à la recherche d'une réponse appropriée ; en effet, ces activités chinoises ne constituent pas une attaque armée et le Japon ne peut exercer son droit à la légitime défense ; les États-Unis ne peuvent pas davantage intervenir en vertu du traité de défense collective conclu avec le Japon en 1960. D'ailleurs, Tokyo et Washington veulent éviter qu'une escalade ne débouche sur un affrontement militaire.

Les garde-côtes chinois ont commencé de faire intrusion dans les eaux territoriales de l'archipel en décembre 2008, et la fréquence de leurs visites a considérablement augmenté après septembre 2012, lorsque le gouvernement japonais a acheté trois des îles. Depuis 2013, ces intrusions répondent à un schéma dénommé « 3-3-2 » : chaque mois, trois navires chinois entrent dans les eaux territoriales de l'archipel à trois reprises pendant deux heures... En août 2016, ce sont des centaines de bâtiments de pêche chinois qui firent irruption dans les eaux territoriales de l'archipel, escortés par une vingtaine de garde-côtes.

Dans le même temps, Pékin a multiplié la construction de plates-formes offshore en mer de Chine orientale, certaines étant équipées de systèmes de radar.

Les deux gouvernements sont parvenus en juin 2012 à un arrangement sur l'établissement d'une ligne directe entre les deux ministères de la Défense (*hotline*) et sur un mécanisme de communication entre navires pour éviter tout incident ; mais le groupe de travail constitué pour mettre en œuvre ce mécanisme n'a pu se mettre d'accord sur la zone géographique concernée : pour Tokyo, l'arrangement ne concerne pas les eaux territoriales de l'archipel et la zone aérienne surjacente, tandis que Pékin insiste pour que ce soit le cas.

La Chine n'accepte plus le *statu quo* diplomatique et militaire. En témoigne le 23 novembre 2013 l'annonce, sans concertation préalable, d'une zone d'identification de défense aérienne (*ADIZ*) en mer de Chine orientale, zone qui recouvre l'archipel Pinnacle.
Aucune réglementation internationale ne concerne la proclamation d'une zone d'identification de défense aérienne ; le Japon et la Corée du Sud ont délimité les leurs depuis longtemps. L'*ADIZ* permet d'établir un système d'observation lointaine pour détecter tout intrus potentiel dans son espace aérien. Mais dans le cas de la Chine, cette dernière entend imposer aux avions en transit au-dessus de la zone des procédures de contrôle identiques à celles qu'elle applique aux avions qui pénètrent dans son espace aérien ; elle prétend donc exercer des droits relevant de la souveraineté territoriale alors qu'il s'agit d'une zone internationale. Une telle mesure est donc contraire à la liberté de la navigation aérienne, principe essentiel du droit aérien international. L'objectif poursuivi par la Chine n'est pas seulement d'assurer le contrôle aérien au-dessus de la mer de Chine orientale mais surtout de renforcer ses prétentions territoriales face au Japon. Comme c'est souvent le cas, le sort de l'espace aérien suit celui des autres espaces. Dans la mesure où le Japon, la Corée du Sud, mais aussi les États-Unis n'ont pas l'intention de se plier aux décisions unilatérales chinoises, les risques d'incident s'en trouvent multipliés.

Le conflit peut-il être réglé par un jugement du tribunal international du droit de la mer ou de la Cour internationale de justice ? C'est peu probable dans la mesure où aucune des deux parties ne le souhaite. Du côté japonais, le gouvernement considère que l'archipel fait partie du territoire japonais et que tout ce qui le concerne relève des affaires intérieures japonaises ; la question n'a donc pas à être examinée par une instance internationale. Quant à la Chine, elle récuse par principe tout recours à une instance arbitrale ou juridictionnelle internationale.

L'argument mal fondé des eaux historiques

Jusqu'au milieu du XIXe siècle, l'Empire chinois ignore la frontière terrestre et maritime au sens occidental du terme. Seule la lutte contre la piraterie l'a contraint à établir des limites de juridiction et de surveillance. À partir de 1842, les traités avec les puissances occidentales (les « traités inégaux ») introduisent les notions de « mer territoriale » et de « haute mer ». Jusqu'en 1949, les eaux territoriales chinoises ont une amplitude de trois milles marins à partir du rivage. En 1950, les autorités communistes définissent une « zone de sécurité militaire » interdite aux navires étrangers, ainsi qu'une zone de conservation de pêche (80 milles marins). Le 4 septembre 1958, elles revendiquent une mer territoriale de 12 milles marins, ainsi que Taïwan et les îles avoisinantes, les îles Pratas, Paracels et Spratleys « et autres îles ». Elles prétendent doter ces îles de points de lignes de base afin de leur attribuer une mer territoriale. L'entrée à l'ONU en 1971 ne modifie pas ces prétentions.

La Chine participe aux sessions de la troisième conférence sur le droit de la mer entre 1973 et 1982 ; elle figure parmi les premiers États signataires de la convention de Montego Bay. Le 25 février 1992, son parlement adopte la loi sur la mer territoriale et la zone contiguë qui renouvelle ses revendications sur les îles en mer de Chine et entretient l'ambiguïté avec la mention « d'autres îles appartenant à la Chine ». À l'occasion de la ratification de la convention de Montego Bay le 15 mai

1996, elle officialise la création d'une zone économique exclusive de 200 milles marins. Mais les cartes qui accompagnent la loi du 26 juin 1998 montrent que certains points des lignes de base sont très éloignés des côtes. De plus, son article 14 fait référence aux droits historiques de la Chine : « Les dispositions de la loi n'affecteront pas les droits historiques de la République populaire de Chine ». Autant d'éléments qui ne font qu'attiser les tensions et conflits avec la Corée du Sud en mer jaune, le Japon en mer de Chine orientale et les riverains de la mer d'Asie du Sud-Est. En effet, dans aucune de ces mers, la Chine n'a accepté de délimiter le partage des eaux, en raison de litiges insulaires ou d'enjeux économiques et stratégiques[104].

Pour justifier leurs prétentions sur la mer d'Asie du Sud-Est, les autorités de Pékin font valoir l'antériorité de la souveraineté chinoise sur les espaces maritimes et les territoires marins : de tout temps, les pêcheurs chinois ont fréquenté les parages, de même que des navires de commerce chinois chargés de soie, de porcelaine, de thé, qui longent les côtes des Philippines, du Viêt Nam, de Malaisie et de Thaïlande jusque dans l'océan Indien et la Méditerranée ; le pouvoir impérial ordonnait même des patrouilles maritimes dans ces zones du XVe au XVIIIe siècle ; en témoigne l'abondance de vieux objets d'origine chinoise sur les îles et les archipels. Depuis l'époque de la dynastie Song (960-1279), ces espaces feraient donc partie du territoire chinois. Bien avant l'adoption de la convention sur le droit de la mer, il s'agirait d'une « mer historique »[105]. La Chine contemporaine se considère comme l'héritière de l'empire du Milieu et revendique donc les îles de la mer de Chine ainsi que l'espace maritime qui les entoure. C'était en effet la

[104] Michel Nazet, *La Chine et le monde*, Paris, Ellipses, 2012 ; voir également Jian Zhang, "China's new thinking of the East China Sea Dispute", *The Maritime Issues*, 2017, n° 1, p. 63-67.

[105] Li Jinming et Li Dexia, "The dotted line on the chinese maps of the south China sea", *Ocean Development and International Law*, janvier 2003, p. 287-295.

représentation traditionnelle du territoire chinois : la Chine constituant un centre autour duquel s'organisaient des entités « barbares » qui lui sont tributaires. Dans cette logique, la mer dite « de Chine méridionale » est appréhendée en tant que marge de la Chine terrestre[106]. Ainsi, la Chine peut-elle revendiquer les Spratleys situées pourtant à plus de mille kilomètres de son territoire. Il est vrai que Pékin entretient la confusion entre « eaux historiques », « droits historiques » et « titre historique »...

Le concept d'« eaux historiques »

Le concept d'« eaux historiques », brièvement mentionné dans la convention sur le droit de la mer (art. 10-al. 6), mais non défini, est reconnu par la coutume internationale pour certaines baies ; les « baies historiques » sont traditionnellement considérées comme relevant de la pleine souveraineté de l'État côtier et soumises de ce fait au régime juridique des eaux intérieures. Par extension, le concept peut désigner « un espace maritime compris dans une échancrure du littoral, d'une trop vaste étendue pour constituer selon les règles normalement applicables une partie des eaux intérieures ou de la mer territoriale de l'État riverain, mais qui, en raison d'un usage établi, est reconnu comme faisant partie de ses eaux intérieures »[107]. Il autorise un État à revendiquer une juridiction sur une zone maritime qui baigne ses côtes, mais à condition que la revendication soit publique, ancienne et constante, et

[106] Comme indiqué plus haut, les mêmes arguments fondés sur des « titres historiques » et des cartes anciennes sont utilisés par les autorités chinoises dans le conflit qui les oppose au Japon à propos des îles Senkaku-Diaoyu. Cf. Melissa H. Loja, "Status quo post bellum and the legal resolution of the territorial dispute between China and Japan over the Senkaku-Diaoyu islands", *The European Journal of International Law*, 2016, n° 4, p. 979-1004.

[107] Charles Rousseau, *Droit international public*, Paris, Sirey, 1980, tome IV, p. 388.

acceptée par les autres États. Sur tous ces éléments, l'État requérant doit apporter des preuves.

Face à l'opposition des États riverains, la République populaire de Chine est bien en peine d'apporter des indices probants, c'est-à-dire authentifiables. Il n'est en effet pas suffisant de prétendre que les pêcheurs chinois ont toujours fréquenté la zone. Selon le discours officiel du gouvernement chinois, la mer de Chine méridionale serait une sorte de lac chinois qui a toujours fait partie intégrante du territoire chinois : « Les ancêtres de la nation chinoise peuplent l'archipel depuis très longtemps », affirment-ils[108] ; mais c'est également le cas des pêcheurs des États riverains, qu'il s'agisse du Viêt Nam, des Philippines, de l'Indonésie ou du Japon. Et sur le plan juridique, il s'agit d'actes privés qui ne correspondent pas à une prise de possession ou à l'affirmation d'une souveraineté par les autorités d'un pays. Les trouvailles « archéologiques » sur les îles et archipels (monnaie et poteries chinoises) ne sont pas davantage suffisantes : le droit international ne prévoit pas l'attribution à un État de la souveraineté sur un territoire où auraient été trouvés des objets anciens relevant de sa civilisation ; ces objets pouvaient en effet appartenir à des navigateurs ou des commerçants circulant dans la région, tout comme des navigateurs et commerçants arabes, portugais, hollandais… Les récits de navigation dans la zone, les ouvrages portant sur la géographie des pays étrangers voisins de la Chine, ou des livres nautiques proposant des repères aux navigateurs éventuels font mention des îles, mais avec des dénominations différentes et des indications de distance aléatoires. Or, une île ou un archipel peut avoir été « découvert », mais rester *terra nullius* tant qu'un État n'a pas entrepris une action publique pour en prendre possession. La découverte, voire l'utilisation d'une île comme abri par des pêcheurs, ne peut entraîner la souveraineté de l'État dont ils sont les nationaux ; il manque à cette occupation l'intention d'incorporer l'île au territoire national et la compétence pour le faire. De plus, d'autres

[108] Haiwen Biao, "South 'China' Sea", *Outre-Terre*, 2010, n° 2, p. 321.

pêcheurs de nationalités différentes – vietnamiens, philippins, japonais – ont pu avoir le même comportement.

Quant aux patrouilles maritimes entreprises par l'empire du Milieu du XVe au XVIIIe siècle, il apparaît qu'il s'agissait davantage de voyages de reconnaissance géographique jusque dans l'océan Indien. Il en va de même des patrouilles plus tardives (1710-1712) qui avaient pour but d'inventorier les côtes de Hainan[109]. À la même époque, les Nguyen envoyaient chaque année une flotte de jonques pour récupérer les épaves des navires naufragés. Cette occupation intermittente ne soulevait alors aucune protestation de la part du gouvernement chinois. Bien plus, le gouvernement chinois déclara officiellement que l'archipel ne lui appartenait pas à la suite du naufrage de deux navires sur les récifs en 1895 et 1896[110].

Il existe en effet des preuves contraires à la reconnaissance d'une « mer historique » au profit de la Chine. La Chine contemporaine se réfère à son antique civilisation pour faire valoir une continuité historique à partir des « livres d'histoire et de géographie publiés sous les dynasties Tang et Song »[111]. Or, les documents officiels de l'Empire chinois accompagnés de cartes, qui datent du XIIIe au XIXe siècle, affirment que « le point situé le plus au sud du territoire de la Chine est Yazhen sur l'île de Hainan »[112]. Il en va de même des cartes de l'Empire chinois dressées par les étrangers : au XVIIe siècle, la carte dessinée par Peter de Goyer et Jacob de Keyzer de la compagnie des Indes orientales indique clairement que « la

---

[109] L. Buszynski et I. Sazlan, "Maritime Claims and Energy Cooperation in the South China Sea", *Contemporary Southeast Asia: A Journal of International and Strategic Affairs*, 2007, n° 1, p. 143-171.

[110] P. Pasquier, « L'histoire moderne des îles Paracels », *L'éveil économique de l'Indochine*, n° 741, 12 juin 1932. Cité par P. B. Lafont, p. 249.

[111] Haiwen Biao, *op. cit.*, p. 323.

[112] *History of unification of Great Nguyen* (1294), *History of unification of Great Yuan* (1461), *History of unification of Great Qing* (1842).

Chine s'étend depuis l'île de Hainan au sud à 18° de latitude nord jusqu'à 42° de latitude nord ». Quant à la souveraineté sur les archipels, il est désormais établi que les troupes chinoises n'ont mis le pied pour la première fois sur l'archipel des Paracels qu'en 1909, alors qu'il faisait partie du Viêt Nam et n'était plus de longue date *terra nullius* ; les droits du Viêt Nam sont donc plus anciens et plus solides que ceux de la Chine. En ce qui concerne les Spratleys, la revendication chinoise a encore moins de force, en l'absence de toute trace d'occupation effective de ces îlots très éloignés du territoire chinois (alors que le concept juridique d'eaux historiques concerne des eaux proches de la côte de l'État concerné). La Chine ne peut davantage apporter de preuves pertinentes qu'elle a exercé une souveraineté de façon continue et pacifique sur la zone. Les Vietnamiens ont manifesté une intention de souveraineté sur les archipels dès le début du XVIIIe siècle alors que la Chine ne se préoccupait plus des mers du sud depuis le XVe siècle.
Reste l'argument selon lequel les rois d'Annam agissaient pour le compte de leur suzerain, l'empereur de Chine. Il est vrai que le royaume du Viêt Nam s'est constitué au XIe siècle dans la reconnaissance d'un lien de vassalité concrétisée par le versement d'un tribut symbolique[113]. Mais la déférence du gouvernement de Hué à l'égard de celui de Pékin était purement formelle, et n'impliquait en rien l'abandon des compétences

[113] L'influence de la Chine dans l'histoire du Viêt Nam est incontestable. En 207 avant notre ère, est fondé le royaume du Nam Viet qui englobe une partie de la Chine du Sud et le nord de l'actuel Viêt Nam. Rebaptisé *Giao Chi*, c'est un protectorat chinois divisé en trois provinces. Après l'échec de la résistance des sœurs Trung (39 de notre ère), le territoire est administré comme une province et selon une politique d'assimilation forcée. Malgré les soulèvements et les révoltes, l'occupation chinoise durera neuf siècles. Après le départ des Chinois, en 933, de nouvelles invasions viendront du nord : les Mongols à la fin du XIIIe siècle, les troupes de la dynastie Ming au début du XVe siècle ; dans les deux cas, la guérilla oblige les occupants à se retirer. Même après la fin de l'occupation chinoise, la politique expansionniste de Pékin se manifeste par l'investiture du souverain (nécessité pour le Dai Viet d'être reconnu par la Chine) et le versement d'un tribut (le plus souvent symbolique).

internationales[114]. De plus, l'argument est pour le moins paradoxal sur le plan politique (venant d'un gouvernement qui se proclame communiste et d'un État particulièrement attaché à l'égalité souveraine) et inopérant sur le plan juridique (comme en témoignent les conclusions de la Cour internationale de justice dans une affaire très comparable, celle des Minquiers et Ecrehous[115]).

L'occupation militaire des Paracels et d'une partie des Spratleys par la République populaire de Chine ne peut, même à long terme, se transformer en un titre. D'une part, parce que l'interdiction du recours à la force contre l'intégrité territoriale d'un État est l'un des premiers principes posés par la charte des Nations unies. D'autre part, en raison des protestations réitérées du Viêt Nam contre cette occupation illégale. Ces revendications territoriales unilatérales sont donc en désaccord

---

[114] Sur le plan politique, la volonté des souverains vietnamiens de neutraliser les effets du système tributaire dont ils ne pouvaient s'affranchir ouvertement, se manifeste de différentes manières du XIe au XVIIe siècle. « Depuis les Trân, les souverains vietnamiens avaient pris l'habitude d'utiliser de faux noms dans leur correspondance diplomatique avec la cour de Chine. L'imposture imaginée par Quang-Trung qui, en 1790, envoya un sosie à Pékin recevoir l'investiture à sa place, visait le même but… Il s'agissait pour les souverains du Vietnam de trouver un subterfuge pour invalider, aux yeux de leurs propres sujets, l'édit d'investiture envoyé par l'empereur de Chine. L'édit en effet conférait l'investiture à une entité fictive et était par voie de conséquence entaché de nullité ». Nguyen The Anh, « La frontière sino-vietnamienne du XIe au XVIIe siècle », *in* Pierre-Bernard Lafont, *Les frontières du Vietnam*, p. 67. Ainsi l'indépendance du souverain vietnamien ne semblait pas compromise par le versement du tribut et la demande d'investiture.
Avant cela, les ambassadeurs chinois notent en 990 une anecdote révélatrice des contorsions diplomatiques qui marquent les relations entre le Viêt Nam et la Chine : sous prétexte d'une blessure au genou, le souverain vietnamien s'excuse de ne pouvoir s'incliner, comme il devrait le faire, devant les lettres de créance signée par l'empereur de Chine. Ma Duanlin, *Ethnographie des peuples étrangers à la Chine : peuples méridionaux*, Genève, 1876-1883, p. 317.

[115] Cf. sur ce point l'analyse du professeur Chemillier-Gendreau, *op. cit.*, p. 76 et 77.

avec le droit international et sont entachées de nullité dès le départ. Autant de raisons qui expliquent le refus systématique opposé par la Chine aux demandes des autres protagonistes de soumettre le différend aux juridictions internationales, CIJ[116] ou TPA.

De toute façon, l'entrée en vigueur de la convention sur le droit de la mer – à laquelle tous les États riverains de la mer d'Asie du Sud-Est sont parties – a réduit considérablement les incertitudes concernant le statut des mers et a, de ce fait, limité l'intérêt du concept d'« eaux historiques ». D'ailleurs, la convention ne reconnaît pas les droits historiques comme fondement pour revendiquer la souveraineté sur un espace maritime. En outre, dans l'affaire *Cameroun/Nigeria*, la Cour internationale de justice minimise l'importance d'un titre historique pour justifier la souveraineté sur un territoire.

Mais la stratégie de la Chine en mer d'Asie du Sud-Est est aussi liée à des facteurs de politique intérieure tenant à la nature du système politique. Les dirigeants utilisent de supposées « atteintes à la souveraineté nationale » pour exacerber le sentiment nationaliste, nouveau ciment de l'unité nationale dans une Chine où la croissance économique faiblit et dans laquelle le développement social se révèle porteur de contradictions. Le recours au nationalisme n'est pas nouveau, mais il a pris une dimension accrue avec l'arrivée au pouvoir de Xi Jinping et ses références au « rêve chinois de grande renaissance ». Ce discours, pour être efficace, doit s'appuyer sur des manifestations concrètes de puissance. Dans ce contexte, les avancées chinoises en mer jouent un rôle majeur de mobilisation de la population autour du parti communiste et de sa direction.

---

[116] D'autant que dans l'affaire Burkina Faso/République du Mali (22 décembre 1986), la Cour indique : « Dans le cas où le fait ne correspond pas au droit, où le territoire objet du différend est administré effectivement par un État autre que celui qui possède le titre juridique, il y a lieu de préférer le titulaire du titre » (par. 63).

2.2. Une mainmise contestable

La Chine a publié, le 25 février 1992, une loi relative aux eaux territoriales et à la zone contiguë de la République populaire de Chine. Elle établit le principe des lignes de base droite, sans pour autant les dessiner. Hors du continent, l'article 2 de la loi définit comme territoire national « Taïwan et toutes les îles appartenant à l'ensemble, y compris les Diaoyu, les Pengshu, les îles Dongsha, les îles Xisha, les îles Zhongsha et les îles Nansha, ainsi que toutes autres îles qui appartiennent à la République populaire de Chine ». Cette dernière formule recouvre vraisemblablement des récifs qui font l'objet de contentieux avec la Malaisie (James shoal et Luconia reefs) et les Philippines (Scarborough et Truro).

Le détournement du droit de la mer

Rien d'étonnant si en juin 1996, le document de ratification par la Chine de la convention sur le droit de la mer contient nombre de réserves et de déclarations interprétatives sur certaines dispositions du traité.
Les réserves portent sur les droits historiques et les limitations à la liberté de navigation. Ainsi la zone économique exclusive est-elle conçue comme un espace distinct de la haute mer, dans lequel l'État riverain peut contrôler la circulation maritime, devenant ainsi une zone d'exclusion économique plutôt qu'une zone économique exclusive ; il en est de même des eaux surplombant le plateau continental.
Par ailleurs, la Chine a déclaré formellement ne pas accepter le mécanisme procédural prévu par la convention en matière de contentieux territorial (article 298). Suivant la même logique, la Chine a refusé de participer à l'arbitrage initié par les Philippines et qui a abouti à la décision de juillet 2016.
Après la ratification de la convention sur le droit de la mer, une loi sur sa zone économique exclusive et son plateau continental est adoptée le 26 juin 1998. Le texte contient, dans son article 14, une ambiguïté : « Les dispositions de cette loi ne doivent pas affecter le droit historique dont jouit la République de Chine ». Ce « droit historique » – qui n'est pas davantage

explicité – offre à la Chine la possibilité d'aller au-delà des dispositions de la convention. En effet, Pékin continue de publier des cartes où est représentée la délimitation de ses prétentions sur la mer d'Asie du Sud-Est ; il s'agit de la fameuse « ligne en neuf tirets » : une ligne qui ne concède finalement aux autres États riverains que leurs eaux territoriales[117].

Bien que la convention de Montego Bay soit aujourd'hui une référence incontournable, notamment pour ce qui a trait à la définition de la zone économique exclusive de chaque État, la Chine a donc établi son propre cadre juridique : la déclaration chinoise de 1958 sur les eaux territoriales mentionnait déjà la mer dite « de Chine méridionale » comme une mer territoriale sur laquelle la République populaire de Chine exerce sa souveraineté ; les navires étrangers qui y transitent doivent demander une autorisation préalable à Pékin ; la loi sur les eaux territoriales et la zone contigüe de 1992 autorise les autorités régionales à expulser les éventuels contrevenants sur les Paracels (*Xisha*) et les Spratleys (*Nansha*), y compris par la force ; les deux archipels avaient d'ailleurs été intégrés administrativement à la province de Hainan le 13 avril 1988.

Il semble que pour ses dirigeants, le statut de puissance mondiale auquel aspire la Chine passe par sa capacité à remettre en cause le *statu quo* et à imposer ses propres normes, opposées aux normes considérées comme « occidentales »[118]. La Chine devient ainsi une puissance révisionniste, dans la mesure où elle n'accepte plus les règles internationales issues d'un rapport de

---

[117] La République populaire de Chine procède de la même manière pour la mer de Chine orientale.

[118] Le refus d'un ordre juridique imposé par les Occidentaux se manifeste dès le XIXe siècle : Zhiguang Yin, "Heavenly principles? The translation of international law in the 19th-century China and the constitution of universality", *The European Journal of International Law*, 2016, n° 4, p. 1005-1024.

forces qu'elle estime aujourd'hui révolu[119]. Sur les questions de souveraineté en mer d'Asie du Sud-Est, en refusant par avance le jugement du tribunal permanent d'arbitrage de La Haye, la Chine s'est placée en marge de la communauté internationale. Mais c'est parce que – selon elle – le recours déposé par les Philippines auprès du tribunal d'arbitrage est un élément de la guerre hybride menée contre les intérêts de Pékin, une « provocation sous le déguisement du recours à la loi ». Ce rejet de la part des autorités chinoises manifeste le refus d'un ordre international qui ne leur paraît plus adapté. Ce qui les conduit parfois à ne pas respecter leurs propres promesses.

Ainsi, Pékin n'a pas rempli les engagements pris à la suite d'une médiation américaine imposant aux Philippines comme à la Chine de se retirer du banc de Scarborough. Seules les Philippines ont retiré leurs bâtiments, alors que la Chine maintenait son blocus. Il est clair que tout engagement est interprété et appliqué par Pékin en fonction d'un rapport de forces plus ou moins favorable…

Concernant le droit international, les autorités chinoises ne reconnaissent que leur propre interprétation, qui peut évoluer en fonction des circonstances. Ainsi, la Chine conteste le statut d'île attribué par le Japon à Okinotori, qui ouvre droit à une zone économique exclusive, alors que dans le même temps elle affirme que l'ensemble des récifs – pourtant submergés à marée haute – qu'elle occupe en mer d'Asie du Sud-Est sont des îles. Or, le droit international ne permet pas un État de revendiquer des droits qu'il refuse à d'autres États.

De même, la Chine tente d'imposer sa propre définition du droit de libre passage pour tous les bâtiments dans ce qu'elle définit comme sa zone économique exclusive en limitant ce droit aux bâtiments civils, les navires militaires étant soumis à autorisation. Ce point est particulièrement important en mer

[119] Evan A. Feigenbaum, "China and the world. Dealing with a reluctant power", *Foreign Affairs*, january 2017, p. 33-40.

d'Asie du Sud-Est, alors que Pékin tente d'interdire les opérations de reconnaissance navales ou aériennes dans le périmètre de sa nouvelle base de sous-marins sur l'île de Hainan[120].

Enfin, la Chine n'hésite pas à procéder par décisions unilatérales. Ainsi, elle annonce le 23 novembre 2013 une zone d'identification de défense aérienne (*ADIZ*) en mer dite de Chine orientale qu'elle partage avec le Japon et la Corée du Sud, zone délimitée de façon à recouvrir l'archipel Pinnacle occupé par les Japonais et revendiqué par les Chinois.

Pékin a donc l'ambition d'imposer un nouvel ordre international fondé sur « le respect mutuel », ce qui signifie que les États du pourtour chinois doivent accepter les revendications chinoises. Des cinq principes de la coexistence pacifique qui fondaient la politique étrangère de la Chine, on est désormais passé à un niveau différent, qui serait l'acceptation, par la communauté internationale, des revendications territoriales chinoises.

Le détournement par la République populaire de Chine de la convention sur le droit de la mer est particulièrement manifeste dans son interprétation des dispositions relatives aux eaux territoriales en ce qui concerne les îles de la mer d'Asie du Sud-Est.

Pékin a adopté, le 15 mai 1996, une loi établissant les lignes de base droites à partir desquelles se déterminent les différentes zones de souveraineté chinoise en mer. Cette dernière applique à l'archipel des Paracels la technique du tracé des lignes de base droites. Or, il s'agit d'une interprétation contraire aux articles 46 et 47 de la convention qui réservent cette technique à « l'État archipélagique » ; car si les Paracels constituent un archipel, ils ne sont pas un État archipélagique. On est donc en

[120] Sur la Chine qui cherche à modifier les règles internationales qu'elle n'estime plus adaptées au contexte actuel, cf. Tim Summers, "Discourses and institutions in China's maritime disputes", *China Information*, vol. 30, n° 3, 2016, p. 275-295.

présence d'un dévoiement des articles 46.a de la convention – article qui définit l'État archipel : « un État constitué entièrement par un ou plusieurs archipels et éventuellement d'autres îles » – et 47.1, qui spécifie comment un État archipel peut déterminer les limites de son territoire national : « Un État archipel peut tracer des lignes de base archipélagiques droites reliant les points extrêmes des îles les plus éloignées et des récifs découvrants de l'archipel à condition que le tracé de ces lignes de base englobe les îles principales et définisse une zone où le rapport de la superficie des eaux à celle des terres, atolls inclus, est compris entre 1 à 1 et 9 à 1 ».

La convention ne donne par ailleurs aucune précision sur la façon dont doivent être délimités les archipels qui ne sont pas des États. Dès lors, c'est le régime des îles, prises une à une, qui doit s'appliquer aux archipels de la zone. Or, si dans les Paracels plusieurs îles peuvent être considérées comme telles, il n'en est pas de même dans les Spratleys. Dans ce dernier cas, seules quelques unités peuvent se prêter « à l'habitation humaine ou à une vie économique propre », tel que cela se déduit du troisième paragraphe de l'article 121 (« régime des îles ») de la convention : « Les rochers qui ne se prêtent pas à l'habitation humaine ou à une vie économique propre, n'ont pas de zone économique exclusive ni de plateau continental ». Dès lors, la façon dont les eaux territoriales pourraient se déterminer à partir des élévations pouvant être considérées comme des îles authentiques dans les Paracels et dans les Spratleys ne permettrait certainement pas de couvrir 80 % de la superficie de la mer comme prétendent le faire les autorités chinoises.

Bien que la pratique soit clairement illégale, la Chine a l'intention de procéder à une délimitation autour des îles Spratleys ; c'est ce que révèle la note verbale adressée par le gouvernement chinois à l'ONU le 14 avril 2011, selon laquelle l'archipel des « *Nansha* a pleinement droit à une mer territoriale, une zone économique exclusive et un plateau continental ». Il en ira sans doute de même pour le soi-disant « archipel » de *Zhongsha qundao* : un « archipel » totalement factice sur le plan naturel puisque les Chinois y englobent le banc Macclesfield, le banc Scarborough, le haut-fond de Truro et les récifs Helen et Dreyer ; or, le haut-fond de Truro et le banc Macclesfield sont séparés par un abysse de 4 000 mètres… En opérant une telle délimitation des archipels qu'elle revendique, la Chine détermine autour de ces derniers des eaux territoriales qui couvrent un espace nettement supérieur à celui qui pourrait exister si c'était le régime des îles qui était appliqué.

Dans le même temps, elle fait progresser le statut de l'entité administrative des trois archipels revendiqués : Paracels (*Xisha* ou banc de l'ouest), Spratleys (*Nansha* ou banc du sud) et *Zhongsha* (banc du milieu). Le 19 novembre 2007, elle crée le district des *Sansha* et en fait une subdivision de la province de Hainan. Le 21 juin 2012, les *Sansha* sont élevées à un rang équivalent à celui de sous-préfecture, et leur chef-lieu est implanté dans les Paracels, sur l'île Boisée (*Woody island* en anglais, *Yongxing* en chinois). Enfin le 29 novembre 2012, elle annonce que des patrouilles maritimes pourront inspecter tout navire étranger pénétrant illégalement dans les eaux territoriales de la province de Hainan et que la décision entrera en vigueur le 1er janvier 2013[121].

C'est pourquoi elle englobe les trois archipels revendiqués à l'intérieur d'un tracé en neuf traits qui couvre quasiment toute la mer d'Asie du Sud-Est.

L'absence de fondement juridique de la « ligne en neuf (ou dix) tirets »

Ironiquement baptisée « langue de bœuf » (*cow tongue*), l'historique et le statut de la « ligne en neuf tirets » sont

[121] En mars 2017, la Cour suprême de la RPC a publié un règlement lui donnant juridiction sur les eaux intérieures et la mer territoriale, mais aussi la zone contigüe, la ZEE, le plateau continental et toutes les zones maritimes se trouvant sous juridiction chinoise. *China Daily Asia*, 12 mars 2017.

difficiles à tracer, y compris pour les juristes chinois qui se contredisent quelquefois sur ces points.

Il semble qu'en 1933 le gouvernement de la République de Chine (Guomindang) décide la création d'une commission chargée de l'inspection et de la révision des cartes terrestres et marines. Cette commission est notamment chargée d'inclure les îles qui se trouvent en mer d'Asie du Sud-Est à l'intérieur du territoire chinois. Sur la base de ces travaux, le département des territoires et des frontières du ministère de l'Intérieur de la République de Chine publie en décembre 1946 une *carte des divisions administratives de la République de Chine* comportant une ligne de onze tirets englobant la plus grande partie de la mer d'Asie du Sud-Est. Les deux premiers tirets traversent le golfe du Tonkin en partant de la frontière Chine-Viêt Nam ; les troisième et quatrième séparent la côte vietnamienne des archipels Paracels et Spratleys ; les cinquième et sixième passent entre les îles indonésiennes Natuna et respectivement la côte malaisienne et le banc James ; en direction du nord-est, les tirets suivants passent entre les Spratleys et Bornéo d'une part, et les Philippines d'autre part. Les neuvième, dixième et onzième tirets séparent les Philippines (Luzon) de la Chine.

Après la fin du régime nationaliste, la carte est reprise par la République populaire de Chine (avec un seul changement intervenu en 1953 : la suppression des deux tirets passant dans le golfe du Tonkin). Mais elle n'est pas invoquée, ni clarifiée, sur le plan international, que ce soit durant la première conférence des Nations unies sur le droit de la mer en 1958, la deuxième en 1960 ou la troisième entre 1973 et 1982.

La controverse sur cette ligne en neuf tirets éclate après l'objection opposée par la République populaire de Chine le 7 mai 2009 et le 14 avril 2011 à deux demandes présentées à la commission des limites du plateau continental : une demande conjointe Viêt Nam – Malaisie et une demande du Viêt Nam. Cette commission est chargée de faire des recommandations aux États désireux d'étendre leur plateau continental au-delà des 200 milles marins. Ces deux requêtes concernant des zones situées à l'intérieur de la ligne en neuf tirets, la Chine réagit par deux lettres séparées. Dans les notes diplomatiques adressées au secrétaire général des Nations unies, la République populaire de Chine indique que « la Chine dispose d'une souveraineté indiscutable sur les îles de la mer de Chine méridionale et les eaux adjacentes, et exerce les droits de souveraineté et de juridiction sur les eaux, le fond de la mer et le sous-sol. Cette position a toujours été celle du gouvernement chinois ; elle est bien connue de la communauté internationale ». Les notes diplomatiques sont accompagnées d'une carte portant une ligne en neuf tirets, analogue à celle de 1946.

La « langue de bœuf »

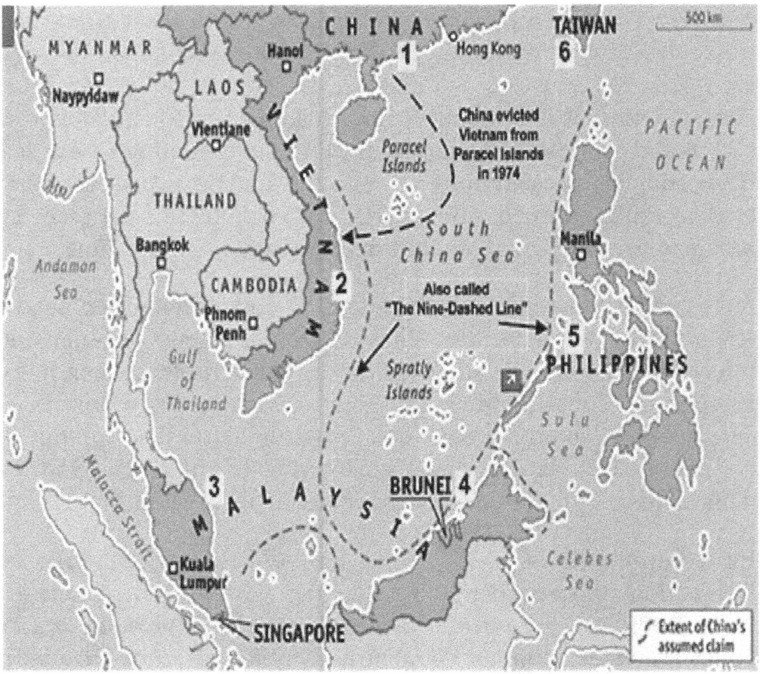

Le contenu des notes montre que les spécialistes chinois ont tenté de mettre les revendications chinoises en conformité avec les règles internationales en vigueur pour qu'elles soient crédibles. En effet, la déclaration de 1958 sur la mer territoriale, ainsi que la loi de 1992 sur la mer territoriale et la zone contiguë ne fournissaient aucune explication juridique. Or, en droit international, trois facteurs sont pris en considération pour déterminer un titre historique sur un espace maritime : l'exercice d'une autorité sur la zone ; la continuité de l'exercice de l'autorité ; l'attitude des États étrangers.

Sur ces différents points, les objections ne manquent pas. D'abord, il ressort de la jurisprudence internationale et de la doctrine qu'une carte ne peut à elle seule constituer le fondement d'un titre sur un territoire. Elle doit être l'expression de la volonté du pouvoir politique : par exemple, une carte annexée à un acte officiel dont elle constitue un élément[122] ; les autres évidences cartographiques sont généralement considérées comme secondaires[123]. Or, la carte publiée en 1947 par la République de Chine n'était qu'une manifestation unilatérale des limites de la souveraineté chinoise. Elle rappelle, toutes proportions gardées, la doctrine énoncée de façon tout aussi unilatérale par le président Monroe concernant le continent américain[124]. C'est surtout le cas lorsque les cartes comportent des indications géographiques confuses, contradictoires, ambigües, imprécises. Or, la ligne en neuf tirets n'en manque pas. D'une part, les observateurs constatent que le nombre de tirets varie : il passe de onze à neuf en 1953 ; le 11 janvier 2013, *Sinomap press*, organe officiel de presse chinoise, publie une carte sur laquelle le tracé en neuf traits est complété par un dixième trait en mer jaune, à l'est de Taïwan. Lorsque six mois

---

[122] CIJ, 15 juin 1962, *Temple de Preah Vihear* ; 22 décembre 1986, *Burkina Faso/Mali* ; 17 décembre 2002, *Indonésie/Malaisie* ; 8 octobre 2007, *Nicaragua/Honduras*.

[123] 4 avril 1928, *Îles de Palmas* : l'arbitre Max Huber considère que « ce n'est qu'avec une extrême circonspection que l'on peut tenir compte des cartes pour trancher une question de souveraineté ».

[124] Shirley Scott, "China's nine-dash line, international law and the Monroe doctrine", *China Information*, vol. 30, n° 3, 2016, p. 296-311.

plus tard, le Japon et les Philippines protestent contre cette publication, il apparaît que ce tracé en dix traits est présenté comme figurant les « frontières nationales » chinoises. Bien que ce nouveau tracé n'ait pour l'heure aucune valeur de revendication officielle – puisque la carte n'a pas encore été présentée en accompagnement d'un document officiel établissant la prétention –, il aggrave manifestement la revendication globale. D'autre part, un tel tracé est très ambigu parce qu'approximatif : à partir de quelle ligne de base et en fonction de quel calcul a-t-il été établi ? Pourquoi utiliser des tirets largement espacés plutôt qu'une ligne continue (les cartographes font remarquer que les tirets sont si épais que la position peut varier de 1 à 5 milles nautiques) ? Aucune coordonnée géographique n'y figure : comment dans ces conditions les blancs entre les tirets pourraient-ils être revendiqués en droit international ? Pour toutes ces raisons, la ligne en tirets ne peut en aucun cas constituer un élément de délimitation des espaces maritimes ; bien au contraire, elle renforce la confusion qui entoure les revendications chinoises.

Ensuite, les « îles » mentionnées sur la carte n'en sont pas : l'article 121 § 3 de la convention indique que « les rochers qui ne se prêtent pas à l'habitation humaine ou à une vie économique propre n'ont pas de zone économique exclusive ni de plateau continental ». Sur ce point, il faut noter que le Viêt Nam et la Malaisie, dans leur approche juridique, sont en concordance avec la convention de 1982 ; les deux États reconnaissent en effet que les îles, récifs et atolls de la zone sont trop petits pour revendiquer une zone économique exclusive ou un plateau continental.

Enfin, les objections des États riverains à ces prétentions chinoises sont « bien connues de la communauté internationale », en tout cas dès la publication officielle de la carte (on ne peut en effet exiger des États qu'ils protestent contre une revendication dont ils n'ont pas eu connaissance...) : objections persistantes dans le cas du Viêt Nam, mais aussi plus récemment des Philippines et de la Malaisie. Ainsi, le 8 mai 2009, le Viêt Nam réagit en déclarant que la ligne en neuf tirets dessinée sur la carte « n'a aucun fondement juridique, historique ou factuelle et est donc nulle et non avenue ». Dans une note verbale au secrétaire général des Nations unies le 8 juillet 2010, l'Indonésie déclare que cette ligne « manque manifestement de fondement juridique au niveau international et revient à contrer la convention de 1982 ». Le 5 avril 2011, le gouvernement des Philippines répète dans une lettre adressée au secrétaire général des Nations unies que cette ligne n'a « aucun fondement au regard du droit international, spécifiquement de la Convention de 1982 »[125].

La controverse est attisée par l'ambiguïté du statut de cette ligne en neuf (ou dix) tirets. Cette dernière a suscité en effet des interprétations différentes, y compris parmi les spécialistes et universitaires chinois : pour les uns, elle exprime la souveraineté pleine et entière de la Chine sur la zone (souveraineté analogue à celle qui s'exerce sur les eaux territoriales)[126] ; pour d'autres, il s'agit d'affirmer un droit historique à administrer la zone (on en revient à l'argument des « eaux historiques »)[127] ; certains considèrent que la ligne vise à affirmer la souveraineté sur les îles et les récifs de la zone[128] ;

---

[125] Voir les références in Erik Franckx, « La deuxième vie de la ligne en neuf traits », *in* IRIS, *Mer de Chine méridionale, nouvel espace de crise ?*, Paris, 2012, p. 21.

[126] Zhao Lihai, qui fait partie du département de droit de l'université de Pékin, considère la ligne comme une frontière maritime. Cf. Li Jinming, Li Dexia, "The Dotted Line on the Chinese Map of the South China Sea: A Note", *Ocean Development and International Law*, 2003, n° 3, p. 290.

[127] Zou Keyuan, docteur de l'université du Lancashire, estime que la revendication chinoise porte sur des « droits historiques à souveraineté modérée (*tempered sovereignty*) », c'est-à-dire des droits à l'occupation et à l'exploitation, mais qui ne recouvrent pas une souveraineté complète. Thèse évidemment floue, et de plus incorrecte sur le plan juridique, puisque la souveraineté – par définition – ne se partage pas. Cf. Zou Keyuan, "Historic Rights in International Law and in China's Practice", *Ocean Development and International Law*, 2001, n° 1, p. 160.

[128] Pour Gao Zhiguo, directeur de l'Institut de stratégie de développement maritime, puis juge au Tribunal international du droit de la mer, la ligne exprime davantage une revendication sur les îles qu'une frontière maritime.

d'autres enfin considèrent que la ligne reflète les intérêts de la République populaire de Chine dans la zone et sa volonté de protéger légalement ses intérêts. La mer d'Asie du Sud-Est ferait partie des régions d'intérêt géostratégique pour la protection des populations et des centres économiques côtiers (bien que les règles internationales ne prévoient pas de protection spécifique des intérêts d'un État côtier au-delà de la mer territoriale...). La République populaire de Chine ne fait rien pour lever cette ambiguïté ; au contraire, dans ses notes et cartes de 1992 (loi sur la mer territoriale) et 1998 (zone économique exclusive), elle englobe la quasi-totalité de la mer d'Asie du Sud-Est en combinant ses « droits historiques » et les concepts modernes de zone économique exclusive et de plateau continental. En effet, un des arguments de la position chinoise est fondé sur l'existence d'un plateau continental qui, d'après la Chine, s'étendrait de la Mongolie jusqu'à Bornéo, englobant ainsi la quasi-totalité de la mer d'Asie du Sud-Est. Outre le caractère exorbitant de cette prétention, la carte ne tient aucun compte des failles sous-marines et des profondeurs très importantes qui séparent le continent chinois des îles et archipels revendiqués.

Cette ambiguïté qui permet à la Chine d'avancer tantôt une interprétation, tantôt une autre, et de changer ainsi de position lors de négociations éventuelles, contribue à l'instabilité régionale car elle suscite des interrogations parmi les riverains

---

"The nine-dash line is 'synonymous with a claim of sovereignty over the island groups that always belonged to China and with an additional Chinese claim of historical rights of fishing, navigation, and other marine activities (including the exploitation of resources, mineral or otherwise) on the islands and in the adjacent waters'". *The American Journal of International Law*, 2013, n° 95, p. 108. C'est également l'opinion du général Daniel Schaeffer : il estime que « le tracé n'est pas l'expression formelle de la volonté chinoise d'exercer sa souveraineté sur la totalité du bassin. Il serait plutôt le trait qui circonscrit l'ensemble territorial maritime à l'intérieur duquel les Chinois entendent que les débats se tiennent en vue d'établir les droits de la Chine d'abord, des autres ensuite, sur les terres émergées... ». « Mer de Chine du Sud. Code de conduite : la grande chimère », *La revue géopolitique*, 30 janvier 2016.

et les inquiétudes des usagers de la zone, en particulier les compagnies maritimes.
En effet, reconnaître le tracé en neuf/dix tirets peut conduire à limiter la liberté de circulation dans la zone, la Chine contrôlant la circulation maritime entre le sud et le nord de cette mer méridionale. Ce serait le cas pour les navires de commerce, mais surtout pour les navires de guerre. En effet, profitant de l'ambiguïté des dispositions de l'article 58 de la convention, la Chine ne reconnaît pas le droit de passage inoffensif pour les navires militaires ; elle exige une demande d'autorisation préalable, ce qui obligerait une marine de guerre étrangère qui transiterait dans la zone d'emprunter des couloirs étroits à l'est ou à l'ouest ; il en serait de même pour les navires chargés des activités de recherche scientifique ou hydrographique.

Article 58 de la convention sur le droit de la mer

« Dans la zone économique exclusive, tous les États, qu'ils soient côtiers ou sans littoral, jouissent des libertés de navigation et de survol et de la liberté de poser des câbles et pipelines sous-marins... ainsi que de la liberté d'utiliser la mer à d'autres fins internationalement licites liées à l'exercice de ces libertés...

Lorsque, dans la zone économique exclusive, ils exercent leurs droits et s'acquittent de leurs obligations en vertu de la Convention, les États tiennent dûment compte des droits et des obligations de l'État côtier et respectent les lois et règlements adoptés par celui-ci conformément aux dispositions de la Convention... ».

L'article 58 est le résultat d'un compromis entre les intérêts des États côtiers, qui sont de gérer et de protéger les ressources maritimes, et ceux des autres États qui souhaitent bénéficier de la liberté de navigation en haute mer. C'est pourquoi l'État côtier se voit accorder dans la zone économique exclusive des droits souverains sur les ressources et des droits de juridiction pour protéger ces ressources, mais il ne peut pas compromettre la liberté de navigation pour les autres États. Cependant, lorsque l'alinéa 3 indique que « les États tiennent dûment compte des droits et des obligations de l'État côtier et respectent les lois et règlements adoptés par celui-ci », une ambiguïté apparaît. La Chine tire profit de cette ambiguïté pour remettre en question la liberté de navigation dans ce qu'elle considère comme sa zone économique exclusive. Pour ce faire, les modes opératoires combinent souplesse et manifestation de puissance selon les besoins : souplesse avec les secours en mer, manifestation de puissance par un déploiement massif de forces de police maritime[129]. Au début des années 2000, Pékin a prétendu n'accorder le droit de passage inoffensif à tout navire, de commerce comme de guerre, que si les armateurs ou les États concernés présentaient auparavant une demande d'autorisation. Il en est résulté une série de confrontations entre navires chinois et américains dans la zone entre 2001 et 2009.

En 2012, Pékin a modifié sa stratégie : ses unités de police maritime venaient à la rencontre des bâtiments de commerce en traversée pour les saluer et leur poser des questions sur leur provenance, leur destination, mais sans tenter de procéder à des inspections de bord. En agissant ainsi, la Chine entendait marquer ce qu'elle considère comme son territoire. Au passage du détroit de Malacca, les commandants de navires étaient avisés de ce risque par les autorités du Centre international de renseignement maritime implanté à Singapour. Il leur était recommandé de ne pas opposer de difficultés et d'obtempérer afin de ne pas générer de stériles disputes de principe. Mais ce type d'action visait manifestement à forcer une reconnaissance implicite internationale de la souveraineté chinoise sur la zone.

---

[129] Il faut relever qu'il s'agit de moyens civils et non pas militaires. En n'engageant pas sa marine militaire, Pékin se réserve la faculté de mettre en tort une partie adverse qui, pour protéger ses droits, pourrait utiliser des moyens militaires. Même si l'incident éventuel est le fait de la Chine, la faute en incomberait cependant à l'État défenseur du simple fait qu'il aurait utilisé un moyen militaire contre un véhicule civil. Par ailleurs, la Chine renforce ainsi sa souveraineté de fait : l'emploi d'un vaisseau de police en milieu maritime symbolise le contrôle des eaux, même si en réalité elles sont administrées par un autre pays.

Depuis 2013, la Chine a cessé ce genre d'opération mais maintient une très forte présence dans la mer par l'intermédiaire de ses cinq agences de police maritime.

Il résulte de tout ce qui précède que tout navire étranger, commercial comme militaire, qui traversera la « langue de bœuf » sans autorisation préalable pourra être considéré comme entrant illégalement dans les eaux territoriales de la Chine et sera susceptible d'être soumis au contrôle de sa police maritime. Ce que d'ailleurs, avant même la nouveauté du tracé en neuf/dix traits, Pékin avait déjà commencé d'entreprendre.

Une zone d'identification aérienne

À cela s'ajoute la menace chinoise de créer une *Air Defence Identification Zone* (*ADIZ*) – zone d'identification aérienne – au-dessus de la mer d'Asie du Sud-Est, analogue à celle installée en mer de Chine orientale le 23 novembre 2013. Dès lors qu'elle considère la « langue de bœuf » comme englobant ses eaux territoriales, la Chine peut décréter que l'espace aérien qui les surplombe est l'espace aérien national. Selon la règlementation internationale, un espace aérien national correspond en effet à la colonne d'air qui s'élève au-dessus du territoire de l'État concerné à partir de ses eaux territoriales. Actuellement, en mer d'Asie du Sud-Est et hors des eaux territoriales continentales des États riverains, la colonne d'air au-dessus de la mer est partagée sans tenir compte des contentieux maritimes. La responsabilité de la gestion du ciel est répartie entre les régions d'information en vol (*Flight information regions*) de Singapour, de Manille pour les Philippines, d'Ho Chi Minh Ville et de Hanoï pour le Viêt Nam, de Canton et de Hong Kong pour la Chine, le tout sous le contrôle de l'Organisation de l'aviation civile internationale. Dans l'*ADIZ* ainsi établie, la Chine entend imposer aux aéronefs en transit au-dessus de la mer d'Asie du Sud-Est des procédures de contrôle identiques à celles qu'elle applique aux aéronefs qui pénètrent dans son espace aérien. À ces procédures arbitraires de contrôle sont adjoints des avertissements à l'attention des éventuels contrevenants. Remettant en cause la liberté de la navigation aérienne internationale, une telle mesure n'est pas conforme au droit aérien international. En effet, l'établissement d'une *ADIZ* au-dessus d'une zone économique exclusive – établissement qui relève de la coutume internationale – soumet les avions qui y entrent à des procédures d'identification et de navigation, mais uniquement ceux des appareils qui souhaitent pénétrer dans l'espace aérien de l'État qui a établi l'*ADIZ*. Un avion étranger qui n'a pas l'intention de pénétrer l'espace aérien de l'État ne peut être soumis à ces conditions et procédures. À ce titre, l'*ADIZ* édictée par la Chine en 2013 au-dessus de la mer de Chine orientale qui requiert des avions qui y entrent de s'identifier alors même qu'ils ne cherchent pas à survoler la Chine est excessive au regard de la coutume internationale et constitue une infraction au principe de liberté de survol dans l'espace international.

Enfin, la Chine matérialise ses prétentions dans cette mer par des travaux importants entrepris sur les récifs qu'elle contrôle : depuis le début des années 2010, l'armée chinoise procède au remblaiement intensif des récifs à l'aide d'un bateau-dragueur géant ; du mois de décembre 2013 au mois d'octobre 2015, en un laps de temps très court, la surface poldérisée par la Chine a atteint 12 000 kilomètres carrés. Huit récifs – Cuarteron, Kennan, Fiery Cross, Gaven, Hughes, Johnson South, Mischief et Subi – sont concernés[130], en contradiction avec la déclaration sur le code de conduite que la Chine s'était engagée en 2002 à respecter. Cette stratégie de poldérisation est rendue possible par le progrès des moyens techniques dont elle dispose alors qu'elle s'est dotée depuis le milieu des années 2000 d'une très importante flotte de dragueurs. Une fois l'espace aménagé, des infrastructures sont construites avec des matériaux acheminés depuis le continent : bâtiments, espaces portuaires, pistes d'aviation, équipements de transmission… De tels travaux

[130] Le général Schaeffer dresse un état précis des travaux réalisés et en cours : « Mer de Chine du Sud : Force ne fait pas droit », *Annuaire du droit de la mer*, 2014, tome XIX, p. 253-289.

perturbent la vie marine alentour et contribuent à la pollution des milieux marins, en contradiction avec les engagements contractés par la Chine lorsqu'elle a adhéré à la convention sur le droit de la mer (art. 194) et à la déclaration sur le code de conduite (art. 6). La Chine pourrait étendre cette stratégie au banc de Scarborough, rompant avec un autre principe qui consiste à interdire aux parties en présence de rompre le *statu quo* en matière d'occupation de territoires.

Pour toutes ces raisons, la mer d'Asie du Sud-Est est devenue une de ces « zones grises » (*Grey zones*), notion utilisée par le commandement nord-américain des forces spéciales pour désigner des situations où un État cherche à faire avancer ses pions contre ses concurrents à l'aide de tactiques agressives, mais qui restent cependant à un niveau n'entraînant pas de répliques conventionnelles. En mer d'Asie du Sud-Est, ces tactiques qui, sans utilisation directe de la force, visent à contraindre les protagonistes à s'incliner, comprennent les intimidations (notamment la tactique de l'essaim : un navire se retrouve entouré de dizaines de bateaux concurrents ; ou l'amorce d'un abordage, voire d'un éperonnage), l'utilisation de forces paramilitaires (milice maritime chinoise), la modification des frontières par la construction d'îles artificielles, les pressions économiques et politiques… Il s'agit pour la Chine de créer un nouveau rapport de force, mais de manière si progressive qu'il peut passer inaperçu. Car il est très difficile dans ce type de situation de définir précisément les menaces et les risques : dans l'incertitude sur les intentions réelles de la Chine et considérant l'attitude ambigüe des puissances extérieures à la région, les ripostes des pays voisins sont aléatoires…

2.3. L'attitude des pays concernés

Les autorités de Pékin poursuivent trois objectifs : sécuriser des routes maritimes empruntées par 90 % du commerce international chinois (en particulier l'approvisionnement pétrolier), exploiter les ressources pétrolifères offshore et halieutiques et permettre à sa marine de guerre d'accéder à l'océan Pacifique, pour devenir réellement une puissance de dimension mondiale.

Ces trois objectifs géopolitiques expliquent que la Chine ait pu déclarer officiellement, en 2010, que la mer dite « de Chine » devait désormais être considérée comme étant du même niveau d'intérêt stratégique que Taïwan, le Tibet ou le Xinjiang. L'ampleur de la demande en matière de souveraineté maritime est immense : alors que la zone économique exclusive chinoise couvre aujourd'hui 800 000 kilomètres carrés, la Chine ambitionne de disposer – en comptant les îles disputées en mer d'Asie du Sud-Est – de plus de 3 millions de kilomètres carrés de zone économique exclusive et d'extension du plateau continental.
Or, cette ambition est en contradiction avec les intérêts géopolitiques de plusieurs puissances rivales : sur sa façade maritime, le Japon, Taïwan, les Philippines, l'Indonésie et la Malaisie constituent autant de verrous stratégiques sur l'océan Pacifique et l'océan Indien ; la Chine entretient avec ces pays des différends qui sont à l'origine de la politique américaine de rééquilibrage stratégique vers l'Asie-Pacifique, lancée par l'administration Obama en 2011.

– **Le Japon** est sans doute le principal concurrent maritime de la Chine dans la région. Son intérêt pour la mer d'Asie du Sud-Est est d'abord économique : l'objectif est de sécuriser les routes du commerce international et d'approvisionnement en matières premières (notamment le pétrole et le gaz naturel). Par ce corridor, passe 90 % du commerce japonais et ses riverains accueillent une part importante de la production industrielle japonaise. L'objectif est également de bénéficier des ressources halieutiques. L'intérêt du Japon pour la zone est aussi d'ordre stratégique : pour s'assurer que les Chinois ne soient pas en situation d'être la puissance hégémonique de la zone et n'accaparent pas les ressources (hydrocarbure offshore et richesses halieutiques des Paracels et des Spratleys), les Japonais (quatrième marine militaire mondiale) renforcent leur coopération avec le Viêt Nam, les Philippines, l'Inde, la Malaisie et l'Indonésie. Ils veulent également préserver la libre navigation dans la zone pour permettre aux forces navales américaines – considérées par Tokyo comme garantes de la sécurité régionale – de circuler entre l'océan Pacifique et l'océan Indien.

– **L'Inde** est le second obstacle aux velléités chinoises d'accès à la puissance maritime. Depuis la fin de la guerre froide, l'Inde développe son influence en Asie du Sud-Est, en prenant appui sur des relations privilégiées tissées avec le Viêt Nam et les Philippines, avec l'objectif principal de bloquer la projection chinoise vers l'océan Indien. La priorité maritime de l'Inde est de maintenir son leadership régional sur l'océan Indien. La stratégie chinoise du « collier de perles » qui vise à aménager le long des routes maritimes des facilités portuaires (Birmanie, Bangladesh, Sri Lanka, Maldives, Pakistan) est perçue comme une menace par New Delhi[131]. En 2015, les exercices annuels "*Malabar naval exercises*" des forces navales indiennes et nord-américaines ont inclus des bâtiments de la flotte japonaise. La même année, l'Inde a aussi entamé des exercices navals bilatéraux avec l'Australie. Elle a signé avec le Viêt Nam une déclaration sur la coopération en matière de défense et deux navires militaires indiens ont stationné en 2016 dans la baie de Cam Ranh[132]. Parallèlement, la coopération militaire avec les États-Unis s'est accentuée avec la création d'un groupe de travail commun en matière de technologies aéronavales[133], puis la signature d'un accord d'échange logistique qui autorise l'Inde et les États-Unis à utiliser leurs facilités militaires en matière de réparation et de réapprovisionnement, enfin la mise en place d'un programme de lutte anti sous-marins. Les deux

---

[131] Jonathan Ward, "Sino-Indian Competition in the Maritime Domain", *China Brief*, volume 17, n° 1, 13 janvier 2017. Sur les relations entre la Chine et les pays d'Asie du Sud (Inde, Pakistan, Myanmar…), cf. B. M. Jain, *China's Soft Power Diplomacy in South Asia: Myth or Reality?* Lanham, Lexington Books, 2017.

[132] *Indian Navy*, 30 mai 2016.

[133] *The Diplomat*, 24 février 2016.

États ont publié en 2015 une déclaration appelée « *US-India Joint Strategic Vision for Asia-Pacific and Indian Ocean Region* » qui mentionne « la sauvegarde de la sécurité maritime et de la liberté de navigation... spécialement dans la mer de Chine du Sud »[134].

– Les convergences existent entre la Chine et la **Russie** sur le plan commercial (la Chine est le premier partenaire commercial de la Russie) et du point de vue géopolitique (pour contribuer à la stabilité de l'Asie centrale dans le cadre de l'Organisation de coopération de Shanghai-OCS). Concernant la mer de l'est, la Russie entend bien maintenir, au détriment du Japon, sa souveraineté sur les Kouriles, condition de sa projection vers le Pacifique depuis la mer d'Okhotsk. Plus au sud, Moscou reste méfiant face à la toute-puissance de la Chine, d'autant que sa coopération militaire avec Hanoï et New Delhi est contradictoire d'un rapprochement trop étroit avec Pékin.

– Quant aux **États-Unis** qui entendent conserver la domination sur le Pacifique (domination qu'ils ont obtenue en brisant au XXe siècle l'ascension du Japon), ils déploient une stratégie qui vise à maintenir leur influence régionale, à tenter de rassurer leurs alliés et à garantir le respect des normes internationales[135].

La politique étrangère de Washington est traditionnellement fondée sur l'idée que le système juridique et économique libéral mis en place après la Seconde Guerre mondiale est globalement bénéfique pour les États-Unis. Bien que la mer d'Asie du Sud-Est soit éloignée du territoire américain et que la situation dans la zone ait un impact limité sur la sécurité nationale, les initiatives chinoises pour affirmer sa souveraineté sur l'ensemble de la mer, en contravention avec les dispositions de

---

134 *Whitehouse.gov*, 1er janvier 2015.

135 Antoine Bondaz, « La politique américaine en mer de Chine méridionale », *Diplomatie 84*, janvier 2017, p. 45-49.

la convention sur le droit de la mer, et les menaces à l'encontre d'alliés des États-Unis, sont considérées par les autorités états-uniennes comme une remise en cause de l'ordre international actuel.

Depuis plusieurs décennies, l'Asie est un élément majeur dans la formulation de la politique étrangère américaine. Malgré la guerre froide et des conflits entre les deux blocs, la présence des États-Unis sur ce continent s'est accentuée. Les guerres d'Indochine et du Viêt Nam, la reprise des rapports sino-américains sous la présidence Nixon, la création d'un « pivot » sous l'ère Obama (« *Asia Rebalance* ») montrent assez que les États-Unis ont les yeux rivés sur l'Asie en élaborant des stratégies diverses pour y assurer leur présence. La politique américaine sur ce continent peut se résumer en une série d'initiatives qui ont soit renforcé les relations intercontinentales, soit contribué à augmenter les tensions. L'élection de Donald Trump peut amener à questionner le devenir de ces relations. Le « pivot » décidé par Obama peut-il s'estomper ou s'intensifier ?[136]

Depuis son élection, il apparaît que le président Trump n'apporte pas de modification notable dans la politique suivie depuis des décennies dans la région. Seule la posture semble différer, le président Trump mettant l'accent sur quelques idées-forces : c'est d'abord l'application à la diplomatie du slogan « *America first* », qui pourrait se traduire par un unilatéralisme considéré plus efficace pour promouvoir les intérêts économiques et stratégiques de Washington que la recherche – souvent lente et pénible – d'une coalition internationale. C'est ensuite l'insistance mise sur le commerce, plus précisément sur le déficit commercial américain à l'égard de la Chine et de l'Asie en général et les moyens d'y remédier, notamment en

[136] Morgane Farghen (« Les prémices d'une nouvelle stratégie américaine en Asie », *Monde Chinois*, 2016, n° 48, p. 17-26) décrit la lutte idéologique entre les différents courants du parti républicain depuis l'élection de Donald Trump et souligne le « sino-scepticisme » ambiant à Washington.

appelant les pays créditeurs à acheter des produits américains. C'est enfin la conviction que des traités commerciaux bilatéraux, spécifiques à certains produits ou secteurs, sont préférables à un accord global posant des principes généraux dans le cadre du système commercial international. Mais sur le plan militaire, 60 % de la force aérienne des États-Unis est basée dans le Pacifique, ainsi que la majeure partie de sa marine de guerre équipée des armements les plus modernes. Le rapport sur le dispositif nucléaire des États-Unis publié par le ministère de la Défense le 2 février 2018[137] fait état de la montée des tensions avec la Russie et la Chine, cette dernière étant critiquée pour sa politique d'implantation de bases militaires en mer de Chine méridionale. Parallèlement, les Américains sont en train de construire, comme en Europe *via* l'OTAN, un bouclier antimissile en Corée du Sud… Officiellement tourné contre la Corée du Nord, ce bouclier est, conformément à la stratégie américaine de pivot vers l'Asie et d'endiguement de la Chine, *de facto* tourné en premier lieu vers Pékin.

Sans anticiper, il est donc clair que la confrontation entre la Chine et les États-Unis va se poursuivre, confrontation qui tend à exacerber les disputes en mer d'Asie du Sud-Est. Les États-Unis ne prennent pas position sur le fond des revendications et évitent soigneusement de se prononcer sur les questions de souveraineté, ce qui leur permet de focaliser leurs remarques sur des principes juridiques – liberté de circulation, maintien de la paix et de la sécurité – qui servent leurs intérêts économiques et stratégiques, ainsi que ceux de leurs alliés dans la région. Alors que les commentaires officiels de Washington évitaient traditionnellement de désigner la Chine nommément, Pékin est accusé depuis 2014 d'attiser les tensions par ses provocations et ses initiatives unilatérales ; un point fondamental de désaccord et de tension entre Pékin et Washington est leur interprétation différente du droit international : les officiels nord-américains n'hésitent plus à contester ouvertement la légalité de la ligne en neuf tirets. Le secrétaire d'État adjoint, Daniel Russel, déposant

---

137 "*Nuclear Posture Review*", Washington, 2 février 2018.

devant la commission des affaires étrangères de la Chambre des représentants en février 2014, a affirmé que « l'utilisation de la ligne des neuf tirets par la RPC pour revendiquer des droits sur cette zone n'est pas conforme au droit international »[138]. Pour les États-Unis, la convention de Montego Bay garantit la liberté en haute mer, ce qui signifie la liberté du commerce maritime international, mais inclut également la liberté pour la marine américaine de mener ses opérations ; dans les zones économiques exclusives des États côtiers, l'article 56 de la convention n'interdit pas de conduire des actions militaires pacifiques ; enfin, le passage innocent (de la marine américaine) dans la mer territoriale ne nécessite pas une notification préalable (encore moins une permission). Or, pour Pékin, les opérations militaires sont interdites par la convention dans les eaux territoriales chinoises, c'est-à-dire les zones revendiquées par la Chine.

À Washington, les actions menées par Pékin dans cette mer – prise du contrôle du banc de Scarborough en 2012, survol répété des îles *Senkaku*, déclaration sur la délimitation d'une zone d'exclusion aérienne au-dessus de la mer de Chine de l'Est en novembre 2013, escarmouches avec les navires philippins autour du banc Thomas – sont interprétées comme une stratégie destinée à tester la volonté des États-Unis de défendre leurs amis et alliés, saper leur crédibilité et ainsi diminuer les capacités d'influence de Washington dans la région. Et cette stratégie semble porter ses fruits car, pour éviter tout risque de conflit majeur, les États-Unis n'ont pas, jusque récemment, réagi fermement aux initiatives chinoises en mer d'Asie du Sud-Est.

En mars 2009, un incident opposant Chinois et Américains a eu lieu à 75 milles marins au sud de l'île chinoise de Hainan, donc à l'intérieur de la zone économique exclusive de la Chine. Selon

---

[138] Cette dernière critique est rejetée par la Chine qui dénonce l'hypocrisie des Nord-Américains : ils n'ont pas signé la convention sur le droit de la mer, mais interviennent dans un contentieux qui ne les concerne pas, utilisant les Philippines et le Viêt Nam pour mener une guerre par procuration.

le Pentagone, le navire océanographique américain *l'Impeccable* fut « cerné agressivement par cinq navires chinois dans le but apparent de harceler ce dernier alors qu'il effectuait des mesures de routine dans les eaux internationales »[139]. Cet incident était significatif du manque de transparence et de confiance caractérisant les relations entre la Chine et les États-Unis, notamment dans la région.

Le point de vue de Washington dans ce dossier comporte quelques faiblesses : tout d'abord, la convention des Nations unies de 1982 ne fait pas mention d'« eaux internationales ». Elle définit successivement la « mer territoriale », la « zone contiguë » et la « zone économique exclusive » puis la « haute mer » ; mais il n'est pas question d'« eaux internationales ». Ensuite, la position nord-américaine est affaiblie par le fait qu'elle n'a pas – à la différence de la Chine – ratifié la convention ; enfin, *l'Impeccable* se situait clairement dans la zone économique exclusive de la Chine. Le litige porte en fait sur le type d'activités auxquelles se livrait l'équipage (civil) du navire, une zone économique exclusive étant une zone de libre passage dans le cadre d'activités pacifiques. Selon Pékin, les sondages au sonar relevaient d'activités d'espionnage ; les Américains ont d'ailleurs reconnu qu'ils menaient à cette occasion des opérations de surveillance sous-marine.

Les activités militaires dans la zone économique exclusive

La légalité d'activités militaires menées dans la zone économique exclusive d'un État étranger continue d'être discutée et contestée par certains experts et une vingtaine d'États[140]. Parmi d'autres, la République populaire de Chine prétend exercer sa juridiction sur la zone économique exclusive

[139] Mark Valencia, "The Impeccable Incident: Truth and Consequences", *China Security*, n° 2, Spring 2009, p. 22-28.

[140] Ashley Roch et Robert Smith, *Excessive Maritime Claims*, Leiden, Nijhoff, 2012; Wolff Heintschel von Heinegg, "Military Activities in the Exclusive Economic Zone", *Revue Belge de Droit International*, 2014, n° 1, p. 45-64.

en faisant appliquer sa réglementation en matière de sécurité, douanes, santé et immigration ; les activités de reconnaissance et de cartographie nécessitent une autorisation préalable ; la Chine ne fait aucune différence entre la recherche scientifique marine et les observations de nature militaire ; enfin, elle ne reconnaît pas la nature internationale de l'espace surplombant la zone économique exclusive[141]. Pourtant, non seulement la convention sur le droit de la mer n'interdit pas ce type d'activités militaires dans une zone économique exclusive, mais elle en prévoit explicitement la possibilité dans l'article 58 : tous les États jouissent de la liberté d'utiliser la mer dans cette zone. Deux conditions s'imposent à eux : que les fins poursuivies soient « internationalement licites » ; qu'ils tiennent compte « des droits et obligations de l'État côtier ». Certains États considèrent que des manœuvres navales dans leur zone économique exclusive constituent une menace d'emploi de la force. Or, le déploiement de forces navales dans la zone d'un autre État ne suffit pas pour le qualifier de menace illicite d'emploi de la force, car il y manque l'élément de coercition. Dans l'affaire des activités militaires et paramilitaires au Nicaragua, la Cour internationale de justice a considéré que les manœuvres navales menées par les États-Unis à proximité de la frontière du Nicaragua « ne constituaient pas de la part des États-Unis une violation du principe d'interdiction de la menace ou de l'usage de la force »[142].

La contestation du principe de liberté des manœuvres militaires dans la zone économique exclusive d'un État tiers par une vingtaine d'États ne peut, même à long terme, contribuer à l'émergence d'une nouvelle règle coutumière dans la mesure où leur attitude rencontre l'objection d'autres États parties à la convention sur le droit de la mer, notamment la République fédérale d'Allemagne, l'Italie, les Pays-Bas, le Royaume-Uni ;

---

[141] Raul Pedrozo, "Military Activities in the Exclusive Economic Zone: East Asia Focus", *International Law Studies*, 2014, p. 514-543.

[142] Nicaragua/États-Unis d'Amérique, 1986. Par. 227.

quant aux États-Unis qui n'ont pas ratifié la convention, ils s'opposent également à la revendication de la Chine, considèrent que l'organisation d'exercices militaires ne nécessite pas d'autorisation préalable, et mènent une campagne dite d'attestation de la liberté de navigation. D'autant que, selon un document publié par le département de la Défense des États-Unis, la Chine mène des activités de nature militaire dans les zones économiques vietnamienne, philippine et japonaise sans informer les pays concernés ni demander leur accord...[143].

Selon certains observateurs, l'incident de *l'Impeccable* était une manière pour Pékin de tester la résolution de l'administration Obama quant au retour des États-Unis dans la région. Pour marquer cette résolution, la secrétaire d'État, Hillary Clinton, a effectué plusieurs voyages dans la région en 2009 et 2010. Le 24 juillet 2010, dans le cadre du 17e Forum régional de l'ASEAN qui se tenait à Hanoï, elle s'est exprimée sur la situation, prônant le respect de la législation internationale et la résolution pacifique des disputes territoriales (notamment sur les Spratleys), remettant indirectement, mais clairement, en cause les revendications chinoises sur la quasi-totalité de la mer en question. Elle a proposé des négociations multilatérales pour régler les litiges, offrant même les services des États-Unis comme médiateur, ce qui a suscité des réactions critiques de la Chine qui y voit une ingérence extérieure.

Depuis l'élection de Donald Trump, les accusations se font plus incisives. Le nouveau secrétaire d'État Rex Tillerson a déclaré, avant son entrée en fonction, que les États-Unis devaient lancer un « signal clair » à la Chine sur le caractère inadmissible de ses actions sur les îles contestées en mer de Chine méridionale. Il a également qualifié d'illégale la construction par la Chine des îles artificielles. En juin 2017, à l'occasion de la 16e édition du dialogue Shangri-La à Singapour, le ministre de la Défense James Mattis a dénoncé « le dédain chinois du droit

---

[143] Raul Pedrozo, *op. cit.*, p. 541.

international » : « L'ampleur et les effets des activités de construction de la Chine en mer de Chine du Sud diffèrent de ceux des autres pays de plusieurs façons. Cela comprend la nature de la militarisation, le dédain chinois du droit international et son mépris pour les intérêts des autres nations ».

De son côté, la presse chinoise souligne le rôle prépondérant de Washington dans les tensions. Pour elle, c'est la stratégie des États-Unis de « pivot » vers la région Asie-Pacifique qui a provoqué la crise actuelle. Les États-Unis s'inquiètent en effet de voir la Chine devenir une superpuissance ; ils tentent donc de « prendre le contrôle de la mer de Chine méridionale pour prendre la Chine à la gorge »[144]. Ils renforcent sur tous les plans leur déploiement militaire en Asie pour atteindre cet objectif stratégique. Fait partie de leur stratégie de rééquilibrage vers l'Asie-Pacifique le soutien important qu'ils apportent aux revendications territoriales des pays riverains ; ils ont en particulier appuyé les Philippines dans leur tentative d'imposer un « arbitrage international » à la Chine. Pour la presse chinoise, le processus d'arbitrage sur la question de la mer de Chine méridionale est depuis le début manipulé par les États-Unis. L'acte d'accusation aurait été rédigé par des juristes américains, plus de trois mille documents auraient été sélectionnés par des services nord-américains, et le résultat définitif serait bien entendu favorable à la stratégie de rééquilibrage des États-Unis vers l'Asie-Pacifique. Le gouvernement chinois a adopté une position de non-reconnaissance et de non-participation à cet arbitrage parce qu'il considère que le tribunal en question n'est ni compétent, ni neutre, ni impartial. « Jusqu'à quel point un tel verdict peut-il être fiable, étant donné qu'une seule partie concernée était présente, la Chine ayant refusé de reconnaître la compétence de ce tribunal d'arbitrage ? Et de quel droit ce tribunal prétend-il obliger la Chine à accepter son jugement ? »[145].

---

144 Ruolin Zheng, « L'arbitrage sur la mer de Chine méridionale », *Le grand soir*, 6 juillet 2016.

145 Ruolin Zheng, *op. cit.*

De leur côté, les États-Unis affirment ne pas prendre parti dans le conflit ; leur seul souci serait d'éviter que la mer d'Asie du Sud-Est ne devienne une *mare clausum*[146] ; leur seul intérêt serait la préservation de la liberté de navigation dans la zone, ce qui implique le libre passage de leurs navires de commerce, mais aussi la conduite d'opérations de surveillance militaire[147]. Ils s'inquiètent de ce que le contrôle renforcé de la Chine affecte non seulement la liberté de navigation des flottes américaines dans cette zone, mais encore qu'il ne donne un

---

[146] Pour reprendre l'intitulé de l'ouvrage de l'Anglais John Selden – *Mare clausum* (1618) – qui se proposait de réfuter les arguments de Grotius sur la liberté des mers.

[147] C'est à ce titre que la marine américaine mène depuis 2011 des opérations d'attestation de la liberté de navigation (*Freedom of navigation operations*, FONOP) dans la zone des 12 milles marins autour de certaines îles des Spratleys et des Paracels. Ainsi, en octobre 2015, le destroyer américain *USS Lassen* a navigué à moins de 12 milles marins du récif de Subi, dans l'archipel des Spratleys, soit la distance légale d'une mer territoriale ; Pékin a accusé les États-Unis d'« avoir menacé la souveraineté et la sécurité des intérêts chinois, mis les personnels et les installations sur l'île en danger et mis en péril la paix et la stabilité régionale ».

Selon le Pentagone, les États-Unis ont conduit en 2016 des opérations de liberté de navigation face « à 22 États côtiers, dont de nombreux alliés et partenaires » des États-Unis.

Les opérations de liberté de navigation se sont intensifiées en 2017 : le 18 février, les navires du groupe aéronaval comprenant le porte-avions *USS Carl Winson*, accompagné de destroyers, ont mené des opérations de routine en mer de Chine méridionale ; le 25 mai, l'*USS Dewey* est passé à proximité du récif Mischief, revendiqué par la Chine ; en réponse, deux chasseurs chinois se sont approchés à quelques dizaines de mètres d'un avion d'observation de la marine américaine ; en juillet, le navire *USS Stethem* est passé à moins de 12 milles nautiques de l'île Triton dans l'archipel des Paracels, contestant *de facto* la souveraineté chinoise sur ce territoire. La manœuvre a suscité la colère du ministère chinois des Affaires étrangères, qui a dénoncé « une grave provocation politique et militaire ». Cinq jours plus tard, un avion militaire américain a survolé la mer d'Asie du Sud-Est dans le but avoué de contester la souveraineté revendiquée par Pékin sur ces territoires disputés.

« mauvais exemple » qui pourrait limiter la libre circulation de ses forces navales ailleurs. C'est d'ailleurs pour cette raison que les États-Unis indiquent avoir refusé de signer la convention sur le droit de la mer.

L'opposition entre la Chine et les États-Unis se manifeste aussi dans la recherche du règlement : alors que ces derniers cherchent à internationaliser la question devant les instances internationales et/ou régionales et déclarent souhaiter un règlement juridictionnel conforme au droit, la Chine privilégie les négociations bilatérales. Pour la Chine, les ingérences sont inadmissibles alors que les différends avec le Viêt Nam, Brunei, la Malaisie et les Philippines sont d'ordre strictement bilatéral. Prétendre internationaliser les différends dans la région est une menace directe pour la sécurité de la Chine et la défense de ses intérêts dans la région.

Cette attitude chinoise justifiée par la défense de ses intérêts vitaux et pour le contrôle des voies commerciales, qui apparaît de prime abord comme inutilement provocatrice pour les pays de l'ASEAN, s'explique donc par l'affrontement larvé sino-américain. En quête d'une reconnaissance du statut de première puissance d'Asie, la Chine, soucieuse de modifier l'ordre global à son avantage, conteste la présence militaire américaine dans ce qu'elle considère comme son aire d'expansion naturelle. Plutôt que de s'opposer directement aux États-Unis, ou bien de négocier avec eux, elle préfère jouer du fait accompli puisque chaque avancée de sa part, non suivie d'une réaction américaine, compromet les accords d'assistance signés entre l'Amérique et ses partenaires, notamment les Philippines. En effet, le soutien nord-américain est acquis sur le principe. Mais les États-Unis se battront-ils pour quelques récifs ? Une interrogation qui vaut aussi pour le Japon. À l'inverse, faut-il laisser faire la Chine qui, par ses revendications et ses prises de possession, ignore les traités et met en cause l'ordre international ?
Dès lors, l'affirmation de certains observateurs pour qui toutes ces puissances – États-Unis, Inde, Japon et Russie – servent de

régulateurs ou de contrepoids aux inimitiés entre les pays de la région n'est pas certaine.

Les pays de l'ASEAN

La compétition entre les États-Unis et la Chine pour assurer ou accroître leur influence dans la région aggrave les tensions en mer d'Asie du Sud-Est. Elle met également en évidence l'ambivalence de l'ASEAN, sommée de choisir entre la sécurité que procurent les États-Unis et le partenariat économique de la Chine.

Or, les membres de l'ASEAN sont divisés : d'abord parce qu'ils ne sont pas tous directement concernés par les conflits maritimes. C'est le cas du Myanmar, du Cambodge et du Laos, pays qui se tournent vers Pékin pour les investissements ; c'est aussi le cas de la Thaïlande qui doit gérer ses problèmes de politique intérieure. Ensuite, parce qu'ils n'ont pas la même perception de l'attitude chinoise : ainsi, les Philippines et dans une moindre mesure le Viêt Nam souhaitent l'intervention de puissances tierces ; la Malaisie et Brunei qui ressentent moins la menace chinoise sont plus réservés.

Les Philippines

Depuis leur indépendance le 4 juillet 1946, les Philippines sont des alliées historiques des États-Unis ; elles revendiquent une partie des Spratleys. Au mois de septembre 2013, des marins chinois ont posé des structures en dur sur l'atoll de Scarborough situé à 200 kilomètres des Philippines à l'intérieur de sa zone économique exclusive et à plus de 650 kilomètres de l'île chinoise de Hainan, entraînant les protestations les plus vives du gouvernement de Manille. Ce dernier s'est naturellement tourné vers les États-Unis. Après une décennie de retrait de leur ancienne colonie, les États-Unis ont repris, à la demande de Manille, une coopération militaire, notamment dans le cadre d'exercices navals annuels (*Balikatan* et *Phiblex*) auxquels participent le Japon ou l'Australie. Les États-Unis ont

également renforcé leur présence militaire dans l'archipel. Un accord de coopération renforcée signé lors de la visite du président Obama, en avril 2014, prévoit d'augmenter le prépositionnement et les rotations de troupes, de navires, d'avions et de matériels américains dans plusieurs bases militaires philippines. L'objectif affiché est de renforcer l'interopérabilité et les capacités de défense extérieure, de sécurité et de surveillance maritime, de l'armée philippine.
Parallèlement, les dirigeants philippins sont soucieux d'accélérer leur effort de réarmement. L'augmentation du budget de défense des Philippines (9,2 % en 2016) devrait permettre d'améliorer un outil militaire souvent obsolète et incapable d'assurer la protection et la défense de leurs intérêts en mer. La marine, les garde-côtes et les forces aériennes bénéficient de la priorité budgétaire pour renforcer la capacité de répondre aux défis posés par la piraterie, le terrorisme, la pêche illégale, la pollution et « toutes les autres menaces »…
Outre une demande de soutien de la part des États-Unis, Manille s'est aussi beaucoup rapprochée du Japon (partenariat stratégique conclu en 2011) ; en avril 2016, et pour la première fois depuis 2001, une flottille de la marine japonaise incluant un sous-marin et deux destroyers a fait escale à Subic Bay, à 200 kilomètres de l'archipel de Scarborough, et procédé à des activités de *confidence building* avant de se diriger vers la base vietnamienne de Cam-Ranh.
Enfin les Philippines ont conclu en novembre 2015 un partenariat stratégique avec le Viêt Nam. Dans une déclaration conjointe, les deux ministres des Affaires étrangères philippin et vietnamien affirment vouloir « élever le niveau et l'intensité des échanges bilatéraux entre les deux pays… face aux revendications massives qui suscitent des menaces pour la paix et la stabilité dans la région ainsi que pour la vie des populations des États riverains ». Ils appellent les « parties concernées » à adhérer à la déclaration de l'ASEAN sur la conduite des parties en mer de Chine du Sud, à faire preuve de retenue et à recourir à un règlement pacifique des différends en accord avec le droit international, notamment la convention des Nations unies sur le droit de la mer. Un tel accord pourrait

déboucher sur des patrouilles navales conjointes et ainsi constituer un obstacle supplémentaire aux provocations chinoises dans la zone. Ce serait le premier élément d'une coopération multilatérale en matière de sécurité maritime. Fin 2014, le gouvernement philippin a entamé des discussions avec la Corée du Sud en vue de mettre en place un autre partenariat stratégique[148].

Ces initiatives diplomatiques et militaires de Manille ne conduisent toutefois pas à fermer la porte à la négociation avec Pékin dont le soutien économique et financier demeure important pour le développement économique du pays. Par ailleurs, Pékin et Manille partagent des intérêts communs dans la lutte contre le séparatisme musulman. Des experts philippins suggèrent qu'un partage d'information et une plus grande coopération dans la lutte antiterroriste pourraient favoriser des avancées dans d'autres domaines.

L'Indonésie

Archipel formé de plus de 17 500 îles et peuplé de 212 millions d'habitants, l'actuelle Indonésie doit son unité à la colonisation hollandaise au XVIIe siècle ; par le truchement de la compagnie unie des Indes orientales, les Hollandais acquièrent par des traités ou par la force la plupart des territoires de Java, et sont liés par des accords d'allégeance aux sultans et souverains locaux de Sumatra et Bornéo. Le nationalisme indonésien se manifeste au début du XXe siècle à Java à travers le « *Sarekat Islam* » (l'Association islamique) qui regroupe les commerçants du littoral, le Parti communiste indonésien formé en 1920, et le Parti national d'Indonésie formé en 1927 par Soekarno. Ce dernier et d'autres leaders nationalistes sont arrêtés par les Néerlandais en 1933 et ne seront libérés qu'en 1942 par les Japonais. Comme dans les autres pays de la région, le départ des Japonais permet de déclarer l'indépendance, le 17 août

---

148 Carl Thayer, "The Philippines and Vietnam Forge a Strategic Partnership. Could this form the basis of multilateral maritime security cooperation?" *The Diplomat*, 10/03/2015, p. 5.

1945. Mais les Pays-Bas ne la reconnaîtront que le 27 décembre 1949.
Si dans les Spratleys ou les Paracels, l'Indonésie affirme ne rien revendiquer et conserve une stricte neutralité, elle souhaite que la Chine clarifie ses revendications concernant les eaux situées à l'ouest de Bornéo, autour des nombreuses îles Natuna, que Jakarta administre depuis son indépendance. Car des marins chinois se font régulièrement prendre en pleine pêche illégale. Les faits donnent quelquefois lieu à un face-à-face tendu entre navires indonésiens et garde-côtes chinois, comme en 2009, 2010, 2013 et 2016. Le dernier incident est révélateur : après l'interpellation d'un chalutier chinois qui pêchait illégalement dans les eaux indonésiennes, le patrouilleur indonésien a entrepris d'escorter le navire fautif jusqu'à une base navale dans les îles Natuna. Mais lors de cette escorte, des garde-côtes chinois sont intervenus, à quelques encablures seulement des Natuna, et donc en pleine zone économique exclusive, pour empêcher les Indonésiens de ramener le bateau de pêche incriminé où ils le souhaitaient. Ils sont parvenus à faire revenir le bateau de pêche hors des eaux indonésiennes, sans son équipage cependant, à l'aide d'une sommation orale.
La fameuse carte des revendications chinoises est l'objet de frictions sino-indonésiennes. En avril 2014, dans *The Wall Street Journal*, le chef des armées indonésiennes, le général Moeldoko, déclarait : « L'Indonésie est consternée par le fait que la Chine ait inclus des parties des îles Natuna dans sa ligne en neuf traits, paraissant donc revendiquer un segment de la province indonésienne des îles Riau dans son territoire. » En 2015, c'est le président Joko Widodo qui affirmait : « La ligne en neuf traits que la Chine dit être la démarcation de sa frontière maritime n'a aucune base dans quelque loi internationale que ce soit. » Le gouvernement indonésien a annoncé en juillet 2015 un projet de construction d'une nouvelle base militaire pour garder les zones frontalières en bordure de la mer d'Asie du Sud-Est, notamment la construction d'un port, d'une base de sous-marins et d'un aéroport sur Natuna.

Car les eaux de Natuna sont considérées comme un champ de gaz naturel majeur dans le monde. Dès 1995, l'Indonésie avait annoncé qu'elle augmenterait les patrouilles aériennes autour de ces îles pour protéger le champ de gaz en cours d'exploitation par la compagnie pétrolière américaine *Exxon* et *Pertamina*, le géant étatique indonésien de l'or noir. Depuis cette date, la marine indonésienne conduit des exercices militaires réguliers dans le secteur ; elle participe également à l'exercice annuel conjoint avec la marine américaine dénommé *Cooperation Afloat Readiness and Training* (*CARAT*).

Jusqu'à présent, l'Indonésie cherche le juste milieu au niveau diplomatique. Mais sa neutralité est discutable : il existe en effet un partenariat stratégique conclu entre la Chine et l'Indonésie en 2005 ; la proposition d'aide chinoise pour la surveillance côtière dans les détroits stratégiques est estimée à 158 millions de dollars, comparée aux 57 millions investis par les États-Unis ; les liens commerciaux entre les deux États sont très étroits. En résumé, il est difficile pour l'Indonésie de se défaire de l'influence chinoise[149].

La Malaisie

La Malaisie, indépendante en 1957, a été le premier pays non communiste d'Asie du Sud-Est à établir des liens officiels avec la Chine, en 1974. Avec la fin officielle du soutien chinois aux communistes malaisiens en 1989, les relations diplomatiques se développent, accompagnées d'une ouverture économique. Cette dernière s'est accélérée depuis une dizaine d'années avec des financements chinois pour de gigantesques aménagements immobiliers et investissements industriels tels que la création du parc industriel binational de Kuantan, dans l'État du Pahang sur la côte est de la Malaisie et la construction du deuxième pont de Penang qui sera le plus long d'Asie (24 kilomètres). La Malaisie apparaît aujourd'hui comme le premier partenaire de la Chine à l'échelle de l'ASEAN. Grâce à ce partenariat, elle peut

---

149 Sur l'attitude indonésienne à l'égard des questions en mer d'Asie du Sud-Est, cf. Éric Mottet (dir.), *Géopolitique de la mer de Chine méridionale*, Québec, Presses universitaires du Québec, 2017, p. 81 *sq*.

sortir de sa dépendance commerciale traditionnelle vis-à-vis des États-Unis et du Japon.

Bien qu'elle soit impliquée dans les tensions territoriales autour des îles Spratleys, la Malaisie considère ses relations avec le géant chinois comme « extrêmement valables et précieuses »[150]. Dès lors, elle refuse de considérer la possibilité d'une confrontation directe avec Pékin et prétend ne pas participer à la course aux armements dans laquelle sont engagés les États de la région. À la différence du Viêt Nam et des Philippines, la Malaisie s'affiche comme très favorable à la Chine et accepte que cette dernière installe des bases dans la mer d'Asie du Sud-Est, au détriment de la souveraineté de ses voisins et partenaires de l'ASEAN. De cette situation potentiellement conflictuelle, elle ne fait pas un différend afin de ne pas altérer les liens économiques.
La position officielle de la Malaisie est le respect absolu du droit international, notamment de la convention des Nations unies sur le droit de la mer ; si le pays revendique sa souveraineté sur trois îles des Spratleys, les plus proches de son territoire, il évite toute confrontation directe avec la Chine sur ce sujet[151]. Pour le règlement des conflits, Kuala Lumpur partage la position chinoise en prônant des discussions bilatérales. Enfin, les tensions réelles en mer d'Asie du Sud-Est entre la Malaisie et la Chine ne sont jamais mises sur la place publique afin de ménager une voie de négociation avec le grand voisin.

Concernant la rivalité entre la Chine et les États-Unis, le discours officiel malaisien oscille entre l'un et l'autre camp,

---

[150] Elsa Lafaye de Micheaux, « Chine-Malaisie (vue de Malaisie) : menace ou relation consensuelle inscrite dans la continuité ? », *Revue de la régulation*, 2014, n° 15, mis en ligne le 27 juin 2014, consulté le 8 février 2017.

[151] Lorsqu'en juin 2016, les garde-côtes chinois escortant une centaine de bateaux de pêche chinois dans la zone économique exclusive de Malaisie, autour de Luconia Shoal, forcent des navires de patrouille malaisiens à se dérouter, le gouvernement malaisien minimise l'affaire.

tout en se gardant bien d'aller trop loin dans une seule direction afin de ne s'aliéner aucune des deux puissances. Le gouvernement malaisien renforce ses relations militaires avec les États-Unis : depuis 2011, les Malaisiens participent aux exercices militaires menés par les Nord-Américains dans le Pacifique ; les visites des vaisseaux américains dans les ports malaisiens sont de plus en plus nombreuses. Mais en 2016, le premier ministre malaisien promet de faire passer l'amitié entre son pays et la Chine « au niveau supérieur », signe des accords de coopération avec Pékin en matière de défense et annonce que son pays va acquérir des navires de guerre chinois.

Le Viêt Nam

Le Viêt Nam constitue un obstacle de taille aux ambitions maritimes de la Chine, moins par sa puissance militaire ou la vigueur de ses alliances que par la force des arguments historiques et juridiques qu'il oppose aux prétentions chinoises et par la constance de son opposition[152]. Cette opposition tient au fait que les activités maritimes représentent la moitié du PIB du Viêt Nam. Et toutes les études indiquent que le Viêt Nam dispose d'une marge de progression importante quant à l'utilisation et la mise en valeur de son potentiel maritime[153]. C'est vrai des pêcheries. On sait que la mer d'Asie du Sud-Est est de ce point de vue une zone très riche, du fait de son plateau continental très étendu, de ses eaux relativement peu profondes et de l'apport de plusieurs fleuves de fort débit. Outre la satisfaction des besoins alimentaires des populations riveraines, elle est d'ailleurs depuis longtemps et intensivement exploitée à des fins d'exportation.

---

[152] « Donnée incontournable, modèle à suivre, puissance à craindre… : les images vietnamiennes de la Chine sont complexes et ambivalentes ». Ket Vu Doan, « L'empire du Milieu perçu du Viêt Nam », *Outre-Terre*, 2006, n° 2, p. 244.

[153] Hans-Dieter Evers, Karim Azhari, "The Maritime Potential of ASEAN Economies", *Journal of Current Southeast Asian Affairs*, 2011, n° 1, p. 117-124.

Or, le 11 mai 2011, les autorités de Haïku, province de Hainan, ont publié une déclaration unilatérale imposant un moratoire sur la pêche du 16 mai au 1er août, officiellement destiné à protéger certaines espèces pendant la saison de la reproduction. Le gouvernement vietnamien a immédiatement protesté, faisant valoir ses droits de souveraineté sur les Paracels, mais aussi sur sa zone économique exclusive. Des navires garde-côtes chinois ont harcelé les pêcheurs vietnamiens durant le mois de juin, alors que dans le même temps les autorités vietnamiennes de la province de Phu Yet signalaient la présence de navires de pêche chinois dans les eaux vietnamiennes, entre Da Nang et les îles Spratleys…
En outre, la présence de ressources en hydrocarbures dans cette région joue un rôle sans cesse croissant. L'existence de gisements pétroliers et gaziers *offshore* n'est pas nouvelle, et la présence de nouveaux gisements y est avérée, même si les évaluations de la véritable ampleur de ces gisements varient. Le principal producteur de pétrole des Spratleys est le Viêt Nam : le pétrole brut sorti de Cuu Long Bay génère près 5 milliards de dollars annuels et couvre les importations de pétrole raffiné. Exploité depuis 1975, le site arrive en fin de course. Le Viêt Nam doit impérativement trouver une solution de substitution au risque de devenir à brève échéance importateur net de pétrole et de voir son modèle de croissance menacé.

En mai et juin 2011, trois incidents ont opposé des navires vietnamiens d'exploration pétrolière et des vaisseaux chinois. La première confrontation impliquait trois navires de surveillance chinois et un navire vietnamien d'exploration sismique dans la zone économique exclusive vietnamienne. Un garde-côte chinois a été filmé coupant le câble d'alimentation de l'équipement de surveillance sismique. À la protestation du gouvernement vietnamien demandant une compensation pour les dommages causés alors que les activités d'exploration se situaient dans sa zone économique exclusive et au-dessus de son plateau continental, Pékin a rétorqué que l'action menée était parfaitement « normale » dans une zone relevant de la juridiction de la Chine. Une tentative du même genre contre le bateau d'exploration *Viking II* fut menée quelques jours plus tard ; mais des navires escorteurs empêchèrent l'approche des vaisseaux chinois. Un troisième incident de coupure de câble eut lieu à la fin du mois de juin, mais le gouvernement vietnamien décida de ne pas le rendre public afin de ne pas dégrader davantage les relations avec la Chine. Néanmoins, dans une déclaration officielle très ferme, le premier ministre Nguyen Tan Dung condamna ces incidents et affirma « la détermination la plus grande du parti, du peuple et de l'armée à défendre la souveraineté du Vietnam sur son domaine maritime » ; il réaffirma également « la souveraineté incontestable du Vietnam sur les archipels Paracels et Spratleys »[154]. L'activisme naval chinois dans les Paracels et les Spratleys est donc ressenti par les Vietnamiens comme une menace grave pesant sur la souveraineté même du pays autant que sur son accès à des ressources halieutiques et énergétiques vitales. Mais les dirigeants vietnamiens font face à un défi : il s'agit de consolider les revendications face à leur opinion publique, en bénéficiant notamment de la présence militaire des États-Unis, tout en maintenant des relations stables avec Pékin[155].

Malgré les crises répétées, le Viêt Nam a délibérément choisi de gérer sa relation avec Pékin dans un contexte ouvert (la presse, l'ASEAN, l'opinion publique mondiale). La menace chinoise est devenue pour Hanoï un sujet diplomatique sur lequel elle tente de mobiliser les autres membres de l'ASEAN[156].

---

[154] AFP, 9 juin 2011.

[155] Benoit de Tréglodé, *La mer de Chine du Sud, le Viêt Nam et la Chine*, Paris, Observatoire Asie du Sud-Est, 2011.

[156] « Voilà pourquoi les dernières résolutions des plénums du PCVN concernant la défense nationale et les relations extérieures comportent uniformément le mot d'ordre : "éviter à tout prix de tomber dans une situation de conflit, d'isolement ou de dépendance". L'art diplomatique des Vietnamiens se définit comme la recherche d'alliances contrebalançant la présence chinoise, en même temps que le réalisme, le calcul politique et économique ainsi que la proximité culturelle imposent l'approfondissement des relations avec ce voisin tout comme l'inscription dans sa sphère d'influence dynamique ». Alice Grandserre, *Le Viêt Nam face à la stratégie de*

Ces dernières années, le Viêt Nam a déjà signé une quinzaine d'accords de partenariat stratégique avec notamment la Fédération de Russie (2001), le Japon (2006), l'Inde (2007), la Corée du Sud et l'Espagne (2009), le Royaume-Uni (2010), l'Allemagne (2011) pour renforcer son ancrage international, et dans la région avec les Philippines et la Malaisie. Le gouvernement a donc orienté la politique étrangère du Viêt Nam hors d'un périmètre habituel : avec l'Europe d'abord, puis les pays d'Asie du Nord (Japon et Corée du Sud en tête), ainsi qu'avec la Russie[157]. Le premier ministre vietnamien estime que la Russie est la seule à s'avérer suffisamment crédible aujourd'hui pour contrecarrer l'influence régionale de la Chine.

Les États-Unis constituent également un atout pour le Viêt Nam, particulièrement depuis la déclaration d'Hillary Clinton sur la mer de Chine méridionale à Hanoï en juillet 2010. Au lendemain d'une nouvelle crise en mer de Chine, le 15 juillet 2011, trois navires de la marine américaine, avec à leur bord 678 officiers et marins, ont accosté au port de Da Nang pour rencontrer des membres de la marine vietnamienne.

Parallèlement, les liens commerciaux se renforcent avec Washington. L'influence des industriels de la défense

---

défense chinoise en mer de Chine méridionale, Paris, Centre d'études supérieures de la marine, 2012.

[157] Ces partenariats privilégiés constituent l'une des dimensions essentielles de la *hedging strategy* (« stratégie de couverture de risques »), une version modernisée de la stratégie du faible au fort. Conclus au niveau diplomatique le plus élevé, mais en deçà de l'alliance militaire formelle, ils impliquent une coopération globale soutenue. Outre les partenariats stratégiques, le Viêt Nam est signataire de onze « partenariats complets », parmi lesquels l'Australie et la Nouvelle-Zélande (2009), les États-Unis et l'Ukraine (2013).
Ces partenariats ne garantissent pas un engagement automatique du partenaire dans le cas d'un affrontement armé impliquant le Viêt Nam, ni même un soutien des positions vietnamiennes dans les litiges maritimes. Ils sont pourtant présentés dans le Livre Blanc de 2009 comme une contribution importante aux objectifs de la politique étrangère et de défense vietnamienne : la protection de l'indépendance nationale et de la souveraineté territoriale, l'accélération de l'intégration internationale du pays et de son développement économique, la stabilité du régime à l'intérieur des frontières.

américains s'accroît au Viêt Nam. Le parc industriel *Aerospace*, situé en banlieue de Da Nang, est un élément de cette orientation de la politique industrielle vietnamienne. La zone accueillera plusieurs établissements sud-coréens (notamment la *KAI* : *Korean Aerospace Industrie*) et des sous-traitants d'Airbus en lien avec l'armée de l'air vietnamienne. Il s'agit de conduire le Viêt Nam et son industrie militaire vers un rapprochement avec les États-Unis en assemblant, ou même fabriquant, des avions de chasse américains sur son sol. L'intérêt est tout à la fois économique (assemblage, sous-traitance, transferts de technologie) et stratégique. Concernant les concessions pétrolières, Hanoï a attribué en 2013 sept lots de sa zone économique exclusive pour la prospection/exploitation du pétrole et du gaz à la compagnie indienne OVL ; mais la même année, *Petrovietnam* annonçait l'exploitation de nouveaux champs pétrolifères à proximité des Paracels, en commun avec le nord-américain *ExxonMobil*.

Partie 3
Pour un règlement durable des conflits en mer d'Asie du Sud-Est

> « Aucun développement illimité n'est possible dans la nature des choses ; le monde repose tout entier sur la mesure et l'équilibre… L'équilibre seul détruit, annule la force »
> Simone Weil, *La pesanteur et la grâce*.

Le terme « conflit » recouvre ici aussi bien les différends, c'est-à-dire les divergences d'avis ou d'intérêt, les désaccords, les oppositions entre deux ou plusieurs États sur une question juridique (on parle alors de « dispute ») ou sur une situation de fait (un litige), que les affrontements armés (dans le langage diplomatique, ces affrontements constituent une « situation », une « affaire » ou une « question »).

Dans ce domaine, l'obligation générale qui s'impose est celle du règlement pacifique : l'interdiction du recours à la force dans les relations internationales est une norme impérative, consacrée par l'article 2 § 4 de la charte des Nations unies.

La société internationale ne peut évidemment exiger que les parties aboutissent à un résultat effectif ; mais la recherche d'un règlement doit se faire de bonne foi et avec la volonté d'aboutir. C'est pourquoi les modalités du règlement pacifique ont fait l'objet d'une « normalisation » dans le cadre des Nations unies et des organisations régionales.
Les États concernés par les différends en mer d'Asie du Sud-Est sont tous signataires de la charte des Nations unies ; ils ont donc

l'obligation de mettre en œuvre l'article 33 de la charte : « Les parties à tout différend dont la prolongation est susceptible de menacer le maintien de la paix et de la sécurité internationale doivent en rechercher la solution avant tout, par voie de négociation, d'enquête, de médiation, de conciliation, d'arbitrage, de règlement judiciaire, de recours aux organismes ou accords régionaux ou par d'autres moyens pacifiques de leur choix. Le Conseil de sécurité, s'il le juge nécessaire, invite les parties à régler leur différend par de tels moyens ».
La déclaration de Manille sur le règlement pacifique des différends internationaux approuvée par l'Assemblée générale de l'ONU rappelle la liberté de choix des parties entre ces différents moyens.
Les États usent de cette liberté pour choisir, le plus souvent, des procédés politiques plutôt que des procédés juridiques (et parmi les juridiques, ils préfèrent des procédures qui ne sont pas juridictionnelles) : ils agissent ainsi pour préserver leur indépendance (la décision juridictionnelle est obligatoire), et aussi parce que le règlement diplomatique est plus rapide à obtenir qu'une solution juridique. Mais la liberté des États les conduit quelquefois à combiner discrétionnairement les modes de règlement diplomatiques et juridiques, selon leurs intérêts. C'est ce pragmatisme dans la pratique des procédures de règlement des différends qui explique le manque de rigueur de la terminologie internationale : certaines commissions dites « de conciliation » sont en réalité des commissions d'arbitrage ; une procédure d'enquête peut déboucher sur un règlement au fond…

Les procédures de règlement des différends se distinguent donc par leurs effets : les procédures diplomatiques aboutissent à proposer une solution aux parties ; les procédures juridictionnelles permettent de leur imposer un règlement.
Il faut avouer d'emblée qu'en mer d'Asie du Sud-Est, un règlement durable de conflits paraît très hypothétique : un règlement juridictionnel, souhaité par la plupart, est pour l'instant obstinément refusé par le principal protagoniste, la Chine ; quant à une solution diplomatique, elle est incertaine en

raison de l'absence d'instances médiatrices reconnues et de l'impuissance des organisations internationales concernées.

3.1. Un règlement juridictionnel partiel

À l'exception de la Chine qui refuse tout règlement juridictionnel obligatoire, qu'il s'agisse de la Cour internationale de justice ou du mécanisme de règlement défini dans la convention sur le droit de la mer[158], les États riverains semblent tentés par une solution judiciaire.

La compétence de la Cour internationale de justice

La Cour internationale de justice, organe judiciaire des Nations unies, semble toute désignée pour intervenir ; encore faut-il que les États aient souscrit par avance à la clause de juridiction obligatoire de la Cour, c'est-à-dire aient reconnu sa compétence. Or, ce n'est le cas ni du Viêt Nam, ni de la Malaisie ; quant aux Philippines, elles ont reconnu la juridiction de la Cour en 1972, mais avec des réserves qui excluent le différend actuel[159]. Il ne leur est donc pas possible de saisir la Cour sur requête unilatérale. La seule possibilité est celle du compromis de juridiction : les États concernés décident par accord de porter un différend, dont ils précisent les termes, devant la Cour. Dans les circonstances actuelles, une telle solution paraît peu probable.
La réticence de la Chine peut paraître étonnante : elle ne refuse pas le principe de l'existence de la Cour puisqu'elle est membre des Nations unies ; en outre, elle y dispose d'un juge ; enfin,

---

[158] En matière de règlement juridictionnel, la Chine n'accepte que le mécanisme de règlement des différends commerciaux et en matière d'investissements prévu dans le cadre de l'OMC.

[159] Seuls sept États asiatiques ont déclaré reconnaître la juridiction obligatoire de la CIJ : le Cambodge, l'Inde, le Japon, les îles Marshall, le Pakistan, les Philippines et Timor-Leste. Cf. Simon Chesterman, "Asia's ambivalence about international law and institutions", *The European Journal of International Law*, 2016, n° 4, p. 961.

elle affirme dans de nombreux documents détenir des preuves de ses droits historiques sur la mer et les archipels. Pourquoi, dans ces conditions, refuse-t-elle d'exposer ses arguments devant la juridiction de La Haye ?
Dans le cas des Paracels, les juges pourraient établir la solidité des titres revendiqués par le Viêt Nam et la Chine. Pour cette dernière, garder les Paracels par la force sans avoir clarifié cette question nourrit une discorde qui pourrait s'envenimer dans le futur[160].
En ce qui concerne les Spratleys, la présentation des arguments des États concernés dans le cadre d'une procédure judiciaire serait un facteur de paix, alors que la situation actuelle suscite des craintes dans la région et dans le monde. Dès lors, un compromis de juridiction passé entre deux des États concurrents mettrait sans doute en marche un processus général de règlement : dans ce cas en effet, les autres États concernés se verraient obligés d'entrer à leur tour dans la procédure pour que le sort de l'archipel ne soit pas réglé sans eux ; ils devraient alors exposer leurs droits et tenter de promouvoir leurs revendications. L'ensemble de la question des Spratleys serait alors débattue devant la Cour.
Depuis soixante-dix ans[161], cette juridiction a rendu de nombreuses décisions dans les domaines de la délimitation de zones maritimes, la souveraineté sur des îles ou rochers, les pêcheries… Concernant l'Asie, elle a jugé de trois différends, assez proches de celui des Spratleys, intéressant des îles dont la souveraineté commande les délimitations : le premier opposait Qatar et Bahreïn au sujet des frontières maritimes (2001) ; le deuxième opposait l'Indonésie et la Malaisie concernant les îles Ligitan et Sipadan (17 décembre 2002) ; le troisième divisait la Malaisie et Singapour pour la souveraineté sur différents îlots (23 mai 2008). La jurisprudence dans ce domaine est donc relativement fournie.

---

160 Il faut rappeler que la Chine a refusé la saisine de la Cour internationale de justice proposée par la France en 1937, puis à nouveau en 1947.

161 La première affaire dont a été saisie la Cour, le 22 mai 1947, a porté sur un différend maritime : l'affaire du détroit de Corfou, à la suite d'une requête du Royaume-Uni contre l'Albanie.

Pour régler ces différends, la Cour a considéré l'établissement du titre, mais aussi le maintien du titre en faisant intervenir la notion d'effectivité. Pour se voir reconnaître le bénéfice de la souveraineté, un État doit démontrer l'effectivité de sa présence et l'exercice continu de son autorité ; cette administration doit être paisible (puisque la prise de territoires par la force est rejetée par le droit international). C'est sur cette base que la Cour a réparti les îles contestées entre Qatar et Bahreïn en 2001, attribué la souveraineté des îles contestées à la Malaisie en 2002 ; c'est également sur la base de l'effectivité que la Cour a distribué les trois îles en litige entre la Malaisie et Singapour.

CIJ, 16 mars 2001, *Délimitation maritime et questions territoriales entre Qatar et Bahreïn.*
Qatar et Bahreïn se disputaient la souveraineté sur la presqu'île de Zubarah et les îles Hawar et Janan. Dans cette affaire, la Cour était priée pour la première fois de son histoire de régler à la fois la question de la souveraineté territoriale et celle de la délimitation maritime. Le gouvernement du Qatar demandait au tribunal de tracer une limite entre les espaces maritimes des deux États de telle sorte que ces entités lui soient attribuées. De son côté, Bahreïn soutenait qu'il a souveraineté sur le secteur de Zubarah et les îles mentionnées.
Concernant le secteur de Zubarah, à la pointe de la péninsule du Qatar, la Cour est fidèle à sa jurisprudence en établissant une distinction entre les liens d'allégeance personnelle qui ne confèrent pas la souveraineté, et les actes d'autorité exercés au nom du souverain ; elle rejette les prétentions de Bahreïn sur la base de trois documents : l'accord de 1868 entre la Grande-Bretagne et le Cheikh de Bahreïn qui indique clairement que la Grande-Bretagne ne reconnaît pas la souveraineté de Bahreïn sur la presqu'île ; la convention anglo-ottomane du 29 juillet 1913 (article 11) corrobore le précédent accord puisque l'Empire ottoman ne reconnaît pas la souveraineté de Bahreïn sur Qatar ; enfin, un échange de lettres entre le résident politique britannique et le secrétaire d'État pour les Indes en 1937 confirme la position britannique sur ce point. Pour ces motifs, la Cour conclut que Qatar a souveraineté sur Zubarah.

Pour ce qui est des îles Hawar situées entre Qatar et Bahreïn, Bahreïn fait valoir que sa souveraineté a été, durant les deux derniers siècles, continue et acceptée par les habitants ; Bahreïn cite notamment : une permission accordée à une tribu de s'installer dans les îles, le sauvetage de soldats ottomans, l'arrestation et la comparution forcée de résidents devant des tribunaux de Bahreïn, des droits de pêche accordés par l'État, la construction de barrages et de citernes d'eau, l'entretien de balises, la construction et l'entretien de routes et d'un réseau électrique… De son côté, Qatar fait valoir la proximité géographique des îles avec son territoire continental et produit plusieurs cartes des XIXe et XXe siècles montrant les Hawar comme faisant partie de la péninsule du Qatar. Il faut noter que les arguments de proximité, d'adjacence et de contiguïté ont été démentis dans l'affaire de l'île de Palmas ou encore dans l'affaire des Minquiers et Ecrehous. C'est pour la même raison que la Cour rejette les prétentions du Qatar et conclut que Bahreïn a souveraineté sur les îles Hawar. Quant à l'île de Janan qui ne fait pas partie du groupe de Hawar, la Cour conclut que Qatar détient la souveraineté sur cette entité à la suite du partage des fonds marins effectué par le gouvernement britannique en décembre 1947 qui n'a soulevé aucune opposition des deux parties.
Ayant tranché la question des droits de souveraineté territoriale, la Cour examine ensuite le problème de la délimitation maritime entre Qatar et Bahreïn.

CIJ, 17 décembre 2002, *Souveraineté sur Pulau Ligitan et Pulau Sipadan*. L'affaire qui opposait l'Indonésie et la Malaisie est remarquable puisque, pour la première fois, deux États de l'ASEAN décidaient de porter ensemble un différend territorial devant la Cour internationale de justice par un compromis déposé le 2 novembre 1998. L'Indonésie a d'ailleurs salué amicalement la victoire judiciaire de la Malaisie.
Pour décider de l'attribution des îlots, la Cour a d'abord effectué une étude historique détaillée pour démêler l'écheveau des possessions coloniales dans cette région ; pourtant, cette

étude historique se révélera de peu d'utilité en l'absence de titre basé sur une convention ou par voie de succession d'État.
Certes, l'Indonésie et la Malaisie produisent plusieurs cartes géographiques de provenance et de natures diverses. Mais la Cour rappelle (comme dans la jurisprudence ancienne, confirmée plus récemment par les affaires *Burkina Faso/Mali* et *Botswana/Namibie*) que « les cartes ne sont que de simples indications, plus ou moins exactes selon les cas ; elles ne constituent jamais – à elles seules et du seul fait de leur existence – un titre territorial… Certes, dans quelques cas, les cartes peuvent acquérir une telle valeur juridique, mais cette valeur ne découle pas alors de leur seule qualité intrinsèque : elle résulte de ce que ces cartes ont été intégrées parmi les éléments qui constituent l'expression de la volonté de l'État ou des États concernés ».
La Cour examine ensuite les arguments de l'Indonésie et de la Malaisie selon lesquels elles détiennent un titre conventionnel sur les îles par voie de succession : l'Indonésie comme successeur des Pays-Bas qui les avaient acquises par contrat du sultan de Bouloungan ; la Malaisie par succession à la Grande-Bretagne, à la suite d'une série de transmissions du titre détenu à l'origine par le sultan de Sulu et dévolu successivement à l'Espagne, aux États-Unis et à la Grande-Bretagne… L'examen des divers contrats de vassalité conclus entre les Pays-Bas et le sultanat de Bouloungan montre que les îles contestées, situées à plus de 40 milles marins des côtes, n'y sont pas mentionnées. L'argument de l'Indonésie ne peut donc être retenu. Mais il en est de même de la thèse de la Malaisie : la Cour constate que les îles ne sont nommées dans aucun des documents juridiques que la Malaisie fait valoir pour démontrer la transmission du titre allégué. Par ailleurs, les divers documents ne permettent pas d'établir s'il existait des liens de dépendance vis-à-vis du sultan de Sulu et si ce dernier exerçait une autorité effective sur Ligitan et Sipadan.
Le titre sera finalement établi sur la base des effectivités ; pour ce faire, la Cour rappelle d'abord la jurisprudence *Statut juridique du Groenland oriental* (Danemark/Norvège, 5 avril 1933) : un titre basé sur des effectivités suppose une intention et

une volonté d'agir en qualité de souverain, et une manifestation effective de cette volonté. « Dans le cas, en particulier, de très petites îles inhabitées ou habitées de façon non permanente – telles que Ligitan et Sipadan, dont l'importance économique était, du moins jusqu'à une date récente, modeste –, les effectivités sont en effet généralement peu nombreuses ». Des comportements qui seraient normalement écartés comme manifestations de souveraineté sont retenus dans le cas des îlots. Plus que le nombre d'effectivités, la Cour privilégie la qualité des comportements : « Si les activités invoquées par la Malaisie, tant en son nom propre qu'en tant qu'État successeur de la Grande-Bretagne, sont modestes en nombre, elles présentent un caractère varié et comprennent des actes législatifs, administratifs et quasi judiciaires. Elles couvrent une période considérable et présentent une structure révélant l'intention d'exercer des fonctions étatiques à l'égard des deux îles, dans le contexte de l'administration d'un ensemble plus vaste d'îles ». La Malaisie évoquait notamment une ordonnance des autorités du Nord Bornéo de 1917 mettant en place un système de concession pour le ramassage des œufs de tortues (jusque dans les années 1950) ; des phares ont été édifiés sur les deux îlots en 1962 et 1963[162] ; enfin, Sipadan a été classée réserve ornithologique en 1933. Ces mesures « doivent être considérées comme des manifestations d'autorité réglementaires et administratives sur un territoire mentionné par son nom ». En résumé, même si les effectivités de la Malaisie et de la Grande-Bretagne sont peu nombreuses, les actes se déroulant sur une longue période sont de nature variée et révèlent clairement l'intention d'exercer des fonctions étatiques dans les deux îles.

De plus, ces actes n'ont jamais fait l'objet de protestation de la part de l'Indonésie avant 1969 : « La Cour ne saurait ignorer le fait que, à l'époque où ces activités ont été menées, les Pays-

[162] La Cour rappelle l'affaire antérieurement évoquée (CIJ, 16 mars 2001, *Délimitation maritime et questions territoriales entre Qatar et Bahreïn*) dans laquelle elle avait décidé que « la construction d'aides à la navigation peut être juridiquement pertinente dans le cas de très petites îles ».

Bas puis l'Indonésie n'ont jamais exprimé de désaccord ni élevé de protestation. La Cour relève à ce propos que les autorités indonésiennes n'ont même pas rappelé en 1962 et 1963 aux autorités de la colonie du Nord Bornéo, ou à la Malaisie après son indépendance, que les phares construits alors l'avaient été sur un territoire qu'elle regardait comme indonésien... »
En revanche, « la surveillance et les activités de patrouille des marines néerlandaises ou indonésiennes ne permettent pas de conclure que les autorités maritimes concernées considéraient Ligitan et Sipadan, ainsi que les eaux environnantes, comme relevant de la souveraineté des Pays-Bas ou de l'Indonésie » ; par ailleurs, « les activités des pêcheurs indonésiens ne sauraient être considérées comme des effectivités si elles ne se fondent pas sur une réglementation officielle ou ne se déroulent pas sous le contrôle de l'autorité publique ». La Cour conclut qu'aucune des effectivités avancées par l'Indonésie « ne revêt un caractère législatif ou réglementaire ».
La Cour déclare donc que la Malaisie détient un titre sur Ligitan et Sipadan sur la base des effectivités mentionnées.

CIJ, 23 mai 2008, *Souveraineté sur Pedra Branca/Pulau batu Puteh, Middle Rocks et South Ledge (Malaisie/Singapour).*
L'affaire concernait un désaccord entre la Malaisie et Singapour au sujet de leur souveraineté sur trois formations maritimes du détroit de Singapour. Elle était née de la publication par la Malaisie, en décembre 1979, d'une carte situant l'île de Pedra Branca/Pulau Batu Puteh à l'intérieur des eaux territoriales malaises, carte qui suscita une protestation de Singapour. Des négociations bilatérales n'ayant pas abouti, la Cour internationale de justice a été saisie en juillet 2003 d'un compromis lui demandant de déterminer si la souveraineté sur trois petites îles situées à proximité de leurs côtes appartenait à la Malaisie ou à la République de Singapour.
La République de Singapour affirmait sa souveraineté sur Pedra Branca en sa qualité de successeur du Royaume-Uni ; ce dernier aurait acquis un titre sur cette *terra nullius* grâce à la construction et à l'entretien d'un phare entre 1847 et 1851 ; Middle Rocks et South Ledge étant situés dans les eaux

territoriales de Pedra Branca, Singapour considère que les trois entités constituent un ensemble qui relève du territoire singapourien. De son côté, la Malaisie soutient avoir succédé au titre originaire de Johor sur ces trois formations maritimes de petite taille et qui ne sont pas habitées de façon permanente.

Pendant des siècles, ces îlots et rochers n'ont fait l'objet d'aucune revendication particulière de la part des États concernés ; peu de documents y font référence. Pedra Branca relève historiquement de la souveraineté de Johor, auquel a aujourd'hui succédé la Malaisie ; la Cour relève différents éléments qui permettent de confirmer ce titre : les convictions de l'époque, les protestations du sultan de Johor au XVIIe siècle après la saisine de deux jonques, la parution d'un article dans le *Singapore Free Press*, et enfin la présence dans la zone du « peuple de la mer » sur lequel le sultan de Johor exerçait son autorité. La Cour ajoute que la possession satisfait ainsi à la condition d'un « exercice continu et pacifique de la souveraineté territoriale ». Est-ce que la construction et l'entretien d'un phare par le Royaume-Uni, puis par Singapour, était susceptible de remettre en question la souveraineté sur l'îlot ? En principe, la jurisprudence ne considère pas les actes de construction et d'entretien d'un phare comme des actes de souveraineté[163] ; elle leur reconnaît cependant un caractère « juridiquement pertinent dans le cas de très petites îles »[164]. Concernant l'île de Pedra Branca, la Cour établit l'existence d'un transfert du titre territorial en raison de l'abandon de la souveraineté par son détenteur originaire, et à la suite d'un certain nombre d'effectivités de la part du nouveau souverain.

Concernant le premier point – le consentement du souverain initial à l'opération de transfert –, la Cour se fonde sur une correspondance de 1953 dans laquelle les autorités de Johor expriment leur désintérêt à l'égard du titre sur l'île ; la Cour constate également l'absence de protestation de la Malaisie face

---

[163] CIJ, *Minquiers et Ecrehous*, France/Royaume-Uni, 17 décembre 1953.

[164] *Délimitation maritime et questions territoriales entre Qatar et Bahreïn*, Qatar/Bahreïn, 16 mars 2001 ; *Souveraineté sur Pulau Ligitan et Pulau Sipadan*, Indonésie/Malaisie, 17 décembre 2002.

aux actes accomplis par Singapour : enquêtes sur des naufrages, octroi d'autorisations pour des visites officielles… Les juges en déduisent que le désintérêt des autorités de Johor pour leur titre sur Pedra Branca constitue un consentement implicite au transfert de souveraineté, consentement confirmé par les silences de la Malaisie.

Mais le transfert de souveraineté ne peut se réaliser que si le comportement de l'État aspirant à établir sa souveraineté se concrétise par des actes d'occupation : des actes matériels permettant d'établir une souveraineté. La Cour en relève un certain nombre, depuis la construction d'un phare au milieu du XIXe siècle, jusqu'à l'installation de matériel militaire sur l'île par Singapour en 1977.

La décision est moins explicite concernant Middle Rocks et South Ledge. Situés à proximité immédiate de Pedra Branca, les rochers de Middle Rocks sont sous souveraineté malaise. Le titre originaire est le même que celui qui existait sur Pedra Branca, mais l'absence d'actes de souveraineté du Royaume-Uni, puis de Singapour, empêche la Cour d'admettre un transfert de souveraineté dans ce cas. La Malaisie conserve donc sa souveraineté sur cet ensemble de rochers. South Ledge est un haut-fond découvrant ; la Cour se réfère au principe qu'elle a énoncé dans l'affaire *Qatar/Bahreïn* suivant lequel un haut-fond découvrant n'est pas susceptible d'appropriation ; il se trouve soumis à la souveraineté de l'État dans la mer territoriale duquel il se trouve. Dans le cas de South Ledge, il reste donc à déterminer la délimitation des espaces maritimes dans cette zone, délimitation qui devrait résulter de négociations ultérieures puisque la Cour n'avait pas reçu des parties mandat de tracer la ligne de délimitation de leurs eaux territoriales dans la zone en question.

La saisine du tribunal international du droit de la mer

Si la troisième conférence des Nations unies sur le droit de la mer a décidé de créer une nouvelle juridiction pour traiter des différends portant sur le droit de la mer, c'est que l'accès à la Cour internationale de justice est limité aux États ; or, dans le

domaine maritime, la diversité des acteurs rendait nécessaire une juridiction qui soit accessible aux États et aux organisations internationales, mais aussi aux personnes privées et aux sociétés commerciales.
Dans le cadre du tribunal du droit de la mer, plusieurs formules de traitement des contentieux internationaux sont organisées : chambre *ad hoc*, conciliation interne... Pourtant, la jurisprudence du tribunal est peu fournie et reste spécialisée dans le traitement des différends entre États sur les affaires de déroutement et d'immobilisation de navires supposés être en infraction.
Le TIDM a cependant rendu des décisions dans deux affaires opposant des États de la région, deux affaires qui présentent un intérêt pour un éventuel règlement des questions en mer d'Asie du Sud-Est.

TIDM, 8 octobre 2003, *Malaisie/Singapour*.
Le 5 septembre 2003, la Malaisie introduit une demande de mesures conservatoires devant le tribunal, au titre de l'article 290 de la convention sur le droit de la mer. Le différend portait sur les travaux de poldérisation entrepris par Singapour à l'intérieur et à proximité du détroit de Johor. Conformément à l'article 290, le tribunal peut prescrire des mesures conservatoires en attendant la constitution d'un tribunal arbitral, s'il estime que l'urgence de la situation l'exige. Dans son ordonnance du 8 octobre 2003, le tribunal considère que la Malaisie n'a pas démontré qu'il existe une situation d'urgence ou un risque à l'occasion des travaux de poldérisation menés sur l'île de Tuas ; le tribunal ne juge donc pas utile de prescrire des mesures conservatoires. En revanche, les travaux de remblaiement menés sur Pulau Tekong peuvent avoir un impact négatif sur le milieu marin à l'intérieur et à proximité du détroit de Johor ; c'est notamment le cas du projet de construction d'un mur de revêtement en pierre autour d'un secteur de l'île. En conséquence, le tribunal demande à la Malaisie et à Singapour de procéder à la création d'un groupe d'experts indépendants chargés de mener une étude pour déterminer l'impact des travaux de poldérisation de Singapour, notamment les travaux

de remblaiement dans le secteur D de Pulau Tekong ; le tribunal conseille également aux deux États de procéder régulièrement à un échange d'informations sur ces travaux et d'évaluer les risques ou les effets qu'ils pourraient entraîner ; de plus, il les prie d'éviter toute action incompatible avec l'exécution des engagements mentionnés dans l'ordonnance et de se consulter en vue de parvenir rapidement à un accord sur les mesures provisoires à prendre en attendant l'achèvement de l'étude et l'audition de l'affaire devant le tribunal arbitral prévu à l'annexe VII ; enfin, il enjoint à Singapour de « ne pas mener ses travaux de poldérisation d'une manière qui pourrait porter un préjudice irréparable aux droits de la Malaisie ou causer des dommages graves au milieu marin... ».
Les mesures conservatoires prescrites par le tribunal ont contribué à rapprocher les parties et ont facilité l'élaboration ultérieure d'une solution diplomatique satisfaisante.

TIDM, 14 mars 2012, *Bangladesh/Myanmar*.
Le TIDM a rendu le 14 mars 2012 un arrêt dans le différend relatif à la délimitation de la frontière maritime entre le Bangladesh et le Myanmar dans le golfe du Bengale. Il s'agissait de la première affaire de délimitation maritime soumise au tribunal ; c'est également le premier arrêt de la juridiction à être rendu à l'issue d'une procédure engagée sur la base d'un compromis ; enfin, la décision du 14 mars 2012 est la première à mettre en œuvre une délimitation du « plateau continental étendu », c'est-à-dire au-delà des 200 milles marins. La frontière maritime que le tribunal devait fixer portait à la fois sur la mer territoriale, la zone économique exclusive et le plateau continental du Bangladesh et du Myanmar. Les juges ont appliqué une méthode d'équidistance, mais ajustée pour tenir compte des circonstances pertinentes ; ils ont, en particulier, examiné la situation de l'île Saint-Martin : de l'analyse des faits et des données techniques, ils ont conclu que Saint-Martin est « une formation maritime importante » du fait de sa superficie, du nombre d'habitants, et de l'importance des activités économiques. Par conséquent, l'île produit les pleins

effets s'agissant de la détermination de la ligne de base qui a servi pour l'application de la méthode d'équidistance.
La solution retenue par le tribunal se situe dans la continuité de la jurisprudence de la Cour internationale de justice et des jugements des tribunaux arbitraux ; elle établit un équilibre entre les revendications des deux États afin de parvenir à une solution équitable.

Le recours à l'arbitrage

Plus ancien que le règlement judiciaire dans la pratique internationale, l'arbitrage a reçu depuis le début du XXe siècle des perfectionnements d'ordre technique qui en font un procédé tout à la fois souple et efficace.

L'arbitrage reposant sur le consentement des États en conflit, le recours à ce procédé ne peut se faire qu'avec leur accord. Cet accord préalable peut prendre deux formes : soit les États concluent à l'occasion d'un litige un compromis d'arbitrage qui définit l'objet du litige, les conditions de désignation des arbitres et leurs compétences ; soit l'engagement intervient pour des différends qui pourraient naître et prend la forme d'une clause compromissoire stipulée à titre accessoire dans un traité dont le contenu principal porte sur une autre matière ou d'un traité d'arbitrage obligatoire permanent. La convention de Montego Bay prévoit deux formules de traitement arbitral des différends entre États : l'arbitrage commun et l'arbitrage spécial.

La formule du « tribunal arbitral » est prévue par l'annexe VII de la convention. Le tribunal arbitral est constitué de cinq membres choisis sur une liste : chacune des deux parties au différend choisit un membre ; les trois autres juges sont choisis d'un commun accord. Le tribunal établit librement la procédure qui sera la sienne dans le cadre du contentieux soumis par les parties. C'est la formule choisie par la Malaisie et Singapour dans le différend qui les opposait à propos des travaux de poldérisation entrepris par Singapour dans le détroit de Johor dont il a été question plus haut ; le tribunal arbitral a rendu sa décision le 1er septembre 2005, confirmant un accord intervenu entre les deux parties le 26 avril 2005.

L'arbitrage spécial est mentionné dans l'annexe VIII de la convention. Cette formule est accessible pour des différends relatifs à l'interprétation ou à l'application de la convention dans trois domaines : la protection et la préservation du milieu marin, la navigation, la recherche scientifique.
Lorsqu'il ratifie ou adhère à la convention, un État peut indiquer dans une déclaration spécifique quel est le mode de règlement qu'il entend privilégier parmi ceux qui sont proposés par la convention ; en matière d'arbitrage, il peut donc opter d'emblée pour le recours à un arbitrage spécial. Mais s'il ne mentionne rien, il sera réputé avoir choisi tacitement la formule de l'arbitrage commun.
Parmi les sentences arbitrales rendues en droit de la mer ces dernières années, il faut citer dans la région l'affaire du différend insulaire *Yémen/Érythrée* (sentence du 9 octobre 1998), dans laquelle le tribunal prend soin de distinguer entre les concepts de « baie historique » et de « titre historique ».

Cependant, les États signataires de la convention ont la possibilité (article 298) de déclarer qu'ils n'acceptent pas la procédure de règlement prévu dans la partie XV de la convention pour certaines catégories de différends, notamment « les différends concernant l'interprétation ou l'application des articles 15, 74 et 83 relatifs à la délimitation de zones maritimes ou les différends qui portent sur des baies ou titres historiques… ». En ratifiant la convention le 25 août 2006, la Chine a fait une déclaration en ce sens, pour éviter toute décision judiciaire obligatoire dans ces domaines, dans la logique de sa position de principe à l'égard des modes obligatoires de règlement des différends en droit international.
Malgré cette déclaration, certains différends peuvent être soumis à l'arbitrage ou à une décision judiciaire car ils ne sont pas formellement couverts par l'article 298. Parmi les questions susceptibles d'être soumises à un arbitre ou une juridiction

figurent la définition d'une île (article 121) et la différence avec un îlot ou un rocher, l'utilisation d'un haut-fond découvrant pour mesurer la mer territoriale d'une île, les campagnes de pêche intensives de la part de pêcheurs étrangers dans une zone économique exclusive sans l'autorisation de l'État côtier, l'exploration et l'exploitation de ressources minérales dans la zone économique d'un État côtier... En cas de refus d'une partie au litige de soumettre la question à une juridiction, la procédure de l'annexe VII de la Convention est toujours utilisable. C'est cette opportunité qu'a saisie le gouvernement de Manille en 2013.

La décision du tribunal arbitral, *Arbitrage relatif à la mer de Chine méridionale, République des Philippines/République populaire de Chine*, 12 juillet 2016.

Le 12 juillet 2016, le tribunal arbitral constitué conformément à l'annexe VII de la convention des Nations unies sur le droit de la mer dans le cadre de l'arbitrage introduit par la République des Philippines contre la République populaire de Chine, a rendu une sentence détaillée (près de 500 pages) à l'unanimité de ses membres[165].

[165] La décision est publiée sur le site de la Cour permanente d'arbitrage (www.pca-cpa.org). Pour les commentaires que l'affaire a suscités, voir notamment Sienho Yee, "The south China sea arbitration (The Philippines v. China"), *Chinese Journal of International Law*, 2014, p. 663-739 ; Jean Louis Iten, « Sentence arbitrale sur la compétence et la recevabilité du 29 octobre 2015 (République des Philippines c. République populaire de Chine) », *Annuaire Français de Droit International*, 2015, p. 291-309 ; Jacques DeLisle, "Political-Legal Implications of the July 2016, Arbitration Decision in the Philippines-PRC Case concerning the South China Sea: the United States, China and International Law", *Asian Yearbook of International Law*, vol. 21, 2015, p. 49-82 ; John E. Noyes, "In the arbitration between the Philippines and China", *The American Journal of International Law*, January 2016, p. 102-108 ; Lucy Reed et Kenneth Wong, "Marine entitlements in the south China sea: the arbitration between the Philippines and China", *The American Journal of International Law*, October 2016, p. 746-760 ; Mincai Yu, "The South China Sea Dispute and the Philippines Arbitration Tribunal: China's Policy Options", *Australian Journal of International Affairs*, 2016, n° 3, p. 215-234 ; Stefan Talmon, "The South China Sea Arbitration and the

Compte tenu des limites posées par la convention quant au règlement obligatoire des différends, le tribunal a souligné qu'il ne statuerait pas sur des questions de souveraineté sur le territoire terrestre et qu'il ne déterminerait pas de frontière maritime entre les parties. Malgré cette limite importante, la décision est intéressante car elle permet – au terme d'une analyse minutieuse du droit en vigueur – de lever les doutes sur plusieurs points en litige : les droits historiques et la source des droits maritimes dans la mer d'Asie du Sud-Est ; le statut de certains éléments maritimes dans cette mer (îles, îlots, rochers, récifs...) et les droits maritimes qu'ils peuvent générer ; la légalité de certaines actions menées par la Chine en mer d'Asie du Sud-Est que les Philippines estiment être en violation de la convention.

Le tribunal avait été constitué le 21 juin 2013 conformément à la procédure prévue à l'annexe VII de la convention en vue de statuer sur le différend[166]. Les membres du tribunal dans cette affaire étaient le juge Thomas A. Mensah du Ghana, le juge Jean-Pierre Cot de France, le juge Stanislaw Pawlak de Pologne, le professeur Alfred Soons des Pays-Bas et le juge Rüdiger Wolfrum d'Allemagne. Le juge Thomas A. Mensah était le président du tribunal.

L'*Arbitrage relatif à la mer de Chine méridionale* portait sur une requête introduite par les Philippines le 22 janvier 2013.
Il faut rappeler que d'avril à juillet 2012, un violent conflit opposa les Philippines à la Chine autour du récif Scarborough à

---

finality of 'final' Awards", *Journal of International Dispute Settlement*, 2017, n° 2, p. 388-401.

166 Article 287 de la convention sur le droit de la mer : « Lorsqu'il signe ou ratifie la convention ou y adhère... un État est libre de choisir, par voie de déclaration écrite, un ou plusieurs des moyens suivants pour le règlement des différends relatifs à l'interprétation ou à l'application de la convention : le Tribunal international du droit de la mer constitué conformément à l'annexe VI ; la Cour internationale de justice ; un Tribunal arbitral constitué conformément à l'annexe VII ; un Tribunal arbitral spécial... ».

la suite de la prise de contrôle de celui-ci par la marine chinoise qui en interdisait l'accès, notamment aux pêcheurs philippins, à coups de canon à eau. Cette crise poussa les Philippines à déposer unilatéralement une plainte contre la Chine devant la Cour permanente d'arbitrage ; son objectif était de forcer Pékin à préciser le statut de la ligne en neuf tirets et à faire invalider les revendications chinoises considérées comme excessives. Le gouvernement des Philippines a organisé son dossier autour de questions techniques de droit maritime, portant sur l'interprétation abusive de la convention des Nations unies sur le droit de la mer, notamment les prétentions à la souveraineté sur les hauts-fonds découvrants, ces récifs qui ne sont pas des îles et qui ne peuvent donc permettre de délimiter des eaux territoriales ou une zone économique exclusive. Le gouvernement de Manille présentait donc quinze conclusions dans le cadre de cette procédure. Ces dernières peuvent être regroupées autour de quatre réclamations.

D'abord, les Philippines souhaitaient qu'une décision soit rendue sur la source des droits et obligations des parties dans la mer d'Asie du Sud-Est et les effets de la convention des Nations unies sur le droit de la mer sur la revendication des « droits historiques » de la Chine à l'intérieur de la soi-disant « ligne en neuf tirets » : « 1) Les droits maritimes de la Chine dans la mer de Chine méridionale, tout comme ceux des Philippines, ne peuvent outrepasser ceux prévus par la convention des Nations unies sur le droit de la mer ; 2) Les droits souverains et de juridiction, et les "droits historiques" revendiqués par la Chine concernant les zones maritimes dans la mer de Chine méridionale comprises dans la soi-disant "ligne en neuf traits", sont contraires à la convention et sans effet juridique, dans la mesure où ils dépassent les limites géographiques et substantielles des droits marins de la Chine en vertu de la CNUDM ».

Ensuite, les Philippines demandaient au tribunal de statuer sur la question de savoir si certains éléments maritimes, revendiqués à la fois par la Chine et par les Philippines, sont, aux termes de la convention, qualifiés à juste titre d'îles, de rochers, de hauts-fonds découvrants ou de bancs submergés. Le statut de ces éléments peut en effet déterminer les zones maritimes qu'ils peuvent générer : « 3) Le Récif de Scarborough ne génère pas un droit à une zone économique exclusive ou à un plateau continental ; 4) Le Récif de Mischief, le Récif de Second Thomas et le Récif de Subi sont des hauts-fonds découvrants qui ne génèrent pas de droit à une mer territoriale, à une zone économique exclusive ou à un plateau continental, et ne sont pas des éléments pouvant être appropriés par occupation ou autrement ; 5) Le Récif de Mischief et le Récif de Second Thomas font partie de la zone exclusive et du plateau continental des Philippines ; 6) Le Récif de Gaven et le Récif de McKennan (y compris le Récif de Hughes) sont des hauts-fonds découvrants qui ne génèrent pas de droit à une mer territoriale, à une zone économique exclusive ou à un plateau continental, mais leur laisse de basse mer peut être prise comme ligne de base pour mesurer la largeur des mers territoriales de Namyit et de Sin Cowe, respectivement ; 7) Le Récif de Johnson, le Récif de Cuarteron et le Récif de Fiery Cross ne génèrent aucun droit à une zone économique exclusive ou à un plateau continental ».

De plus, les Philippines désiraient qu'il soit décidé que certaines activités chinoises dans la mer de Chine méridionale ont été menées en violation de la convention, en portant atteinte à l'exercice des droits souverains et libertés des Philippines, ou par ses opérations d'aménagement ou ses pratiques de pêche qui ont endommagé le milieu marin : « 8) La Chine a porté atteinte à la jouissance et à l'exercice des droits souverains des Philippines sur les ressources biologiques et non biologiques de sa zone économique exclusive et de son plateau continental ; 9) La Chine n'a pas empêché ses ressortissants et navires d'exploiter les ressources biologiques dans la zone économique exclusive des Philippines ; 10) La Chine a empêché les pêcheurs philippins d'assurer leurs moyens de subsistance en interférant avec les activités de pêche traditionnelles dans le Récif de Scarborough ».

Enfin, les Philippines demandaient au tribunal de juger que certaines actions menées par la Chine, notamment ses activités de remblayage à grande échelle et de construction d'îles artificielles dans les îles Spratleys depuis le commencement du présent arbitrage, ont illégalement aggravé et étendu le différend : « 11) La Chine a violé ses obligations, lui incombant en vertu de la convention, de protéger et préserver le milieu marin du Récif de Scarborough, du Récif de Second Thomas, du Récif de Cuarteron, du Récif de Fiery Cross, du Récif de Gaven, du Récif de Johnson, du Récif de Hughes et du Récif de Subi ; 12) L'occupation et les opérations d'aménagement sur le Récif de Mischief par la Chine :

a) violent les dispositions de la convention relatives aux îles artificielles, aux installations et aux ouvrages ;

b) violent les obligations de la Chine en matière de protection et de préservation du milieu marin au titre de la convention ; et

c) constituent des actes illégaux de tentatives d'appropriation en violation de la Convention ; 13) La Chine a manqué à ses obligations, qui lui incombent en vertu de la convention, en opérant ses navires de la force publique de façon dangereuse, provoquant des risques sérieux d'abordage pour les navires philippins naviguant à proximité du Récif de Scarborough ; 14) Depuis le commencement du présent arbitrage en janvier 2013, la Chine a illégalement aggravé et étendu le différend notamment en :

a) entravant l'exercice du droit de navigation des Philippines dans les eaux du, et adjacentes au, Récif de Second Thomas ;

b) empêchant la relève et le réapprovisionnement du personnel philippin stationné sur le Récif de Second Thomas ;

c) mettant en péril la santé et le bien-être du personnel philippin stationné sur le Récif de Second Thomas ; et

d) menant des activités de dragage, de construction d'îles artificielles et de construction sur le Récif de Mischief, le Récif de Cuarteron, le Récif de Fiery Cross, le Récif de Gaven, le Récif de Johnson, le Récif de Hughes et le Récif de Subi ; 15) La Chine doit respecter les droits et libertés des Philippines prévus par la convention, doit se conformer à ses obligations en vertu de la Convention, y compris celles concernant la protection et la préservation du milieu marin, et doit exercer ses droits et libertés dans la zone en tenant compte de ceux des Philippines en vertu de la Convention ».

Une décision rendue malgré l'opposition de la Chine.

La Chine a déclaré à plusieurs reprises qu'elle « n'accepte pas l'arbitrage introduit unilatéralement par les Philippines et n'y participe pas »[167]. Toutefois, l'annexe VII de la convention énonce que « [l]'absence d'une partie ou le fait pour une partie de ne pas faire valoir ses moyens ne fait pas obstacle au déroulement de la procédure. » L'annexe VII prévoit également que, lorsqu'une partie ne participe pas à la procédure, le tribunal « doit s'assurer non seulement qu'il a compétence pour connaître du différend, mais que la demande est fondée en fait et en droit ».

Aussi la décision expose-t-elle en détail la ligne de conduite du tribunal tout au long de la procédure : il a vérifié l'exactitude des requêtes des Philippines en leur demandant de soumettre des conclusions supplémentaires, en leur adressant des questions avant et pendant les deux audiences, en nommant des experts indépendants en vue de faire rapport au tribunal sur des questions techniques, en obtenant des preuves historiques concernant des éléments en mer de Chine méridionale[168] et en les soumettant aux parties pour commentaire.

Comme la Chine, par la publication en décembre 2014 d'une note diplomatique et par d'autres déclarations officielles[169],

---

[167] Concernant la position du gouvernement chinois sur la procédure et sur le fond, cf. Stefan Talmon *et al.* (ed.), *The south China sea arbitration: a chinese perspective*, Oxford, Hart, 2014.

[168] Le tribunal a notamment examiné des archives historiques et des données de relevés hydrographiques concernant la mer de Chine méridionale provenant du *United Kingdom Hydrographic Office*, de la Bibliothèque nationale de France et des Archives nationales d'outre-mer.

[169] « Note de position du gouvernement de la République populaire de Chine sur la question de compétence dans l'arbitrage relatif à la mer de Chine méridionale initié par la République des Philippines » du 7 décembre 2014,

réitérait son refus, arguant que le tribunal n'est pas compétent pour connaître de l'affaire, ce dernier a convoqué une audience sur sa compétence et la recevabilité de la requête en juillet 2015, et a rendu une sentence le 29 octobre 2015 dans laquelle il se prononce sur certaines questions de compétence et réserve d'autres questions non tranchées pour examen ultérieur[170].

Les juges ont rejeté l'exception avancée dans la note de la Chine selon laquelle le différend entre les parties porte sur la souveraineté territoriale et, par conséquent, ne concerne pas la convention. Ils ont constaté qu'il existe un différend concernant la souveraineté sur des îles de la zone, mais ont considéré que les questions soumises à l'arbitrage par les Philippines ne portent pas sur la souveraineté.

Ils ont également rejeté l'exception soulevée dans la note chinoise selon laquelle le différend concerne la délimitation d'une frontière maritime qui est exclue du règlement des différends en vertu de l'article 298 de la convention et de la déclaration déposée par la Chine le 25 août 2006. Le tribunal indique qu'un différend portant sur la question de savoir si un État a le droit à une zone maritime est distinct de la délimitation de zones maritimes dans un secteur dans lequel elles se chevauchent ; il fait observer que ces droits sont généralement considérés dans le cadre d'une délimitation de frontière maritime, mais qu'ils peuvent aussi être soulevés dans d'autres

---

lettres de l'ambassadeur de Chine auprès du royaume des Pays-Bas adressées aux membres du Tribunal arbitral, nombreuses déclarations publiques. Le gouvernement chinois a également souligné que ces déclarations et documents « ne doivent en aucun cas être considérés comme la participation de la Chine à la procédure arbitrale ».

[170] L'article 288 de la convention prévoit qu'« en cas de contestation sur le point de savoir si une cour ou un tribunal est compétent, la cour ou le tribunal décide ». Par ailleurs, l'article 9 de l'annexe VII de la convention dispose : « Lorsqu'une des parties au différend ne se présente pas ou ne fait pas valoir ses moyens, l'autre partie peut demander au tribunal de poursuivre la procédure et de rendre sa sentence. L'absence d'une partie ou le fait pour une partie de ne pas faire valoir ses moyens ne fait pas obstacle au déroulement de la procédure… »

contextes. Selon le tribunal, il ne s'ensuit pas qu'un différend sur chacune de ces questions soit nécessairement un différend portant sur une délimitation de frontière.

Enfin, le tribunal estime que chacune des conclusions des Philippines fait apparaître un différend portant sur la convention. Il souligne qu'un différend concernant l'interaction entre la convention et d'autres droits (notamment les « droits historiques ») constitue un différend portant sur la convention.

Le tribunal rejette un autre argument avancé dans la note de Pékin selon lequel la déclaration de 2002 entre la Chine et l'ASEAN sur la conduite des parties dans la mer de Chine méridionale empêcherait les Philippines d'initier un arbitrage. Le tribunal estime que la déclaration est un accord politique et n'est pas juridiquement contraignante ; elle ne prévoit pas de mécanisme contraignant de règlement et n'exclut pas d'autres moyens de règlement. Par conséquent, la déclaration ne limite pas sa compétence. Le tribunal a également examiné le traité d'amitié et de coopération en Asie du Sud-Est, la convention sur la diversité biologique, ainsi qu'une série de déclarations conjointes publiées par les Philippines et la Chine faisant référence au règlement des différends par voie de négociation. Il en a conclu qu'aucun de ces instruments n'empêchait les Philippines d'introduire ses demandes en arbitrage.

En outre, il a noté que les deux États ont procédé à un échange de vues concernant le règlement de leur différend avant l'introduction de l'arbitrage par les Philippines, conformément aux dispositions de l'article 283 de la convention. Cette exigence a été remplie par le dossier des communications diplomatiques entre les Philippines et la Chine, dans lesquelles les Philippines ont exprimé clairement leur préférence pour des négociations multilatérales impliquant d'autres États bordant la mer de Chine méridionale, alors que la Chine insistait sur le fait que seul un dialogue bilatéral pouvait être envisagé.

Le texte de la décision fait donc apparaître le souci constant des juges de prendre en compte tous les intérêts en jeu : non seulement ceux des Philippines et de la Chine, mais aussi d'autres États ayant des revendications sur les îles dans la zone considérée. Le tribunal s'est demandé si l'absence de ces derniers constituait un obstacle à sa compétence. Il a fait remarquer que les droits d'autres États ne constituaient pas le sujet même de la décision, et que l'implication d'une tierce partie n'était pas indispensable. Il a néanmoins rappelé qu'en décembre 2014, le Viêt Nam avait présenté une déclaration à l'attention du tribunal, dans laquelle il affirmait qu'il n'avait « aucun doute que le tribunal était compétent dans la présente procédure ». Le tribunal a noté en outre que le Viêt Nam, la Malaisie, l'Indonésie, la Thaïlande, Brunei et le Japon ont assisté à l'audience sur la compétence en qualité d'observateurs.

Le tribunal a ensuite convoqué une audience sur le fond du 24 au 30 novembre 2015. La sentence rendue le 12 juillet 2016 porte sur les questions de compétence non tranchées dans la sentence sur la compétence et la recevabilité, ainsi que sur le fond des requêtes des Philippines. Conformément à l'article 296 de la convention et à l'article 11 de l'annexe VII, la sentence est définitive et a force obligatoire.

Droits historiques et « ligne en neuf tirets »

Dans sa sentence, le tribunal étudie la question de savoir si les conclusions des Philippines portant sur les droits historiques revendiqués par la Chine et sur la « ligne en neuf tirets » sont visées par l'exception d'incompétence pour les différends concernant les « titres historiques » prévue à l'article 298 de la convention. Il examine de façon minutieuse le sens et le cadre juridique général des termes « droits historiques », « titres historiques » et « eaux historiques » en droit de la mer. Après avoir passé en revue la jurisprudence de la Cour internationale de justice ainsi que les travaux préparatoires de la convention sur le droit de la mer, il conclut que la première expression désigne des droits dont disposerait un État de manière coutumière, alors que les deux autres renvoient à une revendication de souveraineté historique[171]. Ayant examiné les

[171] La jurisprudence et la doctrine fournissent quelques éléments, mais on ne saurait parler d'une « théorie des eaux historiques ». Il s'agit plutôt d'« un catalogue de situations particulières et très diversifiées issues de pratiques

prétentions de la Chine et la conduite de celle-ci dans la mer de Chine méridionale, le tribunal conclut que la Chine revendique des droits historiques sur des ressources à l'intérieur de la « ligne en neuf tirets », mais ne revendique pas de titre historique sur les eaux. Dès lors, il estime que la demande philippine ne tombe pas sous le coup de l'exception d'incompétence soulevée par la Chine, dans la mesure où cette dernière ne couvre que les « titres historiques » à proprement parler. Il est donc compétent pour connaître des prétentions des Philippines portant sur les droits historiques et, en l'espèce, sur la « ligne en neuf tirets ».

Sur le fond, le tribunal indique que, si des navigateurs et pêcheurs chinois – mais aussi ceux d'autres États – ont historiquement fait usage des îles de cette mer, il n'existe aucune preuve que la Chine a exercé un contrôle exclusif sur les eaux et leurs ressources. Jusqu'à l'entrée en vigueur de la convention, les eaux de la mer de Chine méridionale – au-delà de la mer territoriale – faisaient juridiquement partie de la haute mer, dans laquelle les navires de tout État pouvaient naviguer et pêcher librement. La navigation et la pêche historiques par la Chine dans les eaux de la mer de Chine méridionale représentaient l'exercice des libertés relatives à la haute mer, plutôt qu'un droit historique ; il n'existe pas de preuve que la Chine ait, historiquement, exercé un contrôle exclusif sur les eaux de la mer de Chine méridionale ou empêché d'autres États d'exploiter leurs ressources.

Le tribunal juge donc qu'il n'existe aucun fondement juridique à la revendication chinoise de « droits historiques » – « droits » dont le tribunal relève que la Chine n'a clarifié ni le contenu ni la portée – sur les ressources des zones maritimes à l'intérieur de la « ligne en neuf tirets ».

Appliquant le principe selon lequel *lex posterior derogat legi priori*, il ajoute que si la Chine disposait de droits historiques sur les ressources dans les eaux de la mer de Chine méridionale,

---

unilatérales, sanctionnées par une longue tolérance, plutôt que caractérisées par des critères fermement établis ». Charles de Visscher, *Problèmes de confins en droit international public*, Paris, Pedone. 1969, p. 133.

ces droits ont été éteints étant donné qu'ils sont incompatibles avec la notion de zone économique exclusive prévue par la convention, car cette dernière prime sur les droits historiques antérieurs. De plus, après l'entrée en vigueur de la convention, aucun droit historique chinois n'a été créé ; la convention ne peut en effet être modifiée de manière unilatérale et les autres États concernés ont toujours objecté à tout comportement chinois allant dans ce sens.

Le statut des éléments maritimes en mer d'Asie du Sud-Est

La décision porte ensuite sur les droits à des zones maritimes et le statut de certains éléments maritimes, questions qui ne portent pas sur la souveraineté territoriale et ne tombent pas sous le champ d'application de l'exception d'incompétence de l'article 298.
Tout d'abord, le tribunal procède à une étude afin de déterminer la qualification juridique des éléments maritimes en cause. Les éléments qui sont découverts à marée haute génèrent un droit à une mer territoriale d'au moins 12 milles marins, ce qui n'est pas le cas des éléments recouverts à marée haute. Les hauts-fonds découvrants « n'ont pas de mer territoriale qui leur soit propre » (art. 13 § 2 de la convention de Montego Bay) ; étant alternativement recouverts à marée haute et découverts à marée basse, ils ne sont pas susceptibles d'habitation humaine permanente : ils ne sauraient donc être assimilés à des îles, et encore moins à des îles habitées. Le critère de l'émersion est l'élément majeur de la définition des phénomènes insulaires en droit maritime international. Les éminences découvertes à marée basse, ou n'émergeant à marée haute qu'à certaines périodes de l'année, n'ont pas le statut d'île.

Les conditions d'attribution d'une emprise maritime aux îles

« Une île est une étendue naturelle de terre entourée d'eau qui reste découverte à marée haute » (art. 10 de la convention de 1958 sur la mer territoriale). Avant l'adoption de la convention de Montego Bay, la réalisation des deux conditions physiques (naturalité et émersion) suffisait pour accorder aux îles ainsi caractérisées une mer territoriale d'abord (même article), un plateau continental ensuite (art. 1 de la convention sur le plateau continental). L'institution d'une zone économique exclusive de 200 milles devait mettre en cause cette définition géographique qui risquait de servir d'instrument commode de « partage des océans ». Lors des travaux préparatoires à la convention de 1982, de multiples propositions ont donc été avancées visant à refuser l'octroi de droits économiques sur la mer adjacente – semblables à ceux des pays côtiers continentaux ou insulaires (grandes îles, archipels) – à des phénomènes insulaires mineurs, dépeuplés, dépourvus de vie économique et d'habitat permanent.

Pourtant, l'article 121 du texte de la convention reprend littéralement la définition géographique de l'île contenue dans la convention de Genève sur la mer territoriale ; toute formation insulaire correspondante se voit reconnaître sans difficulté une mer territoriale et une zone économique exclusive.

Concernant la mer d'Asie du Sud-Est, certains souhaiteraient préciser davantage la nature géologique du sol de l'île : distinction de l'île, de l'atoll, du récif et du rocher ; référence à la structure géologique et géomorphologique du banc… La convention n'a retenu qu'un élément : l'exclusion des « rochers » du statut maritime des îles. Elle dispose : « Les rochers qui ne se prêtent pas à l'habitation humaine ou à une vie économique propre n'ont pas de zone économique exclusive ou de plateau continental » (art. 121, par. 3). C'est là une innovation en droit international, mais une innovation discutable. Faut-il en effet prendre en compte le seul élément géologique, ou bien la règle peut-elle s'appliquer à tous les éléments insulaires présentant les mêmes caractères, qu'ils soient rochers, récifs, atolls, ou îlots minuscules et déserts ?

Dans le premier cas, la précision de type géologique paraît arbitraire ; dans le second, elle est inutile.

Les récifs ont certes été modifiés de manière considérable par les activités de remblayage et de construction ; le tribunal rappelle donc que la convention catégorise les éléments en fonction de leur état naturel. Dès lors, leur modification par des activités humaines ne saurait changer leur statut. Il s'appuie sur des documents historiques afin d'évaluer les éléments et considère – confirmant les affirmations des Philippines – que les récifs de Scarborough, Johnson, Cuarteron et Fiery Cross sont des éléments découverts à marée haute, tandis que ceux de Subi, Hughes, Mischief et Second Thomas sont recouverts à marée haute dans leur état naturel. Toutefois, le tribunal ne souscrit pas aux conclusions des Philippines concernant le statut du récif de Gaven Reef (Nord) et du récif de McKennan et conclut qu'ils sont tous deux des éléments découverts à marée haute.

Le tribunal étudie ensuite la question de savoir si ces éléments peuvent générer des zones maritimes au-delà des 12 milles marins. En vertu de la convention, une île génère une zone économique exclusive de 200 milles marins et un plateau continental, mais les « rochers qui ne se prêtent pas à l'habitation humaine ou à une vie économique propre, n'ont pas de zone économique exclusive ni de plateau continental. » Cette disposition fait donc dépendre la possibilité d'une zone économique exclusive ou d'un plateau continental de la capacité d'un élément, dans son état naturel, à soutenir soit une communauté stable de personnes, soit une activité économique qui ne dépend pas des ressources extérieures ou qui n'est pas de nature uniquement extractive. Le tribunal note que la présence actuelle de personnel officiel sur de nombreux éléments dépend d'un soutien extérieur et ne reflète pas la capacité des éléments. Sur le plan historique, il constate que les îles Spratleys ont été utilisées anciennement par des petits groupes de pêcheurs et que plusieurs entreprises japonaises ont tenté d'y exercer des activités de pêche et d'extraction minière du guano. Il conclut que cette utilisation temporaire ne constitue pas l'habitation par une communauté stable et que toutes les activités économiques historiques ont été extractives. Par conséquent, le tribunal estime que tous les éléments découverts à marée haute dans les îles Spratleys (y compris, par exemple, Itu Aba, Thitu, île West York, île Spratley, Northeast Cay, Southwest Cay) sont juridiquement des « rochers » qui ne génèrent pas de zone économique exclusive ou de plateau continental. De plus, les îles Spratleys ne peuvent pas générer de zones maritimes collectivement.

Donc, même transformés en îlots avec des pistes d'atterrissage, bases maritimes, phares, centre de secours en mer et autres aménagements, ces rochers ne sont pas des îles... L'interprétation du tribunal est d'ailleurs conforme à l'article 60-8 de la convention : « Les îles artificielles, installations et ouvrages n'ont pas le statut d'îles ». Dès lors, les zones économiques exclusives des États riverains sont calculées à partir des lignes de base et non à partir d'îlots artificiels comme le souhaitait la Chine.

Ayant constaté qu'aucun des éléments revendiqués par la Chine n'était capable de générer une zone économique exclusive, le tribunal juge qu'il peut, sans délimiter de frontière, déclarer que certains éléments maritimes sur lesquels la Chine mène des opérations (Mischief, Second Thomas, Banc Reed) sont compris dans la zone économique exclusive des Philippines, sans aucun chevauchement possible avec une zone maritime chinoise.

La question des îles artificielles

L'implantation d'îles artificielles peut correspondre à de multiples usages de l'espace marin : pêcheries, installations portuaires, usines sur l'eau, exploration ou exploitation du plateau continental, stations scientifiques, antennes radiophoniques, pistes aéronautiques, bases militaires, etc. Le développement de telles structures présente des inconvénients pour la navigation internationale, ainsi que pour la sécurité et la garantie des droits des pays côtiers. De plus, un recours excessif à ces aménagements par les États côtiers eux-mêmes entraînerait un remodelage des limites côtières en marge des règles établies. Le droit international doit tendre à régulariser l'usage des îles artificielles, tant par les États côtiers que par ceux qui ne sont pas riverains de l'espace marin considéré.

Mais le premier effort a consisté dans l'élaboration d'une définition de l'île artificielle. Cette dénomination recèle

d'ailleurs une contradiction dans les termes puisque l'île se définit essentiellement comme une « élévation naturelle » dans l'océan. La notion d'« île artificielle » ne peut donc être utilisée que par commodité de langage, cette différence déterminant l'application de deux régimes juridiques rigoureusement distincts. Lors des négociations préparatoires à la convention sur le droit de la mer, certains États soutinrent une thèse différente, selon leurs priorités et leurs intérêts du moment, qu'il s'agisse de projets d'aéroports en mer ou de plates-formes de forage. La solution entérinée par la conférence de 1958, découle logiquement de la coutume internationale constamment suivie : les pêcheries sédentaires n'ont jamais été considérées comme des îles, pas plus que les phares ou les balises bâties sur des éminences continuellement immergées du fond des mers. Quel qu'en soit l'usage, une construction artificielle ne peut donc, en droit, relever du statut des îles.
Le droit positif n'a appréhendé que la forme la plus répandue actuellement parmi les différents « modèles » d'îles artificielles : les plates-formes utilisées pour l'exploitation du plateau continental ou du sous-sol et du lit de la mer. Ces installations ne sont définies que par rapport à cette activité et peuvent être dotées d'une zone de sécurité de 500 mètres sur leur pourtour.
Du point de vue de la juridiction s'appliquant à de telles installations, les règles qui régissent leur construction, leur fonctionnement et leur régime juridique dépendent de leur position par rapport aux limites côtières : dans les eaux intérieures et la mer territoriale, l'État côtier est libre d'implanter ou d'autoriser l'implantation d'îles artificielles ; sur le plateau continental, la convention de 1958 reconnaît le droit de l'État côtier de construire ou de permettre d'ériger toutes les installations nécessaires à l'exploration et l'exploitation du lit de la mer et de son sous-sol. Cependant, elles ne doivent pas affecter les eaux surjacentes, sauf dans le périmètre de la zone de sécurité.

La légalité des actions menées par la Chine

Le tribunal examine ensuite la légalité des actions menées par la Chine en mer d'Asie du Sud-Est. Ayant constaté que certaines de ces actions ont eu lieu dans la zone économique exclusive des Philippines, il estime que la Chine a violé les droits souverains des Philippines dans leur zone économique exclusive en entravant les activités liées à la pêche et l'exploration pétrolière menées par les Philippines depuis mai 2012, en construisant des îles artificielles sans l'autorisation des Philippines et en n'empêchant pas les pêcheurs chinois de pêcher dans la zone.
Le tribunal considère également que les pêcheurs des Philippines (au même titre que les pêcheurs de la Chine) possèdent des droits de pêche traditionnels à proximité du récif de Scarborough. En effet, ce récif étant découvert à marée haute, il génère une mer territoriale et non une zone économique exclusive ; l'acquisition des droits de pêche traditionnels est possible dans cette zone puisqu'ils ne sont pas incompatibles avec la convention. La Chine a violé le droit international en empêchant les pêcheurs philippins d'exercer leurs droits de pêche dans cette zone (tout comme les Philippines l'auraient violé si elles avaient limité l'accès aux pêcheurs chinois).

Les juges concluent enfin que les navires de la force publique chinoise ont commis des actes illicites et ont provoqué des risques sérieux d'abordage lorsqu'ils ont bloqué physiquement les navires philippins à proximité du récif de Scarborough à deux occasions, en avril et en mai 2012 : des navires chinois avaient alors cherché à empêcher physiquement des navires philippins de s'approcher du récif ou d'y accéder. Le tribunal estime que les navires de la force publique chinoise ont approché à plusieurs reprises les navires philippins à grande vitesse, provoquant des risques sérieux d'abordage et mettant en danger les navires et le personnel philippins. Le tribunal estime que la Chine a manqué aux obligations qui lui incombent en vertu du Règlement international pour prévenir les abordages en mer de 1972, et en vertu de l'article 94 de la convention se rapportant à la sécurité de la navigation.

Dommages causés au milieu marin

Les activités de poldérisation à grande échelle et de construction d'îles artificielles menées par la Chine sur sept éléments des îles Spratleys ont causé des dommages graves aux récifs coralliens ; la Chine a ainsi manqué à ses obligations en vertu des articles 192 et 194 de la convention de préserver et protéger les écosystèmes délicats ainsi que l'habitat des espèces en régression, menacées ou en voie d'extinction.
Le tribunal constate également que les pêcheurs chinois ont exploité, à grande échelle, des tortues de mer, des coraux et des palourdes géantes menacés d'extinction dans cette zone, en utilisant des méthodes causant des dommages importants à l'environnement des récifs coralliens. Le tribunal conclut que les autorités chinoises étaient au courant de ces activités et qu'elles ont manqué à l'obligation de diligence qui leur incombe en vertu de la convention, de mettre fin à ces activités.

Aggravation du différend

Concernant la confrontation entre la marine philippine et les navires de la force publique et militaire chinoise à proximité du récif de *Second Thomas*, les juges estiment qu'elle constitue une activité militaire et qu'ils ne sont pas compétents pour statuer sur la conclusion n° 14 (a) à (c) des Philippines.
Mais ils examinent également la question de savoir si les activités de remblayage et de construction d'îles artificielles menées par la Chine sur sept éléments des îles Spratleys constituent des activités militaires ; ils notent que la Chine a souligné à maintes reprises le caractère non militaire de ses opérations et qu'elle a déclaré au plus haut niveau qu'elle ne militariserait pas sa présence dans les îles Spratleys. Le tribunal décide qu'il ne considérerait pas ces activités comme « militaires » par nature, étant donné que la Chine a elle-même

affirmé le contraire à plusieurs reprises. Ainsi, le tribunal conclut que l'article 298 ne fait pas obstacle à sa compétence. Il a donc jugé que les activités de poldérisation à grande échelle et de construction d'îles artificielles sont incompatibles avec les obligations incombant à un État dans le cadre d'une procédure de règlement de différends, dans la mesure où la Chine a infligé des dommages irréversibles au milieu marin, a construit une grande île artificielle dans la zone économique exclusive des Philippines, et a détruit des preuves relatives à l'état naturel de certains éléments en mer de Chine méridionale qui faisaient partie du différend opposant les deux États.

Conduite future des parties

Enfin, sur la demande des Philippines tendant à ce qu'une déclaration soit faite, stipulant qu'à l'avenir, la Chine respectera les droits et libertés des Philippines et se conformera aux obligations qui lui incombent en vertu de la convention, le tribunal constate que les Philippines et la Chine ont accepté à plusieurs reprises que la convention et les obligations générales de bonne foi définissent et règlent leur conduite. Le tribunal estime que l'origine des différends en question dans le présent arbitrage ne réside pas dans l'intention de la Chine ou des Philippines de porter atteinte aux droits juridiques de l'autre, mais plutôt dans des appréciations fondamentalement différentes de leurs droits respectifs en vertu de la convention dans les eaux de la mer d'Asie du Sud-Est. Le tribunal rappelle qu'il est un principe fondamental du droit international selon lequel « la mauvaise foi ne se présume pas » et note que l'article 296 de la convention énonce que « toutes les parties au différend doivent [se] conformer [à la sentence] ». Par conséquent, le tribunal n'accède pas à la demande des Philippines et estime qu'aucune déclaration supplémentaire n'est nécessaire.

Les suites de la décision

La sentence arbitrale est obligatoire pour les parties ; mais son application repose sur la bonne foi : il n'existe pas de procédure d'exécution. Elle est définitive, même s'il existe des voies de recours : recours en interprétation devant l'organe arbitral ; recours en révision si le compromis le prévoit ; recours en appel ou en rectification si l'arbitre a commis un excès de pouvoir.

Après sa publication, le président du pays instigateur de la procédure et premier intéressé par la décision, les Philippines, a adopté une posture inattendue. Le président Duterte a en effet choisi de ne pas se prévaloir de la décision du tribunal dans ses relations avec la Chine, et de rechercher des avantages économiques et commerciaux[172]. Lors de sa visite à Pékin après son élection, le président philippin a souhaité renforcer la coopération entre les deux pays dans la lutte contre le trafic de drogues, la construction d'infrastructures et le développement de l'agriculture philippine. Il a obtenu également un accord sur les pêcheries dans les zones disputées des Spratleys. À son retour, le président a loué la générosité de la Chine et annoncé le gel des relations économiques et militaires avec les États-Unis : une affirmation supposée prouver au voisin chinois la capacité des Philippines de se distancier de l'ancienne puissance coloniale, plutôt qu'une prise de position susceptible d'infléchir sur le long terme les engagements traditionnels de Manille[173]. D'autant que le président doit compter avec ses soutiens politiques qui craignent pour la crédibilité de la politique étrangère philippine, et avec la bureaucratie pour sa mise en œuvre. Le contentieux territorial entre les deux États est structurel, et le verdict pourrait être assumé plus tard, car le gouvernement philippin n'a pas formellement renoncé à ses prétentions. La preuve en a été fournie récemment : des images

---

172 Hsiao Chi Hsu, "The political Implications of the South China Sea Ruling on Sino-Philippine Relations and Regional Stability", *Asian Yearbook of International Law,* vol. 21, 2015, p. 16-33.

173 D'ailleurs, la déclaration commune publiée à l'issue de la visite du président Trump aux Philippines, le 13 novembre 2017, ne fait état d'aucune divergence et souligne au contraire l'intérêt des deux parties à assurer la liberté de navigation, à régler de façon pacifique les différends en mer de Chine du Sud et à s'abstenir de toute action qui pourrait exacerber les tensions, notamment la militarisation de la zone.

diffusées par la télévision chinoise en décembre 2018 montrent que, depuis la décision du tribunal arbitral, la construction de bunkers, de hangars pour avions et de baraquements à Fiery Cross s'est intensifiée, et ce, malgré la promesse des autorités de Pékin de ne pas militariser les espaces qu'elles occupent dans la zone ; la Chine affirme que les constructions visent à « aider la paix dans la région » (*sic*) tout en assurant que les équipements en question ne sont dirigés contre aucun pays en particulier... Le gouvernement des Philippines a élevé une protestation diplomatique le 9 janvier 2018, démontrant ainsi que la nécessité économique et commerciale de bonnes relations avec la Chine n'empêche nullement le maintien d'une position ferme sur la question maritime.

Par-delà les initiatives diplomatiques et les déclarations politiques, la décision du tribunal s'impose en effet aux deux États parties ; la Chine n'a aucun droit dans la zone économique exclusive des Philippines, et toute prétention ou action de sa part engage désormais sa responsabilité internationale puisque le tribunal a considéré qu'elle serait illégale. La poursuite de leurs activités par les pêcheurs chinois dans la zone économique exclusive des Philippines expose la Chine à des sanctions puisque cet État soutient des activités de pêche illégale, non déclarée et non réglementée. Les articles 192 et 194 de la convention sur le droit de la mer imposent aux États de protéger et préserver le milieu marin, ce qui inclut l'obligation pour chaque État de s'assurer que les navires battant leur pavillon ne se livrent pas à de telles activités, et – si tel est le cas – de prendre les mesures nécessaires pour les empêcher. Bien plus, des actions telles que le déploiement de flottes de pêche massives, la construction d'îles artificielles ou l'obstruction à l'exploration de gisements de pétrole peuvent être considérées comme des manifestations de menace, ou comme l'utilisation de la force, interdites par la charte des Nations unies.

La décision du tribunal arbitral a été généralement saluée par les chancelleries ; elle présente en effet le mérite de clarifier la situation sur le plan juridique : qu'il s'agisse de la ligne en neuf tirets ou des prétendus « droits historiques » dont se targue la

Chine, les juges se sont prononcés sans ambigüité. Politiquement, elle produira nécessairement des effets sur les prétentions de la Chine et les litiges en cours ; elle constitue en effet une arme juridique que les Philippines, mais aussi les autres protagonistes, peuvent utiliser pour pousser la Chine à des concessions en la plaçant en position défensive.

D'ailleurs, l'agence Chine nouvelle n'a pas attendu pour critiquer le verdict comme étant « une farce » ; alors qu'il a une force obligatoire, elle a qualifié le jugement de « feuille de papier bonne à jeter à la poubelle »[174]. Depuis le début, les autorités chinoises affirmaient qu'elles ne mettraient pas le jugement en application, qu'elles ne le respecteraient pas car la cour d'arbitrage n'est pas légitime pour traiter d'une question qu'elles perçoivent comme relative à une délimitation des frontières, question qui se situe en dehors de la compétence du droit international de la mer. Comme les autres grandes puissances qui ont, avant elle, refusé de se soumettre au verdict d'une juridiction internationale, la Chine se retrouve à son tour en contradiction ouverte avec une convention dont elle est signataire[175].

Outre son rejet du droit maritime international tel qu'il a été formulé par le tribunal de La Haye, son indifférence aux arguments des autres États riverains contredit l'image qu'elle veut donner d'elle-même, celle d'une puissance responsable qui peut jouer un rôle constructif sur des dossiers d'importance régionale et mondiale. Aussi n'est-il pas surprenant de la voir stigmatisée par les puissances extérieures à la région, mais qui sont attentives au respect des règles internationales[176] ; elle est

---

[174] *Xinhua*, 12 juillet 2016.

[175] Il faut noter que la convention ne prévoit aucun mécanisme de suivi ou de mise en œuvre des décisions rendues en vertu de l'annexe VII.

[176] Le premier ministre japonais Shinzo Abe a souligné l'importance de la décision lors du sommet Asie-Europe à Oulan-Bator en juillet 2016 ; le Royaume-Uni a décidé d'envoyer des avions de combat pour participer à des exercices militaires au Japon en octobre 2016, lesquels ont survolé la mer d'Asie du Sud-Est pour exercer leur droit de survol ; le président du Conseil

également critiquée par les opinions publiques des pays d'Asie du Sud-Est qui supportent mal son agressivité[177].

Le verdict de la cour permanente d'arbitrage constitue donc un important levier moral pour les États de la région dans leurs négociations avec la Chine. Mais peut-elle engendrer une convergence de vues entre eux et faire ainsi avancer une solution diplomatique ?

3.2. L'incertaine solution diplomatique

L'obligation de comportement pacifique est un principe du droit international général. Le droit de la mer fait du comportement pacifique de l'État sur l'espace maritime une obligation générale. D'une part, aucune menace ne peut venir d'une flotte de guerre étrangère pour un État côtier, quelle qu'en soit la forme (attaque directe ou blocus) ; dès lors, les marines de guerre des États peuvent sillonner librement les mers, y compris à l'intérieur des zones économiques exclusives où la liberté de navigation est totale, et des mers territoriales où la navigation est libre sous réserve de se conformer aux règles du libre passage inoffensif. D'autre part, ces marines de guerre ne peuvent accomplir en mer des actes anormalement agressifs envers les autres bâtiments, en s'arrogeant, par exemple, un droit d'interférence, ou en les arraisonnant sans mandat international.

L'obligation de comportement pacifique s'inscrit dans le cadre plus global de l'interdiction du recours à la force ou à la menace

---

de l'Union européenne, Donald Tusk, a fait référence à la question après le sommet UE-Chine pour insister sur la nécessité d'un système international fondé sur des règles respectées par tous. Quant au ministre des Affaires étrangères français, il a proposé l'organisation de patrouilles de l'UE dans la zone pour faire respecter la liberté de navigation.

[177] Leszek Buszynski, "Law and Realpotitik. The Arbitral Tribunal Ruling and the South China Sea", *Asian Yearbook of International Law*, 2015, vol. 21, p. 121-140.

d'emploi de la force dans les relations internationales (art. 2 § 4 de la charte) et se traduit par l'obligation faite aux États de régler pacifiquement leurs différends (art. 2 § 3 de la charte).

Les perspectives d'un règlement diplomatique

L'obligation impérative de régler pacifiquement les différends internationaux implique l'obligation d'entreprendre et de poursuivre des négociations directes avec la ou les autres parties impliquées dans le différend, de le faire de bonne foi, avec la volonté de parvenir à un accord équitable. Comme l'a souligné la Cour internationale de Justice dans son arrêt du 20 février 1969 sur l'affaire du *plateau continental de la mer du Nord* (CIJ Rec. 1969, p. 47), « les parties ont l'obligation de se comporter de telle manière que la négociation ait un sens, ce qui n'est pas le cas lorsque l'une d'elles insiste sur sa propre position sans envisager aucune modification ; les parties sont tenues d'agir de telle sorte que, dans le cas d'espèce et compte tenu de toutes les circonstances, des principes équitables soient appliqués ».

Ces obligations se retrouvent dans la convention sur le droit de la mer : interdiction d'utiliser la force ; obligation de négocier et de régler les différends de manière pacifique ; obligation de ne pas compromettre ou entraver, pendant la période de transition, la conclusion d'un accord définitif. On les retrouve également, appliquées à la situation de la mer d'Asie du Sud-Est, dans la déclaration adoptée par l'ASEAN en 2002 : obligation de ne pas prendre d'initiative qui pourrait compliquer ou envenimer les différends ; ne pas occuper les îles inhabitées ; obligation de régler les différends dans un esprit de coopération et de compréhension mutuelle.

Le principe de retenue ou de modération figure également dans le règlement international pour prévenir les abordages en mer (RIPAM, ou *ColReg* selon l'acronyme anglais) ; adopté par l'OMI en 1972, il fixe des règles de priorité entre les navires selon leur direction, leur capacité de manœuvre et leurs moyens de propulsion. Plusieurs dispositions du règlement ont été, selon le tribunal arbitral, ignorées par les navires chinois dans les alentours de Scarborough, causant de sérieux risques de collision avec les navires philippins.

La négociation

Le plus souvent, la négociation n'est qu'un élément d'un processus plus vaste : soit elle est le préalable à une procédure de règlement (par arbitrage, par exemple), soit elle facilite l'achèvement de la procédure (en cas de règlement juridictionnel, par exemple). Les modalités de la négociation sont multiples : bilatérale ou multilatérale ; entre chefs d'État et de gouvernement ou entre ambassadeurs et diplomates, ou encore entre plénipotentiaires à l'issue de conflits armés… La négociation doit être menée « de bonne foi » par les parties : cette formule qui figure dans nombre de textes internationaux est une obligation de moyen, non de résultat, comme le rappelle la chambre spéciale du tribunal du droit de la mer dans sa décision sur l'affaire *Ghana/Côte d'Ivoire* le 23 septembre 2017[178].

Les négociations ne dépendent pas de l'intervention d'un tiers ; elles ne peuvent se faire que dans un cadre bilatéral pour les Paracels et multilatéral entre les États concernés pour les Spratleys. Encore faut-il qu'il y ait une volonté réelle de négocier de la part des différents partenaires. Et pour cela, leur faire admettre l'existence même d'un différend. Ce simple constat n'est pas évident à reconnaître dans les enceintes internationales ; la République populaire de Chine a tout fait pour éviter qu'il soit fait mention des tensions en mer d'Asie du Sud-Est lors de la rédaction du communiqué final des sommets de l'ASEAN, avec l'accord tacite, voire la bienveillante neutralité, de certains pays membres.

[178] Paragraphe 604 de la décision.

Car la Chine maintient qu'il n'y a rien à négocier pour les Paracels. Pour les Spratleys, Pékin développe la proposition selon laquelle il convient de réserver la question de la souveraineté et de discuter plutôt d'une forme d'exploitation commune entre les États concernés par les richesses de la zone ; les autres États, notamment le Viêt Nam, ne l'entendent pas ainsi ; les négociations sont de ce fait dans une impasse.

L'enquête internationale

Elle consiste à rechercher les faits présentés comme étant à l'origine d'un litige ; il s'agit de constater leur matérialité, leur nature, les circonstances qui les accompagnent, et de les consigner dans un rapport remis aux parties. Le plus souvent, cette tâche est confiée à une commission. La procédure est facultative dans son déclenchement : la commission d'enquête est constituée par un accord spécial précisant les faits à examiner, les modalités de sa composition, les délais de son activité et l'étendue de ses pouvoirs. La procédure est également facultative dans sa portée : le rapport n'a aucun caractère obligatoire, les parties restent donc libres de la suite à lui donner, d'autant que la commission établit les faits sans tirer de conclusion, ni faire de proposition. Donc l'enquête ne se suffit pas en elle-même comme moyen de règlement ; mais elle joue un rôle complémentaire utile.
En mer d'Asie du Sud-Est, une telle procédure n'a jamais été proposée. Elle permettrait pourtant de faire la lumière sur des incidents tels que le harcèlement de navires de pêche ou de bâtiments de recherche sismique, ou la rupture de câbles sous-marins ; un rapport d'enquête n'a pas pour but de pointer la responsabilité des protagonistes, encore moins d'incriminer. Mais en établissant la simple matérialité des faits, il permet d'entamer des négociations sur une base solide.

Les bons offices

Le recours à un ou plusieurs tiers permet de faciliter la négociation entre des parties qui ne souhaitent pas avoir d'échanges directs et de garantir le respect de la solution. Ce mode de règlement a été codifié dans les conventions de La Haye des 29 juillet 1899 et 18 octobre 1907. L'intervention du ou des tiers peut être plus ou moins active. Dans le cas des bons offices, une puissance tierce offre son entremise pour faire cesser un litige ou est invitée à le faire par les parties à un conflit. Le tiers utilise son influence morale ou politique pour établir le contact entre les parties. En principe, le tiers ne prend pas part aux négociations. Sa tâche est terminée lorsque les adversaires acceptent de se rencontrer et entament des négociations.

Pour le Viêt Nam, la présence d'une puissance tierce peut augmenter les chances de succès d'une négociation bilatérale ; elle pourrait aussi mener à une médiation, voire une conférence, sur les questions d'ordre multilatéral.

Les accords intervenus entre le Viêt Nam et la Chine sur les lignes de démarcation des eaux territoriales, de la zone économique exclusive et du plateau continental dans le golfe du Tonkin, ou encore l'établissement d'une commission mixte sur la coopération économique et commerciale, sont sans doute le résultat de l'implication de tierces parties qui ont conduit Pékin à modérer ses ambitions et à privilégier la conciliation et la coopération. Ainsi, après ces accords, le ministère chinois des Affaires étrangères a-t-il commencé d'unifier la politique chinoise de la mer en renforçant la coordination entre les onze agences gouvernementales différentes qui gèrent les questions maritimes. Il est question également de limiter les initiatives des autorités provinciales, comme celles de Hainan, qui donnent pouvoir aux garde-côtes d'aborder les navires étrangers dans les eaux revendiquées par la Chine…

La conciliation internationale

La procédure de la conciliation internationale consiste à faire examiner un différend par un organe (en général une commission ; exceptionnellement une personnalité : ainsi la conciliation du secrétaire général des Nations unies entre la France et la Nouvelle-Zélande pour le règlement de l'affaire du

Rainbow Warrior en 1986) qui fera des propositions en vue d'un arrangement. La conciliation peut alors inclure une enquête (une commission de conciliation établit les faits), mais débouche toujours sur la proposition des termes d'un règlement global. La conciliation repose toujours sur un accord préalable ; mais la solution proposée ne s'impose pas aux parties. Le procédé est très utilisé dans la pratique internationale ; il est même présenté comme le procédé de droit commun par l'article 66 de la Convention de Vienne sur le droit des traités pour les litiges relatifs aux cas de nullité ou de suspension des traités, ou par la convention sur le droit de la mer.

Les contentieux en mer d'Asie du Sud-Est ne constituent pas une somme de différends bilatéraux ; certains le sont, notamment les Paracels, mais la plupart des autres impliquent plusieurs États, ce qui rend l'écheveau difficile à démêler. Afin d'améliorer la compréhension entre les États, le Conseil pour la sécurité et la coopération en Asie-Pacifique (CSCAP) a organisé depuis 1993 des dialogues officieux dits de *Second track,* associant des officiels et des intellectuels. Ces réunions sont censées faire émerger les préoccupations des États concernés, leurs attentes, ainsi que les perceptions des différents cercles du pouvoir dans les pays de la région. Un tel dialogue peut préparer l'ouverture de négociations diplomatiques. Dans le cas du *Shangri-La Dialogue,* les États sont représentés par des diplomates ; cette procédure offre donc une meilleure gestion des différends par les ministères des Affaires étrangères et les responsables de la sécurité. Mais, lors de ces réunions, les officiels sont réticents à envisager les voies de règlement juridique et ont tendance à durcir leur position. C'est notamment le cas de Pékin qui ne participe au *Shangri-La Dialogue* qu'avec défiance, et à un niveau ministériel inférieur à celui des autres acteurs.

Enfin, il ne faut pas négliger le rôle des dialogues transcontinentaux tels que ceux qui existent avec l'Europe (ASEM) ou les Amériques (APEC). Les pays de l'ASEAN peuvent s'assurer du soutien de ces partenaires, identifier parmi eux un éventuel conciliateur ; encore faut-il que la formule soit acceptée par la Chine, car la conciliation repose toujours sur un accord préalable des parties concernées.

La médiation

Offerte ou demandée, la médiation consiste à mettre en contact les protagonistes (comme les bons offices) ; mais de plus, le médiateur propose les bases d'une négociation et intervient dans le déroulement de cette dernière pour favoriser le rapprochement des points de vue. Néanmoins le médiateur ne propose pas de solution. En pratique, la médiation est confiée à des représentants de gouvernements tiers, à des organisations (comme le Comité international de la Croix-Rouge), et surtout à des personnalités influentes sur la scène internationale (comme le secrétaire général des Nations unies).

On cite comme exemples de médiation celle du Saint-Siège dans le différend opposant l'Argentine et le Chili au sujet du canal de Beagle, celle du président américain Carter entre l'Égypte et Israël en 1978, celle de la Norvège pour la préparation des accords d'Oslo sur le Moyen-Orient en 1993. Le rôle que jouent les États qui ont offert leurs bons offices ou leur médiation dans une négociation visant à mettre fin à un conflit est parfois rappelé quand vient la signature de l'accord de paix : ce fut le cas des cinq du groupe de contact (Allemagne, États-Unis, France, Royaume-Uni, Russie) lors de la signature des accords de Dayton mettant fin au conflit entre les Républiques de l'ex-Yougoslavie.

La médiation en mer d'Asie du Sud-Est devrait impliquer une puissance extérieure à la région. Mais aucun des États concernés n'en veut (pour des raisons différentes). En particulier, la Chine ne tolère pas l'interférence de puissances étrangères, notamment occidentales[179] ; et dans cette

[179] La Chine souligne l'hypocrisie des médias occidentaux qui critiquent ses interventions en mer de Chine mais passent sous silence les vastes zones

éventualité, elle s'y opposerait vivement. Un soutien tacite des États-Unis aux pays d'Asie du Sud-Est ne fait pas problème ; mais toute forme d'implication directe dans les négociations aurait un effet négatif sur la recherche d'une solution. Il convient donc de trouver des solutions régionales à ce conflit.

Des négociations dans le cadre des organisations internationales

Le recours aux organisations internationales s'explique par leur importance croissante dans la promotion de la stabilité et de la sécurité. Les organisations internationales – universelles ou régionales – sont en effet le cadre de négociations permanentes ; elles jouent donc naturellement le rôle d'intermédiaires pour le règlement des litiges internationaux.

L'implication de l'ASEAN

Le Chapitre VIII de la Charte de l'ONU est consacré aux organisations régionales. Non seulement la Charte affirme la compatibilité des accords régionaux avec le système de l'ONU, mais elle précise que le règlement des différends doit se faire prioritairement dans le cadre régional. Néanmoins le Conseil se réserve la possibilité de se saisir « à tout moment » d'une affaire. Dans la pratique, la tendance au Conseil de sécurité depuis quelques années est d'appuyer les efforts régionaux de règlement.

En Afrique, des commissions *ad hoc* ont été créées par l'Union africaine pour régler plusieurs conflits ; en Europe, la Conférence sur la sécurité et la coopération en Europe (CSCE) a institutionnalisé une commission de conciliation et d'arbitrage. En Asie, dans le cadre de l'ASEAN (Association des Nations de l'Asie du Sud-Est), le traité d'amitié et de coopération signé à Bali en 1976 pose plusieurs principes généraux (non-recours à

économiques exclusives appropriées par les puissances occidentales du fait de leurs conquêtes coloniales. Cf. Peter Nolan, « Archipels impériaux », *Agone*, 2014, n° 3, p. 175-198.

la force, règlement pacifique des différends), et prévoit un mécanisme régional de résolution des différends par le truchement d'un haut conseil ministériel qui jouerait le rôle de bons offices, médiateur ou conciliateur. Cet organisme n'a jamais eu à intervenir pour l'instant en raison de l'efficacité de la diplomatie préventive, informelle, en vigueur au sein de l'ASEAN.

L'ASEAN, une association régionale au service des États membres

Composée de dix pays différents, peuplée de près de 600 millions d'habitants, neuvième économie mondiale, l'Association des nations d'Asie du Sud-Est est un marché en pleine expansion (avec plus de 5 % de croissance annuelle en moyenne). La déclaration de Bangkok qui est l'acte fondateur de l'ASEAN date du 8 août 1967. Il s'agissait d'un simple accord entre les ministres des Affaires étrangères qui ne créait pas une organisation internationale. À l'origine, l'ASEAN n'avait donc pas la personnalité juridique ; d'ailleurs, elle n'avait pas non plus de budget propre. Ce n'est qu'avec la signature de la charte ASEAN, le 20 novembre 2007 (entrée en vigueur le 15 décembre 2008), qu'elle se dote (art. 3 de la charte) de la personnalité juridique.

L'organisation est marquée depuis sa création par une méfiance à l'égard des constructions théoriques auxquelles elle préfère l'empirisme et l'expérimentation ; elle ne se fixe ni échéance, ni date butoir. Son approche relève davantage du code de bonne conduite que d'une méthode juridique et formaliste comme en Europe. De plus, le conflit et les rapports de force ne font pas partie de la culture régionale ; ainsi, il est toujours possible de revenir en arrière sans que cela apparaisse comme un échec. Enfin, les institutions s'effacent devant la personnalisation du pouvoir et les contacts amicaux entre les dirigeants. Les négociateurs s'alignent toujours sur le plus petit commun dénominateur. Le respect scrupuleux de la souveraineté des États, de leur mode de développement et de leurs choix

politiques fait que l'ASEAN est au service des États qui la composent.
Ces pays, anciennement colonisés (à l'exception de la Thaïlande), ayant subi l'occupation japonaise pendant le second conflit mondial, souhaitaient se soustraire à la guerre froide et neutraliser la région ; la déclaration de Bangkok se prononce expressément pour l'indépendance de la région et contre « les ingérences extérieures, quelque forme que celles-ci puissent prendre » ; peu après, la « déclaration sur la neutralisation de l'Asie du Sud-Est » adoptée par la conférence des ministres le 27 novembre 1971 proclame le « Sud-Est asiatique, zone de paix, de liberté et de neutralité, à l'abri de toute sorte ou forme d'intervention étrangère ». Aujourd'hui encore, l'organisation réaffirme régulièrement sa volonté de définir un modèle régional sans intervention extérieure, selon un rythme qui lui est propre.
Simple association intergouvernementale, l'organisation s'engage en 1992 dans la coopération économique avec la volonté de créer une zone de libre-échange de l'ASEAN (*Asean Free Trade Area*, *AFTA*), impliquant non seulement la diminution des tarifs douaniers, mais aussi l'élimination des restrictions quantitatives et des barrières non tarifaires. Il s'agit aussi d'encourager les mouvements de capitaux et de renforcer les infrastructures en matière de transports et de communications. L'*AFTA* est entrée en vigueur le 1er janvier 2003.
Puis à partir de 1997 (à la suite de la crise financière asiatique), l'organisation adopte une démarche d'intégration à la fois économique, politique et institutionnelle.
Sur le plan économique, une série d'accords conclus entre 1997 (accord douanier) et 2009 (accord sur le commerce des biens, *ATIGA*), met en place les éléments d'un marché unique et d'une libre circulation des biens et services, ainsi que des dispositions sur le règlement des différends. La démarche se poursuit sur le plan des investissements avec l'accord de 2009 (*ACIA*). La crise financière pousse l'organisation à développer un dialogue avec les trois puissances économiques d'Asie du Nord-Est, la Chine, le Japon et la Corée du Sud, qui aboutit à l'institutionnalisation

en 1999 du Groupe ASEAN+3 désormais chargé de veiller à la stabilité financière en Asie et de contribuer au développement économique.
Sur le plan politique, la communauté régionale trouve sa traduction juridique dans la charte élaborée en 2006 et signée le 20 novembre 2007, à l'occasion du 40e anniversaire de la création de l'organisation. Ce texte trace les contours d'une institution qui présente quelque ressemblance avec la construction européenne : le texte de la charte est censé « codifier toutes les normes, règles et valeurs de l'ASEAN » et « réaffirmer les principes, les objectifs et les idéaux » contenus dans les textes de base de l'ASEAN. Mais il va en réalité bien au-delà. L'objectif fixé est en effet d'établir « une communauté ASEAN, puis une union ASEAN » (recommandation du Groupe de personnalités éminentes qui a préparé le projet de charte).
Tout en réaffirmant le principe de l'égale souveraineté, la charte ajoute de nouveaux postulats : la responsabilité collective pour assurer la paix, la sécurité et la prospérité dans la région (article 2 § 2b) ; des consultations renforcées sur les questions affectant sérieusement l'intérêt commun de l'ASEAN (article 2 § 2g). Une déclaration sur les droits de l'homme est adoptée lors du sommet de Phnom Penh le 19 novembre 2012. Le texte s'inscrit dans la logique de la Déclaration universelle des droits de l'homme.

Au total, l'organisation se présente comme reposant sur trois « piliers » : la communauté économique, la communauté socioculturelle, et une communauté politique, devenue « communauté politique et de sécurité de l'ASEAN » dans la déclaration de Bali (9e sommet de l'ASEAN en 2003).

Mais il ne faut pas conclure trop vite à une institutionnalisation à marche forcée : la charte réaffirme que la consultation et le consensus sont les principes fondamentaux de l'organisation ; lorsqu'un consensus ne peut être atteint, la question est transmise au sommet pour décision. C'est particulièrement le cas de la « communauté » de sécurité qui est en réalité un partenariat[180], axé sur l'organisation de forums multilatéraux qui sont censés favoriser le dialogue ; les quelques initiatives annoncées (lutte contre la piraterie, coopération pour la lutte antiterroriste et la cyber sécurité) ne sont pas financées et n'avancent que grâce au financement de partenaires extérieurs (Japon, Australie, États-Unis). Pour l'essentiel, la sécurité fait l'objet d'accords bilatéraux : accord de coopération de défense Malaisie-Philippines, coopération maritime Philippines-Indonésie, exercices navals communs Singapour-Indonésie, exercices militaires communs Malaisie-Thaïlande… Les États sont en effet réticents à déléguer au niveau régional un élément essentiel de leur souveraineté.

C'est ce qui explique le caractère informel de la coopération, la faible institutionnalisation de l'ASEAN si souvent critiquée. Pourtant, il apparaît que cette organisation a accompli une tâche similaire à celle de l'Union européenne en apportant la paix, la stabilité et la prospérité dans la région. De plus, elle est devenue un exemple à suivre en Asie et au-delà. L'organisation a acquis un rayonnement international indiscutable. Elle a participé à la résolution de la crise cambodgienne, en imposant une méthode de travail adaptée à la fin de la guerre froide. Elle a intégré sans heurts les anciens ennemis de cette période : le Viêt Nam en 1995, le Laos et Myanmar en 1997 et le Cambodge en 1999. Elle contribue au maintien de la stabilité dans une région qui était jusque dans les années 1990 un enjeu de l'opposition Est-Ouest. Elle a également favorisé la stabilité intérieure des pays membres par le respect scrupuleux des systèmes de chacun et l'absence d'ingérence dans les affaires intérieures.
Du point de vue des relations extérieures, le succès de l'ASEAN est d'avoir réussi à faire percevoir la zone comme un ensemble homogène, malgré l'extraordinaire variété des peuples, des langues, des cultures et des religions. Consciente

[180] Kai He, "Facing the Challenges: Asean's Institutional Responses to China's Rise", *Issues and Studies*, 2014, n° 3, p. 137-168 ; Sophie Boisseau du Rocher, "La communauté de sécurité de l'ASEAN: progrès et obstacles", *Politique Étrangère*, 2017, n° 2, p. 39-51.

de sa faiblesse par rapport aux grandes puissances extérieures et afin de se positionner comme un acteur régional, l'association a multiplié la création de forums de discussion multilatéraux. À ce titre, elle entretient depuis 1994 le Forum régional ASEAN (*ARF*) qui réunit les pays de l'organisation, 17 partenaires (Chine, Japon, Australie, Russie, Union européenne, États-Unis, Canada...) et des observateurs. L'objectif du forum est de créer un climat de confiance entre les États et de réduire ainsi la possibilité que les différends dégénèrent en conflit. Pour les membres de l'ASEAN, ce *talk shop* est le moyen d'entretenir des discussions régulières et des consultations sur les différents problèmes de la région, notamment les questions de sécurité. L'objectif réel de ses initiateurs était de fournir un cadre de dialogue avec une Chine dont l'émergence préoccupe la région. Les spécialistes considèrent que la participation au forum permet d'atténuer l'inégalité des rapports de force et constitue le meilleur moyen d'éviter un acte d'agression unilatéral. Bien que le forum reste centré sur des procédures informelles, il s'est, avec le temps, institutionnalisé : même si la présidence, annuelle, est exercée à tour de rôle par les différents ministres des Affaires étrangères, le rôle du président a été renforcé ; un bureau chargé du forum travaille au sein du secrétariat de l'ASEAN ; le forum a désormais son propre site internet ainsi qu'un fonds destiné à financer des projets spécifiques.
Parallèlement, il faut mentionner l'existence depuis 2006 de ce que l'on appelle *l'ADMM+*, c'est-à-dire la conférence régionale des ministres de la Défense de l'ASEAN, à laquelle se joignent six pays partenaires ; depuis 2009, une conférence des hauts officiels de la Défense des pays de l'ASEAN (ADSOM) réunit les chefs d'état-major, et des groupes de travail d'experts ont été mis en place en 2010 pour étudier la coopération en matière de terrorisme, de sécurité maritime ou d'assistance humanitaire en cas de catastrophe ; enfin, depuis 2002 (attentat de Bali), se tient annuellement une réunion informelle du renseignement militaire pour mettre en place une plate-forme régionale.
Depuis 1996, dans un cadre régional plus vaste, les réunions au sommet Asie-Europe (*Asia-Europe meeting: ASEM*) regroupent 46 pays d'Europe et d'Asie (dont la Russie et la Chine), plus le

secrétariat général de l'ASEAN et la commission européenne. C'est un forum de dialogue multilatéral réunissant tous les deux ans les chefs d'État et de gouvernement des deux régions afin de discuter des thèmes mondiaux, qu'ils soient politiques, économiques et de sécurité.

D'abord informelle, l'ASEAN+3, évoquée plus haut, s'est structurée lors du troisième sommet à Manille en 1999. L'association regroupe les dix pays de l'ASEAN et leurs trois partenaires de dialogue de l'Asie du Nord-Est : la Chine, la Corée du Sud et le Japon. Elle est peu institutionnalisée et s'organise autour des sommets (qui rassemblent les chefs d'État et de gouvernement), les réunions ministérielles (réunions des ministres des Affaires étrangères, réunions des ministres des Finances, de l'Économie, de l'Agriculture, du Tourisme...) et les réunions des hauts fonctionnaires, organe de gestion chargé de préparer les sommets et les rencontres ministérielles. Les rencontres A+3 sont en charge de deux grandes séries de questions : la politique étrangère et de sécurité d'une part, les questions économiques et financières d'autre part. Sur le plan politique et sécuritaire, les problèmes d'actualité sont examinés, comme, par exemple, la lutte contre le terrorisme ou encore la question nucléaire nord-coréenne. Sur le plan économique, l'A+3 traite des enjeux tenant au développement de l'interdépendance entre les économies de l'Asie de l'Est. Lorsque les tensions se sont avivées à propos de la mer d'Asie du Sud-Est, l'A+3 est apparu comme un forum plurilatéral permettant la recherche d'un consensus ; selon l'*Asean Way*, il s'agit de désamorcer les conflits, ou de les faire passer au second plan, afin de développer « un espace de réconciliation régionale »[181].

Enfin, en 2005, est organisé le premier sommet de l'Asie de l'Est (*East Asia Summit, EAS*) qui réunit annuellement les États de l'ASEAN+3, l'Australie, la Nouvelle-Zélande et l'Inde.

---

[181] Sophie Boisseau du Rocher, *L'ASEAN et la construction régionale en Asie du Sud-Est*, Paris, L'Harmattan, 1998, p. 242.

L'ASEAN et la question de la mer d'Asie du Sud-Est

La question de la mer d'Asie du Sud-Est précédemment examinée sous l'angle du droit international (le droit de la mer), de la géopolitique (litiges territoriaux), de l'économie internationale (exploitation des ressources de la mer), de la politique intérieure (ressentiments et nationalisme des populations de la région) présente un autre aspect : le rôle joué par l'organisation régionale, l'ASEAN. D'autant que cette dernière s'est dotée très tôt d'instruments relatifs à la résolution pacifique des conflits.

Adopté en 1976, le TAC (Traité d'amitié et de coopération) prévoit un code de bonne conduite destiné à faciliter les relations interétatiques au sein de l'organisation et à éviter les conflits potentiels. Le TAC énumère une série de principes énoncés déjà dans la charte des Nations unies : non-intervention dans les affaires intérieures, respect de l'indépendance et de la souveraineté, règlement pacifique des différends et non-usage de la force. Le TAC met en place un Haut-Conseil chargé de gérer la résolution des conflits éventuels ; or, depuis la création de l'ASEAN, aucun État membre n'a sollicité le Haut-Conseil…

L'organisation se heurte en effet à une difficulté de taille : tenter de résoudre pacifiquement un conflit territorial opposant quatre de ses membres à Taïwan et à la République populaire de Chine, tout en préservant sa neutralité sur la question de la souveraineté. Car la neutralité a fait l'objet d'un des premiers textes adoptés par l'ASEAN, en novembre 1971, à Kuala Lumpur : la résolution sur la création d'une « Zone de paix, de liberté et de neutralité » (*Zone of Peace, Freedom and Neutrality*, *ZOPFAN*) ; la notion est également présente dans la déclaration de Bangkok, en décembre 1995, sur la *Southeast Asia Nuclear Weepon-free Zone* (*SEANWFZ*) et dans la déclaration de Bali créant la « communauté de politique et de sécurité de l'ASEAN ».

Parce que les États membres concernés (Brunei, Malaisie, Philippines et Viêt Nam) sont divisés quant à l'immixtion de l'organisation régionale dans la résolution des conflits maritimes, cette dernière répugne à intervenir comme médiatrice. Elle préfère plutôt préserver sa neutralité sur la question de la souveraineté et se concentrer sur un mécanisme de règlement afin d'éviter toute escalade, un mécanisme qui impliquerait ses membres, ainsi que la Chine : c'est ce qu'elle a fait en facilitant l'adoption de la déclaration sur la conduite des parties en mer de Chine du Sud (*DOC* : *Declaration on the conduct of parties*) et en entretenant des négociations sur un code de conduite contraignant (*COC*).

La procédure a été lente : à partir de 1990, des pourparlers impliquant la Chine sont organisés en Indonésie et à Singapour, deux États qui ne sont pas directement impliqués dans le conflit. En 1996, des négociations pour un code régional de bonne conduite sont entamées ; il s'agit de coordonner la lutte contre la piraterie, la contrebande et le trafic de drogue en faisant participer la Chine. Cette dernière avait d'abord refusé, préférant les discussions bilatérales ; c'est ainsi qu'elle avait refusé de signer la première déclaration sur la mer de Chine méridionale adoptée à Manille en 1992 ; puis Pékin a progressivement changé d'attitude et adopté, au moins sur le plan des principes, le code de conduite de l'ASEAN et son style de diplomatie informelle. Cette ouverture, au moins de façade, fut illustrée par la signature du *DOC* en novembre 2002, la Chine étant le premier État non membre à ratifier le document en octobre 2003.

DOC* : *Declaration on the conduct of parties

Dans ce texte, les dix États membres et la Chine réaffirment leur respect des principes énoncés dans la charte des Nations unies, dans la convention sur le droit de la mer, et dans le traité d'amitié et de coopération. Les parties s'accordent pour régler leurs différends par des moyens pacifiques, « sans recourir à la menace ou à l'usage de la force, à travers des consultations amicales et des négociations, conformément aux principes reconnus du droit international ». Ils s'engagent en outre à éviter toute initiative qui pourrait aggraver un différend et affecterait la paix et la stabilité (notamment l'abstention de toute action d'installation sur les îles, récifs et bancs actuellement inhabités) et à faire tous les efforts nécessaires pour « construire des relations de confiance entre eux ». Le *DOC* rejette donc l'usage de la force en mer d'Asie du Sud-Est et propose, plutôt que des solutions de fond sur la question de la souveraineté, l'établissement de normes de conduite communes. Cinq domaines de coopération sont énumérés dans le document : protection de l'environnement marin, recherche scientifique marine, sécurité de la navigation et des communications, recherche et sauvetage en mer, lutte contre la criminalité transnationale.

Ce document de nature politique n'est pas contraignant. Il ne peut servir à empêcher ou régler les conflits entre bateaux ou flottes de pêche en mer d'Asie du Sud-Est, par exemple, en prévoyant le recours à une instance arbitrale en cas d'abus dénoncé par l'une des parties. Aussi, lors de son adoption, le *DOC* était-il perçu comme un document-cadre, devant servir d'assise pour un engagement plus précis et contraignant[182] : un engagement toujours en discussion dans le cadre d'un *Asean-China Senior Officials Meeting on the Implementation of the DOC* et d'un *Asean-China Joint Working Group on the Implementation of the DOC* depuis 2004 ? Certes, des *Guidelines for the Implementation of the DOC in the South China Sea* ont été signées par la Chine et les membres de l'organisation en juillet 2011 à Bali dans le cadre des réunions de l'ASEAN+3 et de *l'ASEAN Regional Forum* ; mais il ne s'agit pas d'un code de conduite. L'adoption de ce dernier est régulièrement évoquée lors des rencontres avec la Chine, et remise à plus tard[183]... Si bien que certains se demandent si la

[182] Le vœu d'établir un véritable code de conduite est expressément souligné au paragraphe 10 de la déclaration.

[183] Benoît de Tréglodé, « Le facteur Chine dans la politique vietnamienne au début du mandat de Donald Trump », *Monde Chinois*, 2016, n° 48, p. 102.

Chine le souhaite sérieusement ou cherche simplement à gagner du temps. En faisant durer les négociations sans engagement précis, Pékin poursuit deux objectifs : consolider ses positions dans les Spratleys ; montrer qu'elle est capable de conclure un accord avec l'ASEAN, en invitant les puissances extérieures à ne pas s'immiscer dans les affaires de la région.

Le 6 août 2017, un *memorandum of understanding* a été signé par les pays de l'ASEAN et la Chine définissant le cadre de discussion d'un code de conduite en mer de Chine méridionale qui devrait être validé avant la fin de l'année 2017... Mais des désaccords subsistent sur plusieurs points en discussion : l'étendue géographique couverte par l'accord (la Chine prétend en exclure les Spratleys et les Paracels)[184], les restrictions à la construction sur les îlots occupés et inoccupés, les activités militaires dans la zone des Spratleys et la possibilité d'arrêter et de détenir des pêcheurs opérant dans des zones contestées. Surtout, ce code sera-t-il contraignant et comportera-t-il un mode de règlement des conflits obligatoire ? C'est peu probable : la Chine n'acceptera pas un code de conduite juridiquement contraignant qui inclurait un mécanisme obligatoire de règlement des conflits ; d'ailleurs, elle demande que l'accord soit signé par les ministres des Affaires étrangères, alors que l'ASEAN souhaite qu'il soit ratifié par les parlements nationaux et déposé auprès des Nations unies.

Les seuls progrès enregistrés concernent l'adoption en 2016 d'une déclaration commune ASEAN-Chine sur l'application d'un code de conduite en cas de rencontres imprévues en mer de Chine du Sud, et de directives pour l'établissement d'une ligne téléphonique directe (*hotline*) entre les ministres des Affaires étrangères pour les situations d'urgence en mer.

---

[184] La question concerne aussi la participation de Taïwan à l'accord, les membres de l'ASEAN ne reconnaissant que la République populaire de Chine.

L'impuissance de l'ASEAN

Le nombre d'incidents, souvent violents, a augmenté depuis le début des années 2010 en mer d'Asie du Sud-Est : arrestation de pêcheurs par les garde-côtes, rupture des câbles sous-marins, harcèlement des navires de surveillance…
En mai et juin 2011, des garde-côtes chinois ont ouvert le feu sur des navires de pêche vietnamiens opérant au large du Viêt Nam, faisant cinq morts. De leur côté, les Philippines ont officiellement averti, en juin 2011, le gouvernement chinois qu'elles défendront leurs intérêts dans la zone. En avril 2012, sur le récif de Scarborough revendiqué par les Philippines et la République populaire de Chine, un navire philippin qui tentait d'arrêter des pêcheurs chinois suspectés de braconnage a été empêché de le faire par deux navires chinois de surveillance. Des frictions ont suivi entre les navires et une tension diplomatique entre Pékin et Manille, la Chine imposant unilatéralement des sanctions commerciales aux Philippines.

Cette affaire a mis en lumière la relative impuissance de l'ASEAN. En effet, lors de la réunion des ministres tenue à Phnom Penh en juillet 2012, le Cambodge, président de séance, refusa d'évoquer la question dans le communiqué final, au motif que ce conflit de souveraineté sur un territoire constitue une affaire bilatérale et non multilatérale[185].

---

[185] Réunis à Phnom Penh en juillet 2012, les dix membres de l'Association n'ont pas pu s'entendre sur les termes d'un communiqué final en raison de leur désaccord sur la question de la mer dite de Chine méridionale. Manille a accusé le Cambodge, hôte de la conférence et allié de Pékin, de s'être « constamment opposé à toute mention de l'atoll de Scarborough ». « J'ai dit à mes collègues que la conférence des ministres de l'ASEAN n'est pas un tribunal, un lieu où juger un conflit », a déclaré le ministre cambodgien Hor Namhong. Son homologue indonésien, Marty Natalegawa, s'est déclaré « très déçu qu'à la dernière minute, les pays de l'Asean ne soient pas capables de s'entendre sur la mer de Chine méridionale… Nous avons connu tellement de problèmes par le passé, mais nous avions toujours réussi à nous accorder et à parler d'une seule voix… ».

Par la suite, en mars 2014, la marine chinoise empêcha deux navires philippins d'approvisionner une petite garnison installée dans le *Sierra Madre*, un vieux cargo volontairement échoué sur un banc de sable, à 200 milles nautiques de la côte philippine. Pékin affirma que les navires transportaient des matériaux de construction destinés à édifier des structures, en contradiction avec le *DOC*. De son côté, le gouvernement philippin expliqua que le banc se trouvant dans sa zone économique exclusive, il exerçait son droit souverain de l'exploiter sans la permission d'autres États. La situation se compliqua quand les États-Unis offrirent leur assistance aux Philippines ; puis quand les travaux effectués par la Chine sur les îlots des Spratleys qu'elle occupe furent largement médiatisés. En mai 2014, le déploiement par la Chine de la plateforme pétrolière HD-981 dans la zone économique exclusive du Viêt Nam suscita une vive réaction des autorités de Hanoï. Ces affaires semblèrent restaurer un semblant d'unité au sein de l'ASEAN : à la demande du Viêt Nam, une déclaration ponctuelle sur la situation en mer de Chine méridionale fut adoptée exprimant les « graves préoccupations » de l'organisation concernant les évolutions récentes[186]. Mais la déclaration ne condamne personne et n'offre aucune perspective de sortie de crise. De même, en juillet 2015, le communiqué final des ministres des Affaires étrangères réunis à Kuala Lumpur se contenta de rappeler la nécessité d'adopter un code de bonne conduite, formel et contraignant.

Car la Chine joue habilement des divisions au sein de l'organisation. Ainsi, après la décision du tribunal permanent d'arbitrage en 2016 et son rejet de cette décision, Pékin a annoncé l'octroi d'un prêt avantageux de 500 millions de dollars au Cambodge avant de réussir à dissuader l'ASEAN réunie en sommet à Vientiane (dont elle avait d'ailleurs financé une partie des infrastructures) de citer la Chine dans son

---

[186] « Déclaration relative à la situation actuelle en mer de Chine méridionale », ministres des Affaires étrangères de l'ASEAN, Nay Pyi Taw, 10 mai 2014.

communiqué final du 25 juillet 2016[187]. Les signataires se sont contentés d'exprimer leurs « graves préoccupations » face aux récents développements dans les eaux contestées et de prendre note des inquiétudes de certains membres devant les revendications territoriales et l'escalade des activités qui ont « érodé la confiance, accru les tensions et qui pourraient fragiliser la paix, la sécurité et la stabilité dans la région ». Comme les Philippines et la Malaisie qui avaient espéré aller plus loin, le Viêt Nam a avoué sa déception. La veille, son ministre des Affaires étrangères avait averti que la militarisation de la zone par Pékin avait valeur de « test pour l'unité et la centralité du rôle de l'ASEAN », confrontée collectivement à son plus grand défi sécuritaire. À l'évidence, la Chine continuera à user de toutes les ressources du *hard* et du *soft power* dont elle dispose désormais pour éviter que le test ne soit réussi.
Il en est allé de même quelques mois plus tard, lors d'une rencontre ASEAN-Chine à Kunming : l'obstruction de la Chine à l'adoption d'un document particulièrement critique à son égard, par le biais de ses alliés au sein de l'organisation, a suscité une grande frustration parmi les autres États membres ; la Malaisie a d'ailleurs choisi d'en diffuser une version préliminaire auprès des médias.

L'histoire, le niveau de développement très disparate et les intérêts nationaux de chacun des membres rendent donc la recherche d'une position commune très difficile[188]. Une difficulté encore accentuée par la faiblesse de l'organisation en tant que telle. Le choix commun de l'*Asean Way* fait du Forum

---

[187] La présidence laotienne a fait savoir qu'en l'absence de consensus, aucun communiqué commun ne serait publié sur la décision arbitrale de juillet 2016. « Asean abandons Joint Statement on Ruling », *Bangkok Post*, 14 juillet 2916.

[188] Sur l'absence de cohésion régionale en Asie en général, et en Asie du Sud-Est en particulier, cf. Simon Chesterman, "Asia's ambivalence about international law and institutions: past, present and futures", *The European Journal of International Law*, 2016, n° 4, p. 945-978 ; Alan Yang, "The South China Sea Arbitration and its Implications for ASEAN Centrality", *Asian Yearbook of International Law*, 2015, vol. 21, p. 83-95.

régional de l'ASEAN (*ARF*) – imaginé pour jouer un rôle central dans les questions de sécurité en Asie du Sud-Est – une instance marginale et inefficace. En effet, les principes de l'*Asean Way* – non-ingérence dans les affaires intérieures, résolution pacifique des conflits et interdiction de l'emploi de la force – sont incontestables et dignes de respect ; mais l'expérience montre qu'ils sont un obstacle à une coopération effective. L'insistance mise sur la recherche du consensus a conduit à une politique du plus petit commun dénominateur et les questions cruciales sont évitées plutôt que d'être affrontées. Pour Frédéric Lasserre[189], l'ASEAN est une « association encore peu soudée d'États économiquement concurrents ». Dans l'espoir d'éviter tout risque de conflit régional à propos de la délimitation des espaces en mer d'Asie du Sud-Est, l'ASEAN constitue un forum de dialogue. Mais l'association ne dispose pas d'une autorité supranationale, ce qui limite sa force d'attraction non seulement comme puissance économique, mais aussi comme puissance politique capable de défendre des intérêts communs dans des négociations internationales.

La recherche d'une solution est d'autant plus délicate que la coopération en matière de sécurité au sein de l'ASEAN ne doit pas provoquer d'inquiétudes et augmenter la méfiance de ses voisins – la Chine en particulier – vis-à-vis d'un éventuel « bloc » contre eux. La coopération reste de ce fait ambigüe quant à la définition des objets de discussion aux forums de sécurité et a réduit le niveau d'engagement des parties à une simple déclaration, au lieu d'un code structuré de règles et principes plus stricts.

Cette coopération se révèle également limitée dans les actions face à la Chine et à d'autres acteurs mondiaux alors que les crises internes se multiplient (Thaïlande, Malaisie, Philippines...), que les écarts de développement économique s'amplifient, et surtout que les perceptions divergent sur l'utilité de cette diplomatie régionale. Certains proposent d'ailleurs de

---

[189] *Le dragon et la mer. Stratégies géopolitiques chinoises en mer de Chine du Sud*, Paris, L'Harmattan, 1996, p. 27.

recourir à un autre organisme, l'*APEC* (*Asia Pacific Economic forum*), structure intergouvernementale créée en 1989 à l'initiative de l'Australie et des États-Unis, et qui inclut notamment la Chine, la Corée, le Japon et la plupart des pays d'Asie du Sud-Est.
Au final, il semble que cette organisation, dont les décisions sont abondamment étudiées, déploie des mécanismes destinés à éviter les conflits plutôt que de les régler.

Une organisation sous influence

La Chine voit dans l'ASEAN une sorte de pré carré. Elle pratique une puissante stratégie d'influence auprès des États de l'association, abordés un par un ; profitant des divisions au sein de l'organisation, elle propose des coopérations économiques et financières attractives, ainsi que des rapprochements diplomatiques et sécuritaires pour faire de la mer d'Asie du Sud-Est un « lac de prospérité et d'harmonie ».

La montée en puissance de la Chine sur les plans économique et stratégique se fait sentir au premier chef dans cette région en raison de la proximité géographique et culturelle, mais surtout des difficultés des pays de l'ASEAN à définir une politique commune. De plus, après la crise financière de 1997-1998 qui a sévèrement touché les pays de la région, l'aide apportée par la Chine a été appréciée ; elle est apparue comme un partenaire plus fiable que les États-Unis ou le Fonds monétaire international. C'est alors que l'ASEAN a resserré ses liens économiques avec la Chine en concluant d'une part l'accord de l'*ASEAN-China Free Trade Area* (*ACFTA*) en 2002, accord qui fait de la Chine un véritable « aimant commercial » pour les économies de la région, et d'autre part le « partenariat stratégique pour la paix et la prospérité » signé en 2003. Plus récemment, au cours de son voyage dans les pays d'Asie du Sud-Est en septembre – octobre 2013, le président Xi Jinping a annoncé un projet de « ceinture terrestre et route maritime de la soie » (*One Belt, One Road, OBOR*, selon l'acronyme anglais)[190]. La voie terrestre est destinée à articuler l'Asie orientale aux Républiques d'Asie centrale et, à travers elles, à l'Europe occidentale et au Proche-Orient ; la route maritime qui emprunte la mer d'Asie du Sud-Est doit aboutir à l'Afrique orientale et au canal de Suez. Le plan chinois, comparé au plan Marshall[191], vise à sécuriser l'acheminement des produits chinois vers les centres de consommation en Europe, Afrique et Asie et à créer des couloirs économiques susceptibles de stimuler la croissance dans 65 pays d'Asie du Sud-Est, d'Asie centrale, d'Afrique orientale et d'Europe : 65 pays qui comptent pour 60 % de la population mondiale, mais seulement un tiers environ de la richesse, et qui sont censés accueillir, grâce à l'initiative chinoise, de nouvelles infrastructures : ports, routes, voies ferroviaires, pipelines… En novembre 2014, un « fonds de la route de la soie » a été créé, avec un capital initial de 40 milliards de dollars destinés à financer directement des projets précis. Ces fonds s'ajoutent à ceux de la Banque asiatique d'investissement pour les infrastructures (100 milliards de dollars), une autre initiative chinoise à laquelle la plupart des pays concernés et d'autres grandes économies se sont joints. Autre projet qui concerne les riverains du fleuve Mékong (Cambodge, Laos, Thaïlande et Viêt Nam) : le gouvernement chinois leur a proposé en novembre 2015 la création d'un mécanisme de coopération Lancang-Mékong (CLM) destiné à porter un programme de développement régional de grande envergure. Il s'agit de financer des travaux d'infrastructures (réseaux ferroviaires, voies navigables, ports) pour développer un maillage des transports dans la région.

Les discours accompagnant ces initiatives permettent de constater « la montée en puissance en Chine d'un discours « asiatiste ». Ainsi, l'intrusion occidentale aurait amené le colonialisme et les guerres. Le retour de la puissance chinoise

---

[190] Le sommet inaugural de la *Belt and Road Initiative* (*BRI*) s'est tenu à Pékin les 14-15 mai 2017.

[191] « China's Marshall Plan », *The Wall Street Journal*, New York, 11 novembre 2014.

permettrait de recréer l'ordre hégémonique sinocentré du passé, facteur de paix, débarrassé des ingérences occidentales dans les affaires intérieures des États. Xi Jinping en appelle à une nouvelle architecture régionale de sécurité »[192]. Ainsi l'*emporium*, la domination économique facilite-t-elle l'*imperium*, l'hégémonie politique…

L'influence chinoise est favorisée par les divisions au sein de l'ASEAN. Ainsi, si les Philippines et le Viêt Nam sont directement opposés aux prétentions chinoises, les positions ne sont pas figées comme en témoignent l'élection de Rodrigo Duterte à la présidence des Philippines et le rapprochement de son gouvernement avec Pékin[193]. De son côté, la Malaisie préconisait une « diplomatie silencieuse » malgré des incursions répétées des navires chinois dans sa zone économique exclusive depuis 2013 ; pourtant, en 2015, le gouvernement malaisien a adopté publiquement une approche beaucoup plus ferme. Brunei a une position plus conciliante ; le sultanat refuse de prendre part à des discussions informelles entre les États en conflit afin d'éviter d'incommoder la Chine. L'Indonésie et Singapour ne sont pas directement impliquées[194], mais craignent l'influence chinoise dans la région. La Thaïlande et le Laos[195] affichent une neutralité bienveillante envers Pékin. Enfin, le

---

[192] Pierre Grosser, « Le Viêt Nam sera-t-il le meilleur allié des États-Unis en Asie ? » In *Hérodote*, « Les enjeux géopolitiques du Vietnam », p. 82.

[193] Le nouveau président philippin appelle à une « séparation » avec les États-Unis et à une révision de l'accord de défense datant de 1951. Le rapprochement avec Pékin vise à préserver l'accès des pêcheurs philippins aux ressources halieutiques autour du récif de Scarborough contrôlé par la Chine depuis 2012. La visite du président philippin en Chine en octobre 2016 a permis une avancée en ce sens, les pêcheurs philippins ayant de nouveau accès à la zone.

[194] Encore que la « ligne en neuf tirets » empiète sur la zone économique exclusive de l'Indonésie à proximité des îles Natuna.

[195] La Chine est le principal investisseur étranger au Laos. Pour la Thaïlande, la Chine est en 2016 le premier marché d'exportation (à hauteur de 10,8 %) et le plus important importateur (21,7 %).

Myanmar et le Cambodge[196] sont des alliés « objectifs » de la République populaire de Chine ; ces États ont été les premiers bénéficiaires des largesses de la Chine en termes d'avantages commerciaux, d'investissements et de projets de développement[197].

Ainsi, bien qu'une majorité des membres de l'ASEAN entraînée par le Viêt Nam se prononce en faveur de l'adoption d'une position plus ferme de l'organisation face à la Chine, l'opposition d'un petit nombre d'États empêche aujourd'hui l'organisation de présenter un front uni. De ce fait, l'Asie du Sud-Est est incapable de s'opposer aux prétentions de la Chine.

Si elle ne peut s'opposer frontalement, l'ASEAN tente cependant de contenir la stratégie expansionniste de la Chine. Sur le plan politique[198], pour contrebalancer l'influence chinoise estimée trop prégnante, les pays de l'ASEAN impliquent les puissances extérieures : surtout les États-Unis, mais aussi l'Union européenne et la Russie. Exemple : le forum régional de l'ASEAN réunit les ministres des Affaires étrangères des pays membres, ainsi que ceux de la Chine, de l'Inde, du Japon, de la Russie, des États-Unis et de l'Union européenne. Chaque réunion annuelle traite des questions d'intérêt commun, notamment des problèmes de sécurité. Certes, l'influence de l'*ARF* est « indirecte » ; mais elle n'est pas ineffective pour autant. Autre exemple : l'ASEAN+3 discute de ces questions de sécurité, et pas seulement de la coopération économique et financière.

---

196 Pékin a été l'un des rares soutiens au premier ministre Hun Sen lorsqu'il s'est emparé du pouvoir en 1997.

197 Jean-Raphaël Chaponnière, « La Chine investit sa périphérie », *Outre-Terre*, 2016, n° 2, p. 119-129.

198 Ralph Pettman, "China's Region building Strategy in Southeast Asia", *in* Emilian Kavalski, *China and the global politics of regionalization*, Sydney, Ashgate, 2009, p. 139-152 ; Pascal Abb et Georg Struver, "Regional Linkages and Global Policy Alignment: The case of China-Southeast Asia Relations", *Issues and Studies,* 2015, n° 4, p. 33-83.

Donc, l'ASEAN veille à contourner la prédominance de la Chine en invitant des puissances susceptibles de compenser, voire de neutraliser, l'influence chinoise, notamment les États-Unis. Avec cet effet pervers, plus la Chine insiste pour renforcer les relations avec l'organisation, plus l'ASEAN recherche des appuis auprès de puissances étrangères à la région. À titre d'exemple, la participation est plus large et à un niveau de délégation plus élevée pour le *Shangri-La Dialogue* (conférence sur la sécurité en Asie) initié par les États-Unis en 2002, que pour la conférence sur la politique de sécurité de l'*ARF* soutenue par Pékin[199].

Sur le plan économique, les observateurs estiment qu'il ne faut pas surestimer la dépendance des pays de l'ASEAN à l'égard de la Chine. Ils relèvent[200] l'exagération de certaines analyses concernant la domination économique et financière de la Chine dans la région, souvent due à certaines déclarations chinoises reprises sans vérification par les journalistes. Ainsi, ces derniers majorent-ils le rôle du *China-ASEAN Free Trade Trade agreement* (*CAFTA*) dans le développement des échanges. Ils exagèrent de façon générale l'intégration des économies de la région avec celle de la Chine : la plupart commercent davantage avec les États-Unis, le Japon et l'Union européenne qu'avec la Chine[201].
C'est pourquoi la Chine semble adopter une posture moins agressive : en raison de l'impact désastreux produit dans la région par sa décision d'implanter la plate-forme pétrolière HD-981 au large des Paracels et à 100 milles nautiques des côtes vietnamiennes en mai 2014, le gouvernement chinois semble avoir renoncé à toute nouvelle exploration pétrolière dans les

---

[199] Sheng Lijun, "China and ASEAN in Asian Regional Integration", *in* WANG Gungwu, *China and the new international order*, Nottingham, Routledge, 2009, p. 270 et 277.

[200] Cf. la chronologie du rapprochement Chine-ASEAN depuis 1975 jusqu'à nos jours : Sheng Lijun, *op. cit.* p. 256-261.

[201] Sheng Lijun, *op. cit.* p. 266.

eaux disputées avec le Viêt Nam, mais aussi dans les zones économiques exclusives de l'Indonésie, de la Malaisie et des Philippines. Il semble également tenir compte des réactions de plus en plus critiques de la Malaisie, du Viêt Nam et de l'Indonésie à l'égard des pratiques agressives des pêcheurs chinois. Au regard de l'ampleur des défis internes qu'elle doit gérer, la préservation de la paix dans son environnement régional demeure une priorité pour la Chine. D'ailleurs, en janvier 2017, le livre blanc sur la politique sécuritaire chinoise en Asie-Pacifique énumère les grands axes de la politique chinoise dans la région et énonce la volonté de Pékin d'assumer un rôle de leader en matière de sécurité régionale et de formuler les règles du jeu en Asie. Mais à la différence des précédents livres blancs sur la défense nationale, le nouveau document est focalisé sur les aspects positifs des rapports entre la Chine et les principaux acteurs politiques d'Asie. Même dans les rapports avec les États-Unis et le Japon, l'accent a été mis sur les côtés positifs, bien que certains problèmes et menaces soient reconnus. Le partenariat stratégique actuel avec la Russie y est fortement salué. La Chine met l'accent sur la continuité des mécanismes de dialogue déjà en place en Asie de l'Est et du Sud-Est et souligne sa volonté de s'y tenir. Elle invite les pays de la région à mettre de côté leurs différends et à s'engager dans un développement conjoint (mais sans expliquer comment fonctionnerait un tel développement conjoint ni proposer de cadre d'application). Elle appelle à résoudre les problèmes de sécurité régionale sur la base d'un large compromis entre les puissances régionales, à éviter l'internationalisation des conflits et le règlement de ces derniers au sein des instances judiciaires internationales ou en recourant à des forces extrarégionales. Elle recommande aux petits pays de ne pas opter pour des coalitions avec de grandes puissances. Il s'agit toujours de privilégier le cadre d'un dialogue bilatéral…

Car il demeure que, pour des raisons stratégiques et économiques, la sécurisation des côtes est vitale, ainsi que la liberté de manœuvre dans les espaces maritimes qui la bordent. C'est ce qui explique ses initiatives parfois agressives, comme si cette puissance mondiale était prête à assumer les inconvénients d'une politique de force, à l'instar des États-Unis avant elle.

La responsabilité de l'Organisation des Nations unies

Les lacunes et insuffisances de la Société des nations en matière de maintien de la paix étaient présentes à l'esprit des rédacteurs de la charte des Nations unies ; c'est pourquoi, tout en prévoyant la compétence du Conseil de sécurité et de l'Assemblée générale, ils ont confié prioritairement le maintien de la paix au Conseil (institutionnalisant ainsi la responsabilité des grandes puissances dans ce domaine) ; c'est le sens de l'article 24 § 1 de la charte des Nations unies : « Afin d'assurer l'action rapide et efficace de l'Organisation, ses membres confèrent au Conseil de sécurité la responsabilité principale du maintien de la paix et de la sécurité internationales et reconnaissent qu'en s'acquittant des devoirs que lui impose cette responsabilité, le Conseil de sécurité agit en leur nom ».

Le Conseil de sécurité peut être saisi par un État membre, impliqué ou non dans le différend (article 35 § 1), par un État non membre des Nations unies (article 35 § 2) à condition qu'il soit partie au différend et accepte les obligations de la charte ou par l'Assemblée générale (article 11 § 3) et le secrétaire général (article 99) pour suppléer l'éventuelle carence des États. Le Conseil reste libre d'accepter ou non l'examen (c'est pourquoi le premier débat porte sur l'inscription de la question à l'ordre du jour du Conseil). S'il décide d'intervenir, le Conseil peut faire appel à tous les moyens non juridictionnels de règlement : il peut faire procéder à une enquête ; il peut recommander les termes d'un règlement (dans ce cas il agira par l'intermédiaire d'une commission intergouvernementale, ou de personnalités comme la Commission de médiation dans l'affaire du Cachemire entre l'Inde et le Pakistan en 1948 ; ou le secrétaire général après l'invasion du Koweït par l'Irak en 1990) ; il peut également inviter les parties à recourir à un mode de règlement déterminé (article 36 § 1), ses organes subsidiaires pouvant alors être chargés de surveiller l'application du règlement (par exemple, des forces de maintien de la paix).

L'intervention du Conseil de sécurité sur les conflits en mer d'Asie du Sud-Est ne s'était pas imposée jusqu'ici comme une évidence. En effet, la Chine en tant que membre permanent du Conseil a la possibilité d'empêcher toute initiative dans la mesure où elle est membre permanent et dispose du droit de veto. Elle en a d'ailleurs usé en 1988 lorsque le Viêt Nam a tenté de saisir le Conseil. La situation est peut-être en train d'évoluer sous la pression des événements : ainsi, depuis 2012, les Philippines et le Viêt Nam ont choisi d'évoquer ce dossier devant l'Assemblée générale des Nations unies à New York. Il s'agit pour ces États d'internationaliser au maximum le conflit et de réclamer le soutien de ceux qui souhaitent une gestion pacifique et équitable des mers et des océans, conformément au droit.

L'Assemblée générale des Nations unies est un forum politique plus qu'une instance de règlement. Cependant, elle garantit l'égalité entre États et peut prendre position à la majorité de ses membres. Elle dispose d'une compétence générale (article 10 : toutes questions ou affaires rentrant dans le cadre de la charte...) et de compétences particulières pour le règlement des différends : l'article 11 lui permet de faire des recommandations sur les questions de maintien de la paix, et d'attirer l'attention du Conseil de sécurité ; l'article 14 l'autorise à faire des recommandations sur les mesures nécessaires au rétablissement de la paix.

Mais la charte impose deux limites à l'action de l'Assemblée générale : elle ne peut faire de recommandation dans une affaire examinée par le Conseil (elle ne peut qu'en discuter : article 12), et le Conseil conserve en toute hypothèse le monopole des actions coercitives (chapitre VII).

Faute d'obtenir l'attention du Conseil de sécurité en raison du veto chinois, les États concernés s'efforcent d'obtenir une action de la part de l'Assemblée générale des Nations unies. Peut-on imaginer de réactiver le mécanisme « Union pour le maintien de la paix » de la résolution 377 de l'Assemblée générale, tel qu'il fut mis en œuvre à l'initiative de Dean Acheson en 1950 à l'occasion de la guerre de Corée, afin de déployer des casques bleus en mer d'Asie du Sud-Est ?

Le rôle modérateur du Viêt Nam

La position constante du Viêt Nam est de trouver un règlement des problèmes dans ce que les Vietnamiens appellent « la mer de l'est » par des moyens pacifiques, sur la base du droit international, notamment la convention des Nations unies sur le droit de la mer. Dans l'attente d'un règlement, les parties concernées devraient manifester de la retenue et faire tous les efforts possibles pour maintenir la paix et la stabilité, au lieu d'utiliser la menace ou la force, conformément à la charte des Nations unies et aux principes du droit international, en particulier les cinq principes de la coexistence pacifique. Elles devraient également mettre en œuvre la déclaration sur la conduite des parties dans la mer de Chine méridionale (*DOC*, 2002), les six principes sur la mer de Chine méridionale et la déclaration conjointe ASEAN-Chine adoptée à l'occasion du dixième anniversaire de la déclaration, en 2012 ; elles devraient enfin œuvrer de concert pour établir un code de conduite des parties dans la mer d'Asie du Sud-Est.

Les questions qui se posent dans la zone sont compliquées dans la mesure où elles impliquent non seulement les États de la région mais aussi des puissances extérieures intéressées par la paix, la stabilité et la sécurité maritime. La position officielle du Viêt Nam est que les questions impliquant seulement deux États devraient être traitées de façon bilatérale (c'est le cas des Paracels), alors que celles mettant en cause plusieurs États devraient être discutées entre les parties concernées. Concernant les Spratleys, le Viêt Nam demande l'application stricte de la convention sur le droit de la mer. Ainsi, contrairement à d'autres États, le Viêt Nam refuse de revendiquer des zones au-delà des 12 milles marins autour des îlots disputés : car ces derniers sont des récifs et non des îles (et de ce fait, ne peuvent permettre de créer une zone économique exclusive). Le Viêt Nam respecte totalement la liberté de navigation et assure, en collaboration avec les parties concernées, la liberté et la sécurité de la navigation dans la zone, conformément aux dispositions de la convention sur le droit de la mer. Hanoï approuve pleinement les efforts d'autres États pour maintenir la paix et la stabilité, ainsi que la liberté de navigation. Pour autant, le Viêt Nam entend protéger sa souveraineté, et garantir ses droits souverains, ses droits de juridiction et ses intérêts légitimes dans cette mer ; il se concerte avec les parties concernées pour discuter des zones en litige au-delà des 200 milles marins de sa zone économique exclusive, sur la base du droit international et de la convention sur le droit de la mer. Il entend contribuer à une coopération régionale sur la sécurité maritime, la recherche scientifique des milieux marins, la protection de l'environnement, les secours en mer, la prévention des crimes, en vue de contribuer à des relations de confiance, à la paix et la prospérité dans la région.

Ce bref aperçu de la position officielle du Viêt Nam illustre la modération et la retenue dont son gouvernement fait preuve, tout en restant ferme sur les principes et ses prétentions territoriales : une politique constante depuis les années 1990.

La politique étrangère du Viêt Nam après le *Doi Moi*

En 1995, le Viêt Nam célébrait trois grands succès : l'adhésion à l'ASEAN ; l'établissement de relations diplomatiques officielles avec les États-Unis ; la signature d'un accord-cadre avec l'Union européenne.

À la suite du processus d'ouverture initié en 1986 avec le *Doi Moi,* le Viêt Nam s'engage alors dans une politique d'intégration à la communauté internationale. Il reçoit le statut d'observateur de l'ASEAN en 1992 ; il adhère à l'organisation en 1995, après la levée de l'embargo nord-américain ; la même année il participe aux travaux de la Commission des pays riverains du fleuve Mékong[202]. La libéralisation économique à l'intérieur se traduit par une politique d'ouverture du Viêt Nam vers l'extérieur. Le contexte l'impose : fin de l'aide soviétique à partir de 1986 ; détente dans les relations internationales ; aggravation des difficultés économiques et sociales en raison de mauvaises récoltes. Cette politique se traduit par les accords de Paris et le retrait des troupes vietnamiennes du Cambodge, la normalisation des relations avec la Chine, la reprise des relations commerciales avec les voisins asiatiques et des relations diplomatiques avec l'ASEAN. En 1991, le gouvernement lance une politique de « multilatéralisation et de diversification » des relations extérieures afin de favoriser une « coopération internationale élargie ». La diplomatie du Viêt Nam entend alors maintenir un environnement international pacifique, créer des conditions internationales favorisant le *Doi Moi*, défendre la patrie et contribuer à la lutte des peuples du monde pour la paix, l'indépendance nationale, la démocratie et le progrès social. La principale difficulté est alors la gestion des relations croisées avec la Chine et la Russie, avec les États-Unis et la Chine, ou encore avec l'Inde et la Chine, tout en réglant des litiges frontaliers avec le Cambodge. La politique étrangère vietnamienne s'appuie à cette époque sur le slogan : « plus d'amis, moins d'ennemis ». Pourtant, le Viêt Nam rencontre des difficultés dans ses relations avec certains autres partenaires – Japon, États-Unis, Union européenne – sur les dossiers économiques, mais aussi sur la question des droits de l'homme.

---

[202] Bien qu'elle ne soit pas liée aux différends maritimes, la gestion par la Chine des ressources en eau de son territoire constitue un autre sujet de friction dans la région. La Chine a établi de nombreux barrages sur le cours du Mékong, qui joue un rôle vital dans l'irrigation en Asie du Sud-Est, notamment au Viêt Nam. Ces barrages doivent permettre de contrôler le débit du fleuve et de produire de l'électricité. Mais la Chine ne communique aucune information quant à ces aménagements, pour la plus grande inquiétude de ses voisins en aval qui craignent que les sécheresses qui frappent la région ne soient aggravées par ces travaux.

C'est pourquoi la coopération sino-vietnamienne s'impose. Les relations avec la Chine après le *Doi Moi* s'apaisent. De façon pragmatique, priorité est donnée à la coopération économique, par-delà les tensions et conflits liés au tracé des frontières, à la contrebande des produits chinois, ou au statut contesté des minorités ethniques chinoises sur le territoire vietnamien. Les conflits frontaliers semblent en voie de règlement : en 1991, les deux partenaires signent un accord sur la gestion des zones frontalières ; ils s'accordent en 1993 sur les principes permettant de régler les contentieux sur les frontières terrestres, ce qui favorise un accord sur ces frontières terrestres le 30 décembre 1999 ; le 25 décembre 2000, est signé un accord sur la délimitation des frontières maritimes dans le golfe du Tonkin (accord ratifié en juin 2004 par les assemblées nationales des deux États)[203]. L'accord qui repose sur la méthode de l'équidistance à partir des côtes du Viêt Nam et de la Chine se limite cependant au golfe et ne règle pas la question de la délimitation des zones maritimes des deux États au-delà. Il a été complété le même jour par un protocole sur la coopération en matière de pêche dans le golfe du Tonkin. Dans le même temps, le marché vietnamien est envahi de produits « *made in china* » ; le tourisme chinois se développe à grande échelle ; la langue chinoise est la deuxième langue étrangère enseignée dans le nord (après l'anglais) ; enfin, les visites et rencontres au sommet se multiplient. Donc, le rapprochement entre les deux pays après 1991 est spectaculaire.

Pourtant, le Viêt Nam ne peut cacher ses craintes devant la montée en puissance de la Chine. Ses objectifs sont de s'opposer aux prétentions chinoises dans la « mer de l'est », de faire cesser la contrebande aux frontières du nord, et plus généralement de contenir l'influence de la Chine dans la région, mais sans la rejeter totalement. L'adhésion à l'ASEAN était précisément pour le Viêt Nam un moyen de préserver son

---

[203] Benoît de Tréglodé, « Délimitation maritime et coopération sino-vietnamienne dans le golfe du Tonkin (1994-2016) », *Perspectives chinoises*, 2016, n° 3, p. 33-41.

indépendance à l'égard de la Chine, mais aussi de faire face aux critiques des pays occidentaux sur la question des droits de l'homme, et enfin d'engager des négociations sur la question de la mer orientale.

La question de la « mer de l'est »

Sur cette question, le Viêt Nam et les Philippines prônent l'établissement d'un front uni face à ce qu'ils considèrent comme l'expansionnisme chinois ; ils relancent l'idée d'un code de conduite contraignant en matière de règlement des différends. Et ils ne peuvent masquer leur malaise vis-à-vis de l'ASEAN qui ne peut être d'aucune aide sur le plan militaire, et dont l'appui diplomatique est peu probant jusqu'à présent. Il y a pourtant, de leur point de vue, urgence face à la « stratégie d'escalade calibrée de la Chine »[204] qui provoque nervosité et crainte permanentes d'être pris au piège.

Il faut rappeler qu'en 2010, le Viêt Nam préside le sommet de l'ASEAN : son gouvernement se fixe pour objectif d'apporter des suggestions concrètes en vue d'orienter l'organisation vers une authentique communauté ; Hanoï lance une série d'initiatives pour renforcer concrètement la coopération entre pays de l'ASEAN et améliorer l'image et le rôle de l'association auprès des partenaires. Deux sommets de l'ASEAN se tiennent cette année-là, ainsi que de nombreuses conférences ministérielles et des réunions de hauts fonctionnaires ; au plan international, le sommet de l'Asie de l'Est accueille pour la première fois la Russie et les États-Unis. À cette occasion, le Viêt Nam s'efforce d'internationaliser la question des possessions en mer orientale. Mais l'ASEAN manifeste alors son manque de cohésion, dans la mesure où l'Indonésie, la Malaisie et Singapour n'adhèrent pas à la proposition. Or, l'ASEAN est gouvernée par les principes du consensus et de la non-ingérence dans les affaires intérieures. De même, en 2012 le Viêt Nam impose des discussions sur la

---

[204] Sophie Boisseau du Rocher, « Le Vietnam et l'ASEAN : dépasser la stratégie de l'utilitaire », in *Hérodote*, n° 157, p. 66.

mise en place du « code de conduite en mer de Chine méridionale » ; mais Phnom Penh, allié de la Chine, préside l'ASEAN...
En ces deux occasions, face à Pékin qui entretient l'ambiguïté sur ses intentions, le Viêt Nam souhaitait une prise de position de l'ASEAN sur les questions de fond : souveraineté et légitimité. Or, l'ASEAN n'a jamais voulu intervenir sur un litige de souveraineté territoriale. La seule avancée est enregistrée en mai 2014 : les ministres réunis au Myanmar ont fait part de leurs « sérieuses préoccupations » ; mais ils n'ont pas rappelé – comme ils étaient en droit de le faire – que les manœuvres d'explorations menées par la Chine sur une zone revendiquée par d'autres sont incompatibles avec la déclaration de 2002. La Chine étant devenue un partenaire incontournable pour les pays de l'ASEAN, ces derniers préfèrent mettre de côté la question de la souveraineté pour privilégier l'évitement des conflits par la voie diplomatique.

Peut-être les initiatives agressives de la Chine provoqueront-elles une prise de conscience dans les années à venir et la constitution d'une politique de l'ASEAN à son égard : une politique sur le plan diplomatique, puisque l'organisation n'a pas vocation à servir d'institution militaire. Dans l'attente, bien que partie prenante, le Viêt Nam conserve une attitude pondérée face aux tensions qui ne cessent de se manifester et aux incidents qui en découlent.

Une attitude pondérée

Les avantages comparatifs du Viêt Nam, par rapport à d'autres membres de l'ASEAN, permettent à ce pays de faire entendre sa voix et de consolider sa position dans les affaires régionales. Ces avantages diplomatiques découlent des relations entre le Viêt Nam et la Chine d'une part, et celles entre le Viêt Nam et la Russie d'autre part. Le Viêt Nam est en effet le seul pays de l'association, en raison de son histoire ancienne et contemporaine, à entretenir des liens particuliers avec ces deux grands acteurs de la scène internationale. L'ancienneté de ces relations pourrait augmenter la capacité vietnamienne à

anticiper certains comportements d'acteurs, et pourrait profiter à l'ASEAN, augmentant ainsi le degré d'influence du Viêt Nam sur l'association.
Les échanges multiples entre les membres de l'association et la Chine relativisent « l'exclusivité vietnamienne », mais ne donnent certainement pas à ces États une connaissance approfondie de l'empire du Milieu. En outre, la relation particulière – amicale ou conflictuelle – entre le Viêt Nam et son voisin chinois est entretenue dans les négociations sur les contentieux qui restent encore à régler. À ce titre, « l'achèvement du bornage des frontières en février 2009 est un événement historique important dans les relations entre le Viêt Nam et la Chine », a affirmé le vice-ministre des Affaires étrangères Vu Dung. En outre, la continuité et l'intensité des échanges entre les partis communistes vietnamien et chinois jouent, dans une certaine mesure, un rôle structurant et stabilisant dans les relations entre les deux États[205].
L'ASEAN commence à mieux connaître l'Europe de l'Est grâce au processus ASEM. Dans ce domaine également, le Viêt Nam, ancien membre du bloc socialiste, a déjà acquis une certaine expertise. La Russie, qui ne saurait prendre le relais de l'URSS dans tous les domaines de coopération avec le Viêt Nam, a défini pourtant un cadre relationnel global en concluant avec lui un partenariat stratégique en 2001. Les avantages de ces relations bilatérales pourraient mettre en valeur la position vietnamienne dans l'ouverture de l'ASEAN vers l'extérieur.
Mais dans le même temps, le Viêt Nam tente de diversifier ses relations extérieures afin de rééquilibrer ses rapports avec l'ASEAN, dont chaque membre a ses propres préférences de politique étrangère, et d'augmenter ainsi sa marge de manœuvre lorsqu'un conflit d'intérêts risque de s'ouvrir entre l'association

---

[205] Benoît de Tréglodé, « Le facteur Chine dans la politique vietnamienne au début du mandat de Donald Trump », *Monde Chinois*, 2016, n° 48, p. 97-103. L'auteur insiste sur le fait que « la prépondérance des relations de parti à parti (PCC-PVC) détermine un type de relations tout à fait différent des liens d'État à État » (p. 101).

et l'extérieur. L'ambition de Hanoï est d'apparaître comme un élément médiateur et régulateur reconnu.
Autre illustration de cette attitude pondérée : la déclaration commune publiée le 17 octobre 2014, en marge du sommet Asie-Europe (ASEAM), du Premier ministre vietnamien Nguyen Tan Dung et de son homologue chinois Li Keqiang. Elle affirme que « la Chine et le Vietnam sont d'accord pour s'occuper ensemble des disputes territoriales maritimes avec toute la retenue nécessaire afin de les résoudre, surmonter les différends, réparer les dommages causés par les récentes tensions, coopérer dans l'exploitation des ressources, protéger la paix... ». Cette déclaration fait suite à la crise dite « de la plate-forme pétrolière chinoise » HD-981 installée dans la zone économique exclusive vietnamienne aux abords des îles Paracels en mai et juin 2014. La question figure également dans la déclaration officielle de l'ASEM. La Chine a œuvré jusqu'à la veille du sommet pour qu'elle n'y soit pas inscrite, puisqu'elle refuse que les disputes frontalières maritimes avec ses voisins soient examinées ou arbitrées par des instances internationales ; elle écarte par principe toute solution multilatérale, affirmant préférer un règlement bilatéral : un règlement impossible puisque la Chine affirme que les territoires maritimes en question font partie intégrante de son territoire. Dans ce contexte, le Viêt Nam applique sa tactique traditionnelle : plaider sa cause en Europe, chercher des soutiens diplomatiques.

Ses initiatives à l'égard de la Chine le prouvent, même si elles n'aboutissent pas toujours. Ainsi, des propositions d'exploitation commune ont été formulées dans les années 1990 par Hanoï ; mais la Chine se veut à la fois partie prenante et arbitre de l'accord qu'elle propose, en refusant, par exemple, l'adoption d'un code de conduite proposé par le Viêt Nam. Alors que, depuis 2002, l'amélioration des rapports entre la Chine et l'Association des nations d'Asie du Sud-Est avait amorcé une phase de détente, la Chine a renouvelé ses revendications durant l'été 2010, accompagnant son discours de forages et d'opérations symboliques.

Autre illustration d'une coopération bilatérale biaisée : la Chine et le Viêt Nam ont signé le 25 décembre 2000 un accord sur la délimitation des frontières maritimes dans le golfe du Tonkin, ainsi qu'un accord de pêche qui concerne une zone à cheval sur les deux zones économiques exclusives des deux pays. Cette zone commune de pêche est gérée par un comité sino-vietnamien ; ce dernier donne les autorisations de pêche, détermine les quantités annuelles et le nombre de prises possible d'après des études communes sur les ressources halieutiques. Le comité est également chargé de gérer les conflits liés à la pêche. L'accord prévoit également que le Viêt Nam et la Chine s'engagent à explorer ensemble les fonds marins et à exploiter en commun les ressources en hydrocarbures.
Cet accord avec la Chine n'a cependant pas convaincu le gouvernement vietnamien pour deux raisons : à la différence des zones communes de pêche mises en place par la Chine avec le Japon ou avec la Corée, celle du golfe du Tonkin fait coexister des flottes dont les capacités de pêche sont dissymétriques ; d'autre part, et surtout, alors que l'accord prévoit une gestion commune, la Chine a décidé de façon unilatérale en 1999 d'imposer une interdiction annuelle de pêche de trois mois dans la partie nord de la mer d'Asie du Sud-Est, une partie qui intègre dans sa délimitation une portion de la zone économique exclusive du Viêt Nam ainsi que la zone commune de pêche...[206]

Néanmoins, la coopération est perceptible dans le golfe du Tonkin où la situation est qualifiée de « stable » par l'ambassade du Viêt Nam en Chine. En effet, les désaccords se sont apaisés depuis le début des négociations en 1993, la réouverture de la voie ferrée reliant les deux pays en 1996, ou encore le règlement des différends frontaliers terrestres par la signature du traité de Hanoï en 1999, ainsi que la célébration commune des soixante ans de leur relation. Une tendance

---

[206] Nathalie Fau, « La maritimisation de l'économie vietnamienne », *Hérodote*, n° 157, 2015, p. 52, 53.

confirmée en 2000 avec une meilleure application des résolutions communes : l'année 2006 a ainsi vu l'établissement d'une patrouille de contrôle conjointe de la police maritime vietnamienne et de l'administration chinoise du contrôle de la pêche, puis par les forces navales des deux pays.
Ces éléments prouvent qu'en dépit de la complexe question de la mer d'Asie du Sud-Est, les deux États peuvent mettre leurs différends de côté afin de construire des projets d'intérêt mutuel. Car la stabilité régionale est profitable pour les deux États : pour sa sécurité et son développement économique, le Viêt Nam doit conserver de bonnes relations avec la Chine ; quant à la Chine, tout conflit risquerait de ternir son image internationale ; de plus, des relations d'entente sont également de nature à créer des rapports de coopération entre la Chine et l'ASEAN dont le Viêt Nam, par sa population et le dynamisme de son économie, est l'un des membres les plus importants[207].
Étant donné la position dominante de la Chine, contenir les prétentions chinoises, faire prévaloir ses droits sur les îles Paracels et une partie des Spratleys, constituent pour le Viêt Nam autant de chantiers qui s'inscriront dans le temps. En raison de l'appui incertain de l'ASEAN, le soutien stratégique du Japon et des États-Unis lui est indispensable. D'un côté, le pays sait gérer le temps dans son rapport de force séculaire avec la Chine ; d'un autre côté, les dirigeants vietnamiens sont conscients que le rapprochement avec la Chine doit se faire rapidement : plus le temps passe, plus Pékin sera puissant ! Attendre signifie négocier à terme avec une Chine encore plus puissante. Pour l'instant, Hanoï utilise la stratégie du faible au fort préconisée par Sun Tzu : éviter l'affrontement direct quand les forces sont inégales ; appliquer ses forces sur les points faibles de l'adversaire ; garder le soutien populaire tout au long de l'offensive.
Mais dans le même temps, le Viêt Nam doit regarder au-delà de l'horizon chinois et trouver d'autres partenaires. Le pays tient

---

[207] Laurent Hou, « Les relations sino-vietnamiennes, entre expériences communes et disparités », *Relations Internationales*, China Institute, 2010, p. 9-12.

lieu de porte de sortie aux provinces méridionales de la Chine, mais il s'oriente de plus en plus vers des économies et des flux maritimes extérieurs à la région. Légitimement fiers de ce qu'ils ont obtenu jusqu'à présent, les dirigeants vietnamiens savent que le développement du pays ne passe pas seulement par la revitalisation et l'optimisation des forces intérieures, mais aussi par l'entretien de relations internationales dynamiques, tout en restant fidèle à sa politique de non-alignement.

Les perspectives : une approche en trois volets

Pour les dirigeants vietnamiens, l'approche politique des disputes en mer de l'est comporte trois volets[208] : associer d'autres États au règlement diplomatique des contentieux ; accroître ses propres capacités de défense ; construire un consensus national sur cette question.

Premier volet : internationaliser la question. Sur le plan officiel, Hanoï continue de réaffirmer, à chaque occasion, ses prétentions à la souveraineté, attestées par l'histoire et fondées en droit, sur les deux archipels. Les dirigeants vietnamiens soulignent la nécessité de résoudre les contentieux conformément au droit international, et notamment à la convention des Nations unies sur le droit de la mer de 1982 et la déclaration ASEAN sur la conduite des parties en mer de Chine méridionale de 2002.

La déclaration ASEAN signée avec la Chine, traduisait un effort pour prévenir une escalade des tensions en mer de Chine méridionale : engagement à résoudre les conflits par des moyens pacifiques et conformes au droit international ; volonté de s'abstenir de toute action susceptible d'entraîner des complications supplémentaires. Certes, les évolutions dans la zone ont amené les observateurs à s'interroger sur la pertinence de ce texte ; cependant, même non contraignant, cet accord

[208] Le Tran Anh, « Viêt Nam résistant » *Outre-Terre*, 2010, n° 2, p. 351-358.

contient la possibilité d'une approche multilatérale qui est profitable (à condition que l'ASEAN affiche un front uni).

L'insistance du Viêt Nam sur le respect de la convention sur le droit de la mer va dans le même sens. La convention contient en effet, en matière de revendications maritimes, des orientations qui, interprétées objectivement, contredisent les positions chinoises : ainsi la carte à neuf tirets des revendications maritimes chinoises ne s'étend pas seulement aux deux archipels contestés, mais à l'essentiel de la mer d'Asie du Sud-Est ; or, elle est manifestement dénuée de fondement juridique au regard de la convention (que la Chine a pourtant signée…). Cette ligne est parfaitement arbitraire et même irrationnelle ; le Viêt Nam aurait intérêt à s'associer à d'autres États de la région dont les intérêts sont négativement affectés par l'application unilatérale de ces revendications chinoises. Si la mer passe sous le contrôle de Pékin, les principales voies de communication des pays d'Asie du Sud-Est seraient exposées à un risque potentiel ; d'où l'intérêt commun des nations impliquées à promouvoir des solutions multilatérales fondées sur le droit international.
Par-delà les voisins asiatiques, le Viêt Nam veut susciter une prise de conscience au plan international et s'attirer des soutiens – tant diplomatiques que scientifiques et universitaires – sur d'autres continents. Y contribue le film documentaire *Mer et îles du Viêt-nam ; les origines séculaires* réalisé par HTV (juin 2015).

Certains experts plaident pour la saisine de la Cour internationale de justice, principal organe judiciaire des Nations unies. Mais cette démarche apparaîtrait comme d'ordre symbolique dans la mesure où la Cour ne peut régler un contentieux que si toutes les parties impliquées acceptent de la solliciter. Or, la Chine a refusé par avance un tel mode de règlement ; elle lui préfère des négociations bilatérales qui lui sont plus favorables.

Il existe donc peu de chances pour que ces différends soient résolus par les forums internationaux. Mais défier la Chine sur le plan du droit est une tactique qui peut améliorer la position du Viêt Nam sur le plan international. La Chine – puissance montante qui aspire à la reconnaissance et à un rôle international majeur – doit en effet témoigner d'un certain respect de la législation internationale et ne peut plus imposer arbitrairement ses volontés.

Deuxième volet : accroître les capacités de défense. Le Viêt Nam n'oublie pas que la Chine a recouru à la force pour s'emparer du groupe des Paracels sous administration sud-vietnamienne en 1974 et du récif Johnson dans les Spratleys aux dépens du Viêt Nam unifié en 1988. L'actuel renforcement de ses moyens militaires dans la zone accentue le risque d'une confrontation militaire. Le Viêt Nam a donc pris des mesures pour augmenter ses capacités de défense, notamment par l'acquisition d'armements perfectionnés : sous-marins de classe Kilo, chasseurs Su-30 russes, établissement d'une milice et de forces d'autodéfense maritimes coordonnées aux forces de la marine et de la police maritime.

La loi définit un cadre juridique pour une meilleure préparation à la défense dans le domaine maritime. En particulier, la milice maritime peut constituer une force d'appoint appréciable et être déployée rapidement en cas de conflit. Cette loi traduit la préoccupation des autorités vietnamiennes confrontées à toute une série d'incidents en mer : pêcheurs placés en détention par les Chinois, moratoire sur la pêche imposé unilatéralement dans certaines zones… De plus, le Viêt Nam développe une coopération en matière de défense avec des pays extérieurs à la région comme les États-Unis, la Russie, la France et l'Inde. Impliquer d'autres puissances est, pour les Vietnamiens, un facteur de stabilité dans la région. Les dirigeants restent cependant prudents afin d'éviter que Pékin ne considère ces démarches comme une menace.

Enfin, Hanoï a clairement fait savoir qu'il poursuit des objectifs à caractère exclusivement défensif. En décembre 2009, le gouvernement a rendu public son *Livre blanc sur la défense du Viêt Nam 2009*, qui contient un budget détaillé de la Défense pour confirmer ses dires[209]. Il a également proclamé sa volonté de ne pas recourir à la force dans les relations internationales et de ne pas intégrer une quelconque alliance militaire. Le document est clair sur ce point : « Quant aux contentieux en mer de l'est – espace maritime et insulaire –, l'indéniable souveraineté du Viêt Nam – Paracels et Spratleys incluses – est suffisamment attestée par l'histoire et fondée en droit, mais [Hanoï] reste toujours prêt à négocier avec toutes les parties concernées de façon à trouver des solutions pacifiques en conformité avec les règlements de la convention des Nations unies sur le droit de la mer de 1982 ». C'est d'ailleurs à l'invitation de ses homologues vietnamiens qu'un navire de la garde côtière chinoise a visité le port de Haiphong le 11 novembre 2016 : la première visite de ce type entre les garde-côtes des deux voisins asiatiques.

Troisième volet : assurer un consensus national. À cette fin, de nombreuses expositions sont organisées dans le pays pour illustrer la souveraineté vietnamienne sur les deux archipels avec des objets, des documents officiels anciens et des cartes. Il s'agit de promouvoir l'héritage culturel maritime du Viêt Nam, mais aussi de construire un consensus sur le problème des archipels et d'affirmer la souveraineté vietnamienne sur certaines zones de la mer de l'est. La ville de Da Nang qui administre formellement les îles Paracels a récemment introduit l'archipel en tant que sujet d'étude historique, géographique et

---

[209] Le Livre Blanc de 2009 rappelle dès son introduction les risques liés aux menaces traditionnelles : compétition entre les grandes puissances, prolifération d'armes de destruction massives, mais aussi disputes maritimes, tout particulièrement celles qui affectent « les souverainetés territoriales et les intérêts nationaux en mer de l'Est » et qui suscitent des « tensions » susceptibles de dégénérer en « conflits ». Les auteurs du livre blanc reconnaissent que ces disputes portent préjudice au développement d'une économie maritime appelée à prendre une part croissante dans la richesse nationale.

culturel dans le programme des collèges. En avril 2009, elle a également nommé un nouveau président du comité populaire du district insulaire de *Hoàng Sa* (Paracels), un geste symbolique qui a provoqué une protestation des Chinois dénonçant la mesure vietnamienne comme « nulle et non avenue ».

Les actions du Viêt Nam relatives aux Paracels montrent que le pays est décidé à s'engager dans un affrontement de longue durée sur le contrôle *de facto* de l'archipel par la Chine. Alors que les Chinois rejettent jusqu'à l'existence d'un contentieux sur ces îles, les Vietnamiens ont décidé que le meilleur moyen d'agir reste de garder l'opinion publique en éveil et d'éduquer les jeunes générations.

Le gouvernement a appelé les médias à diffuser davantage d'informations sur la protection de la souveraineté vietnamienne en mer de l'est. Cette initiative a été saluée par les médias vietnamiens ; en effet, Hanoï avait jusque-là tenté à plusieurs reprises de contrôler l'information sur ces questions pour éviter des complications diplomatiques avec Pékin[210].

Des possibilités de coopération, par-delà les désaccords ?

Au regard de l'immensité des espaces et de la diversité des activités sur les océans, les États ont un intérêt essentiel à coopérer. Toutes les conventions internationales relatives aux espaces maritimes, dans tous les domaines, mettent en avant l'exigence de coopération entre les États ; notamment la convention sur le droit de la mer (article 74 relatif à la délimitation de la zone économique exclusive et article 83 de la même convention relatif à la délimitation du plateau continental) qui invite les États, en attendant la conclusion d'un accord, à faire « tout leur possible pour conclure des arrangements provisoires de caractère pratique… dans un esprit

[210] Hannah Cotillon, "Territorial Disputes and Nationalism. A comparative Case Study of China and Vietnam", *Journal of Current Southeast Asian Affairs*, 2017, n° 1, p. 51-88.

de compréhension et de coopération ». La jurisprudence internationale va dans le même sens et fait de la coopération entre États une obligation fondamentale du droit de la mer. Sans préjudice des questions de souveraineté, des négociations peuvent être utiles pour définir les bases d'une coopération et d'une exploitation en commun des ressources. Les dossiers ne manquent pas qui nécessitent un traitement bilatéral ou régional.

D'autant que, depuis la signature de la convention sur le droit de la mer en 1982, suivie de son entrée en vigueur en 1994, les États signataires sont censés avoir procédé à la mise en conformité de leur législation avec les dispositions de la convention. Pourtant, un certain nombre d'entre eux exercent les droits qui leur sont conférés par l'accord sans pour autant exécuter les obligations que ce même accord leur impose, à savoir donner effet aux dispositions de la convention, les respecter et veiller à leur application. Les objectifs fixés par la convention sont de garantir la sécurité de la navigation, prévenir la pollution de toutes origines et en protéger le milieu marin, veiller à la conservation des ressources marines, biologiques et promouvoir la recherche scientifique : n'étant pas relatifs à des questions de souveraineté, ils pourraient être mis en œuvre à court terme.

Les objectifs à court terme.

La coopération internationale peut donc trouver une première application dans la protection de l'environnement marin. La section 2 de la partie XII de la convention est tout entière consacrée à la « coopération mondiale et régionale » dans ce domaine[211]. Les États ont l'obligation de coopérer à

[211] Article 192 : obligation des États de protéger et de préserver le milieu marin ; article 194 : obligation des États de prendre les mesures nécessaires pour prévenir, réduire et maîtriser la pollution du milieu marin, quelle qu'en soit la source (§ 1) ; obligation des États de prendre les mesures nécessaires pour que leurs activités, ou les activités placées sous leur contrôle, le soient de manière à ne pas causer de préjudice par pollution à d'autres États (§ 2). Article 208 § 1 : obligation des États d'adopter des lois et règlements afin de

l'élaboration de normes et de pratiques pour leur permettre d'assumer correctement cette fonction ; ils doivent coopérer en vue d'éliminer les effets de la pollution et de prévenir les dommages ; ils doivent enfin mettre en œuvre des programmes d'assistance aux États en développement ayant pour objet la protection du milieu marin et la maîtrise des pollutions. La jurisprudence internationale confirme cette obligation : dans l'ordonnance du 3 décembre 2001 (affaire de l'usine MOX), le tribunal international du droit de la mer fait de la prévention des risques de pollution une exigence absolue.

En mer d'Asie du Sud-Est, la coopération entre États est essentielle car 80 % de la pollution y est d'origine tellurique et provient principalement des activités agricoles et industrielles à terre (pesticides, fertilisants, déchets toxiques). Différents mécanismes de coopération régionale existent dans ce domaine : le « programme des mers d'Asie de l'Est » qui est un élément du programme environnemental des Nations unies (UNEP) vise à protéger les zones côtières d'Asie de l'Est ainsi que les mers d'Asie du Sud ; le « programme régional de partenariat dans la gestion de l'environnement des mers d'Asie de l'Est » qui inclut les membres de l'ASEAN et la Chine est mis en œuvre sous le patronage de l'Organisation maritime internationale, du programme des Nations unies pour le développement et de la Banque mondiale. C'est dans ce cadre que l'ASEAN et la Chine ont signé le 13 novembre 2017 une déclaration commune pour une décennie de protection de l'environnement côtier et maritime en mer de Chine du Sud. Mais le texte est une déclaration de principe, un catalogue de propositions, sans programme de mise en œuvre. S'il est précisé par un plan d'action – notamment la mise en place d'un mécanisme de coopération régionale avec l'assistance technique de l'Organisation maritime internationale – et si ce dernier est appliqué de façon effective, il contribuera à protéger cet « héritage commun » pour les générations futures.

---

prévenir la pollution qui résulte d'activités provenant d'îles artificielles, d'installations et d'ouvrages relevant de leur juridiction.

La recherche scientifique et le développement des techniques marines (parties XIII et XIV de la convention) constituent un autre domaine de coopération internationale. L'article 243 de la convention demande aux États de « créer des conditions favorables à la conduite de la recherche scientifique ». En raison de la solidarité existant entre tous les riverains des mers semi-fermées, l'article 123 de la convention les appelle spécialement à une coopération régionale dans tous les domaines[212] : en effet, la coopération régionale, généralement nécessaire pour une meilleure utilisation et une plus efficace protection du milieu marin et de ses richesses, apparaît indispensable dans le contexte d'une mer semi-fermée[213]. C'est dans ce cadre que les Philippines et le Viêt Nam ont créé une *Joint Oceanographic and Marine Scientific Research Expedition* entre 1996 et 2007. Les États riverains peuvent décider de renoncer à certains de leurs droits nationaux en vue de constituer un espace marin régional soumis à un régime d'exploitation et de protection commun. Ils peuvent aussi adopter des règles régionales aménageant l'exercice de droits maritimes par des pays de la région dépourvus de littoral maritime[214].

---

[212] Article 123 : coopération entre États riverains de mer fermée ou semi-fermée. « Les États riverains d'une mer fermée ou semi-fermée doivent coopérer entre eux dans l'exercice des droits et l'exécution des obligations prévues dans la convention. Il leur appartient notamment – directement ou par l'intermédiaire d'une organisation régionale – de coordonner la gestion et l'exploitation des ressources biologiques de la mer, de coordonner la protection et la préservation du milieu marin, de coordonner leur politique de recherche scientifique ».

[213] Recommandation reprise dans la *DOC*.

[214] Article 69 : droit des États sans littoral. « Les États côtiers ont l'obligation de donner à un État sans littoral de la même région le droit de participer à l'exploitation d'une part des ressources biologiques de leur zone économique exclusive ; les conditions et modalités de cette participation sont arrêtées par voie d'accords bilatéraux, sous-régionaux ou régionaux ; les États concernés ont l'obligation de coopérer en vue de conclure des arrangements permettant aux États en développement sans littoral de la même région de participer à l'exploitation des ressources biologiques de leur zone économique exclusive ».

Enfin, pour assurer la sécurité de la navigation, il existe une obligation de coopérer dans la lutte contre la piraterie, le trafic illicite de stupéfiants[215] et plus généralement le crime organisé. La lutte contre la piraterie et contre les trafics illicites (armes, stupéfiants, êtres humains, migrations clandestines ou encore les pêches illégales) est une préoccupation commune à tous les États riverains. L'Asie du Sud-Est demeure en effet le troisième foyer au monde de piraterie avec une recrudescence récente des attaques après quelques années de moindres activités. Cette situation s'explique par un contexte de mafias puissantes, de pauvreté endémique, de revendications indépendantistes et un irrédentisme religieux actif. Depuis une vingtaine d'années, la lutte contre la piraterie est un projet de coopération entre les États riverains ; des collaborations ont débuté pour la défense d'intérêts partagés. Dès 1992, un centre régional de lutte contre la piraterie est créé avec le concours de l'Organisation maritime internationale ; un forum des armateurs régionaux, basé à Kuala Lumpur, est géré conjointement par la Chambre internationale de commerce et l'OMI. L'augmentation des capacités de surveillance, l'organisation de patrouilles coordonnées (par exemple, entre Singapour et l'Indonésie, l'Indonésie et la Malaisie, la Malaisie et la Thaïlande pour le détroit de Malacca), l'amélioration de la communication entre les différents centres opérationnels sont autant de mesures prises au niveau régional. Progressivement, une réponse plus globale a été organisée dans un cadre multilatéral : des initiatives comme les opérations *Malsindo*, *Eyes in the Sky*, *Intelligence Exchange Group*, sont coordonnées par un *Joint Coordination Committee*. De plus, deux structures multilatérales chargées de partager

[215] Article 100 : obligation de coopérer à la répression de la piraterie en haute mer ; article 108 : obligation de coopérer à la répression du trafic illicite de stupéfiants et de substances psychotropes (obligation également prévue dans la convention des Nations unies contre le trafic illicite de stupéfiants et de substances psychotropes, 1988 ; et la résolution A. 872 (20) de l'OMI relative à la prévention et l'élimination de l'introduction clandestine de drogues, de substances psychotropes et de précurseurs à bord des navires effectuant des voyages internationaux).

l'information d'intérêt maritime ont été inaugurées au début des années 2000 : *l'Information Sharing Centre* (ISC) et *l'Information Fusion Centre* (IFC).

Dans le prolongement de la lutte contre la piraterie dans la « Méditerranée asiatique », les exercices conjoints entre forces navales permettent de développer la coopération entre les différentes forces des pays participants. La lutte contre la piraterie et le terrorisme maritime, contre les trafics illicites ou plus récemment les opérations civilo-militaires sont autant de domaines dans lesquels une communauté de doctrine permet une plus grande capacité de coopération. Ces exercices auxquels participent des acteurs extérieurs comme l'Inde ou les États-Unis constituent un chantier majeur de l'ASEAN dans le domaine de la coopération sécuritaire.

Autre dossier prioritaire, lié au précédent : la lutte contre le blanchiment d'argent. Macao demeure la capitale mondiale du jeu et des trafics en tous genres. Les paradis fiscaux sont pléthores sur les bords de la « Méditerranée asiatique » : Singapour est considérée comme une véritable « Suisse asiatique », sa législation permettant l'existence de donneurs d'ordres non identifiables depuis des sociétés implantées dans le micro-État ; en Malaisie, l'île de Labuan garantit aux clients de ses établissements bancaires un secret absolu sur le nom des titulaires des comptes abrités et un taux d'imposition de 3 %.

Les objectifs à moyen terme

Plusieurs formes de collaboration – sans préjudice des revendications de souveraineté des États riverains – peuvent être imaginées : le partage des richesses sur une zone non contestée ; un moratoire multilatéral sur la pêche (au lieu du moratoire unilatéral imposé par la Chine)[216] ; un moratoire sur

---

216 Après sa visite en Chine en 2016, le président philippin Duterte a proposé d'interdire la pêche dans le lagon de Scarborough afin de préserver la vie marine dans la zone. Sans l'approuver formellement, la Chine n'a pas rejeté l'idée d'un sanctuaire marin.

les forages en haute mer dans certaines zones disputées. Dans la déclaration publiée après l'annonce du jugement de juillet 2016, le gouvernement chinois assortit ses critiques d'engagements à soutenir les projets conjoints de développement des ressources et à aboutir à des accords gagnant-gagnant afin de maintenir la paix et la stabilité dans la région[217]. La Chine pourrait donner effet à cet engagement de bonne volonté en collaborant avec les riverains dans ces domaines.

On peut imaginer la création d'un condominium[218] : plusieurs États exercent ensemble sur un territoire les compétences ordinairement exercées par un seul État ; ce régime juridique doit être fixé par un traité qui prévoit la mise en commun des compétences, suivant diverses modalités de répartition. C'est une solution de compromis qui pourrait concerner l'espace des Spratleys : un traité entre tous les États concernés aurait pour but de créer une agence internationale de gestion qui aurait deux objectifs : assurer la sécurité de la navigation dans la région par l'entretien de phares et gérer les ressources tant minérales qu'halieutiques.
Pour faciliter le processus, l'accord ne concernerait dans un premier temps que la zone nord des Spratleys dans laquelle les îlots sont occupés par trois États : la Chine, le Viêt Nam et les Philippines ; une zone qui se situe à l'écart des voies de navigation principales (et donc ne risque pas d'entraver la liberté de navigation) et dans laquelle la biodiversité est très riche. Les États concernés s'engageraient à coopérer pour protéger l'environnement marin, restaurer les récifs de corail et assurer la subsistance d'espèces en danger, notamment en interdisant la pêche dans la zone. Il faut y insister : l'établissement de cette zone de coopération se ferait sans

[217] Gouvernement de la République populaire de Chine, « Déclaration sur la souveraineté territoriale et les droits maritimes de la Chine dans la mer de Chine méridionale », 12 juillet 2016.

[218] Monique Chemillier-Gendreau, *op. cit.*, p. 133 ; Leszek Buszynski (ed.), *The south China sea maritime dispute: political, legal and regional perspectives*, New York, Routledge, 2015, p. 203.

préjudice des revendications de souveraineté sur les terres émergées et les espaces maritimes.

Les zones communes de développement

Les accords communs de développement sont un instrument juridique permettant l'exploitation des ressources vivantes et non vivantes de la mer qui offrent une alternative dans les situations de blocage diplomatique. Ces accords de *Joint Development* contribuent à générer la confiance entre les protagonistes ; plus encore, ils assurent une sécurité juridique aux entreprises – souvent étrangères – en charge de l'exploration et de l'exploitation des ressources : une sécurité essentielle compte tenu des volumes financiers en jeu.

Les exemples de ce type de coopération ne manquent pas. Pour ne considérer que l'Asie, l'accord de *Joint Development* entre l'Australie et l'Indonésie en 1989, puis celui de mai 2002 entre l'Australie et le Timor Oriental ont créé un régime d'exploitation commune considéré comme le plus élaboré au monde. En l'absence de consensus sur la délimitation de leurs plateaux continentaux respectifs, l'accord permet l'exploitation des ressources minérales en prévoyant notamment que tout gisement d'hydrocarbures situé dans la zone de *Joint Development* sera traité comme une seule unité d'exploitation et les profits équitablement partagés. En mer de Chine de l'Est, le Japon et la Corée du Sud ne parvenant pas à s'entendre sur une délimitation maritime ont créé une zone de développement conjoint dans laquelle il est convenu que les deux parties ont droit à une part égale des ressources naturelles qui y sont extraites.

Les zones communes de développement dans le golfe de Thaïlande peuvent également servir de modèles : pour assurer l'exploitation des ressources du plateau continental dans des zones contestées (chevauchement des revendications), la Thaïlande et la Malaisie ont créé une zone commune de développement depuis février 1979 ; c'est également le cas du Viêt Nam et de la Malaisie depuis juin 1992. Dans le premier

cas de figure, la Thaïlande et la Malaisie ont délimité leur plateau continental en 1972 ; une zone contestée recélait d'importantes quantités de gaz. L'ensemble de la zone de chevauchement fait l'objet d'un développement conjoint. La *Joint Development Area* est gérée par une autorité conjointe chargée de l'exploration et de l'exploitation des ressources ; les coûts et les bénéfices sont partagés. Il faut noter que la pêche, la recherche océanographique et la protection du milieu marin ne relèvent pas de l'autorité (mais sont exercées conjointement). La même formule permet l'exploitation conjointe de gisements de pétrole dans une zone de chevauchement entre les délimitations du Viêt Nam et de la Malaisie (dans ce cas, l'accord a été conclu entre les compagnies pétrolières nationales des deux pays, *Petronas* et *PetroVietnam*)[219]. En juillet 1992, un accord du même genre a été conclu entre le Viêt Nam et le Cambodge pour un projet de *Joint Development* dans les eaux historiques des deux États. Enfin, en juin 2001, un mémorandum a été signé par les ministres concernés de la Thaïlande et du Cambodge portant sur une zone contestée du plateau continental du golfe de Thaïlande.
Une autre solution consiste à répartir entre les États des secteurs géographiques sur lesquels ils disposent des droits d'exploration et d'exploitation des ressources.

Autant de possibilités qui méritent d'être étudiées car les litiges frontaliers en Mer d'Asie du Sud-Est font obstacle à la mise en place du projet de marché économique commun de 600 millions d'habitants (regroupant Thaïlande, Malaisie, Singapour, Indonésie, Philippines, Brunei, Viêt Nam, Laos, Birmanie, Cambodge) porté par l'ASEAN. Ils expliquent aussi les difficultés de la construction du dialogue avec les voisins chinois, japonais et coréen (ASEAN+3).

[219] Cf. le chapitre 7 de l'ouvrage collectif : Éric Mottet (dir.), *Géopolitique de la mer de Chine méridionale*, Québec, Presses de l'Université du Québec, 2017 ; François Campagnola, « Conflits maritimes et "*joint development*" en mer de Chine », *Annuaire du droit de la mer*, 2015, tome XX, p. 79-96.

Cette coopération entre États riverains de la mer d'Asie du Sud-Est est donc à construire ou à renforcer selon les échelles et les organisations. À l'échelle supra-régionale, l'ASEAN cherche depuis le milieu des années 1990 à élargir l'implication de partenaires extérieurs notamment par le biais de *l'Asean Regional Forum* (auquel participent les États-Unis, le Japon, le Canada, l'Australie, la Nouvelle-Zélande, la Corée du Sud, l'UE et depuis une dizaine d'années la Chine et la Russie). Inaugurée en 1989, l'APEC s'est donné comme objectif en 1994 de favoriser « la libération des échanges et des investissements dans la région Pacifique ». La compétition Chine-États-Unis est au cœur des enjeux de ces organisations à une échelle macro-régionale. Au mois d'avril 2014, Pékin a proposé de mettre sur pied un « groupe de travail » pour étudier la faisabilité d'un « Accord de libre-échange Asie-Pacifique » (*Free Trade Area of the Asia-Pacific, FTAAP*) qui regrouperait les 21 membres de l'APEC. Plus récemment, alors que les négociations sur le TPP (Partenariat trans-Pacifique ou TPP qui concernent douze États dont le Japon, l'Australie, la Malaisie et le Mexique – tous membres de l'APEC) proposé par le président Obama mais rejeté par son successeur à la Maison-Blanche, étaient au point mort, la Chine a profité du retrait américain et de la posture protectionniste de l'administration Trump pour inviter les États membres de l'ASEAN, mais aussi l'Australie, la Nouvelle-Zélande, l'Inde, le Japon et la Corée du Sud à former un *Regional Comprehensive Economic Partnership*. Ajoutées à la BRI, ces initiatives feraient de la Chine le moteur de l'économie asiatique. C'est pour éviter cette issue qui marquerait une totale dépendance économique à son égard que les onze États restants ont décidé, en novembre 2017, de poursuivre les négociations en vue d'un *Comprehensive and Progressive Trans-Pacific Partnership,* ou *CPTT-11*.

Conclusion

Cette étude refuse tout parti pris. Prendre parti, c'est se retirer du débat. La validité des motifs des protagonistes – dont certains s'enferment dans des positions intenables – ne signifie nullement qu'il faut préférer l'un à l'autre. Il convient plutôt de construire politiquement une solution qui empêche une confrontation qui pourrait s'avérer désastreuse ; il faut dépasser les tensions et les conflits pour considérer l'évidence des convergences possibles et la nécessité d'une concertation.

Comment procéder ?

La convention de Montego Bay n'offre aucune solution de règlement concernant les revendications de souveraineté sur les archipels en mer d'Asie du Sud-Est ; elle contient cependant un certain nombre de règles et de principes sur le statut des différents éléments qui la composent, ainsi que sur la gestion et le règlement des différends. Il est évident que l'ouverture de négociations entre les États concernés sur leurs revendications respectives est sans doute la meilleure formule permettant, sinon de régler les conflits, tout au moins de connaître précisément les arguments de chacun et de pouvoir les discuter.

Mais la position chinoise constitue un obstacle majeur à cette approche, en fondant sa prétendue juridiction sur les eaux, le sol et le sous-sol de la mer d'Asie du Sud-Est sur des droits historiques et des titres qui méconnaissent les dispositions de la convention de 1982. Ce faisant, elle met volontairement en péril le régime juridique établi par cette dernière. Il est évident que la montée des tensions en mer d'Asie du Sud-Est s'inscrit dans une stratégie chinoise qui tente de s'affranchir du système des normes internationales reconnues et d'imposer un rapport de forces au nom des droits non négociables de la République populaire de Chine. Les enjeux vont donc au-delà des questions de souveraineté territoriale ; ils concernent la mise en œuvre des règles du droit international et des principes du règlement pacifique des différends.

Il ne faut néanmoins pas exagérer la situation comme le font souvent les médias ; on est loin d'une « nouvelle bataille du Pacifique ». Tous les États impliqués essaient à tout prix d'éviter une confrontation militaire, leurs dirigeants étant convaincus que tous les protagonistes y perdraient ; les enjeux politico-économiques sont trop élevés. C'est en particulier l'image internationale de la Chine qui en pâtirait, alors que le pays entend obtenir le statut d'une grande puissance[220]. D'ailleurs, l'année 2017 a été relativement calme en mer d'Asie du Sud-Est ; l'attention des observateurs était centrée sur le 19e congrès du parti communiste chinois et les premières initiatives de la nouvelle administration américaine. Les pays d'Asie du Sud-Est ont profité du maintien du *statu quo* pour tenter de faire progresser le projet de code de conduite en mer de Chine du Sud.

Or, la situation reste inquiétante en raison de l'impasse diplomatique ; aucune des enceintes multilatérales ne s'est avérée réellement capable d'assurer une gestion collective des conflits. Les observateurs ressentent une forme d'impuissance, voire de fatigue diplomatique : le sentiment d'être dans une situation d'impasse.

Faute d'accord diplomatique en bonne et due forme, au moins quelques préalables pourraient laisser espérer un progrès dans l'avenir :

- la clarification par la Chine de ses revendications territoriales est indispensable, puisque l'ambiguïté qu'elle entretient sur ce point rend les négociations impossibles. C'est pourquoi l'abandon clair par la République populaire de Chine du tracé en neuf tirets permettrait de considérer la Chine comme un adhérent crédible à la convention sur le droit de la mer,

---

[220] Falk Harting, "How China understand public diplomacy: the importance of national image for national interests", *International Studies Review,* 2016, p. 655-680.

apporterait davantage de sérénité dans les négociations entre pays de la région, et ouvrirait éventuellement la voie à une exploitation commune des richesses dans les zones qui ne sont pas contestées. Il faut noter qu'aucune des déclarations critiques émises par l'agence *Chine Nouvelle* après le jugement du tribunal arbitral de juillet 2016 ne fait référence à la ligne en neuf tirets ; c'est peut-être le signe d'une évolution dans ce sens...

- D'autre part, tous les États concernés devraient s'entendre sur ce qui qualifie une île et ce qui la différencie d'un simple récif ou rocher, car cela change nettement l'étendue d'eau pouvant être revendiquée. Sur ce point, la jurisprudence internationale, et notamment la décision du tribunal arbitral de juillet 2016, apporte des éléments de clarification. Cette concertation pourrait se faire dans le cadre de groupes de travail composés de fonctionnaires et d'experts, ce qui faciliterait les débats et augmenterait le processus de coopération entre les États de la région.

Ensuite, les États riverains devraient adopter et mettre en œuvre des mesures destinées à instaurer entre eux un esprit de concorde et de confiance réciproque. Elles pourraient concerner le domaine si sensible des pêcheries.
Conscients des dangers de la surexploitation des stocks existants, les États devraient ouvrir des discussions sur la création d'une organisation régionale de gestion des pêcheries, en se fondant sur l'accord de 1995 sur les stocks de poissons. Ce dernier établit un régime juridique global pour la conservation et l'exploitation durables des stocks de poissons chevauchants et des stocks de poissons grands migrateurs. Depuis son entrée en vigueur en 2001, il a déjà eu un réel impact sur la gouvernance des pêcheries. S'appuyant sur les dispositions de la convention sur le droit de la mer, il a été établi pour répondre aux problèmes de gestion des pêches hauturières identifiés dans le programme d'action pour un développement durable de la conférence des Nations unies sur l'environnement et le développement de 1992 : « la pêche non

réglementée, le suréquipement, la taille excessive des flottes, la pratique du changement de pavillon permettant de se soustraire aux régimes de contrôle, l'utilisation d'engins de pêche insuffisamment sélectifs, le manque de fiabilité des bases de données et l'absence générale d'une coopération pourtant nécessaire entre les États ». Ceux-ci sont invités à coopérer entre eux pour remédier aux « imperfections des méthodes de pêche ». De plus, l'accord renforce la responsabilité de l'État du pavillon à l'égard des navires de pêche battant leur pavillon. Aujourd'hui, seules l'Indonésie, les Philippines et la Thaïlande sont parties à l'accord de 1995. Sans attendre la conclusion éventuelle d'un accord de ce genre, les États devraient convenir de certaines mesures d'urgence : coordination des moratoires sur la pêche ; établissement de zones interdites à la pêche ; interdiction de certaines pratiques illégales et répression de ces pratiques.

Sur ce dernier point qui concerne le traitement des pêcheurs accusés de pêche illégale, chaque État du pavillon doit être responsable d'assurer la police de ses propres navires : les garde-côtes ne seraient pas autorisés à arrêter et détenir les pêcheurs d'autres nationalités, mais ne pourraient que les expulser et demander à l'État du pavillon de les mettre en jugement. Les condamnations prononcées seraient communiquées aux autorités de l'État concerné par la pratique illégale. Ainsi s'instaurerait la confiance entre les riverains. Quant à l'arraisonnement d'un navire soupçonné de servir à des activités illégales, plusieurs conventions internationales prévoient que les États doivent rechercher l'accord et le consentement de l'État du pavillon avant de conduire une enquête et de procéder à l'arraisonnement. Un avis rendu récemment par la formation plénière du tribunal international du droit de la mer (TIDM)[221] va dans ce sens. Dans cet avis, le TIDM renouvelle le traitement de la question de la pêche INN.

---

[221] TIDM, 2 avril 2015. *Avis consultatif. Demande soumise par la Commission sous-régionale des pêches (CSRP). https://www.itlos.org/fr*

Cette dernière est traditionnellement considérée sous l'angle de la responsabilité des armateurs et des capitaines. L'avis ouvre une voie différente : celle des droits et obligations des États, qu'il s'agisse des États côtiers ou des États de pavillon, face aux activités de pêche INN, ainsi que leur responsabilité internationale en relation avec l'activité des navires de pêche. Cette ouverture n'est pas anodine : s'il est tenu pour responsable, l'État du pavillon devra supporter la charge financière intégrale des dommages causés par la pêche INN. L'attribution du pavillon étant essentiellement une affaire économique, ce déplacement de la responsabilité vers les États n'est pas sans incidence[222].

Compte tenu de l'étendue des droits qui lui sont conférés par la convention, c'est à l'État côtier qu'incombe, pour le TIDM, « la responsabilité première de prendre des mesures nécessaires en vue de prévenir, contrecarrer et éliminer la pêche INN » [Avis, par. 106]. Mais les juges ajoutent aussitôt que cette responsabilité « n'a pas pour effet de libérer les autres États de leurs obligations en la matière » [Avis, par. 108]. Bien que la convention sur le droit de la mer ne contienne aucune disposition spécifique relative aux obligations de l'État du pavillon concernant la pêche INN, le tribunal fait une lecture combinée des articles 58 (par. 3), 62 (par. 4) et 192 de la convention pour déclarer que « les États du pavillon soient tenus de prendre toutes les mesures nécessaires pour veiller à ce que leurs ressortissants et les navires battant leur pavillon ne se livrent pas à des activités de pêche INN » [Avis, par. 124]. Autrement dit, les États tiers doivent non seulement respecter la réglementation de l'État côtier, mais aussi la faire respecter. Les obligations des États que dégage le TIDM sont des obligations de comportement : mettre en place les moyens appropriés pour empêcher les navires de pratiquer la pêche INN ; ce sont également des obligations de *due diligence :* prendre toutes les mesures nécessaires... Les États du pavillon

---

[222] Guillaume Le Floch, « Le premier avis de la formation plénière du TIDM », *Annuaire Français de Droit International,* 2015, p. 669-698.

sont tenus d'exercer leur juridiction ; pour ce faire, l'avis détaille les obligations qui pèsent sur eux et les moyens dont ils disposent [Avis, par. 133 à 139] : prendre toutes les mesures pour que ce type de pêche soit effectivement interdit, adopter une législation ou une réglementation assortie de sanctions dissuasives, éventuellement procéder à une enquête…

Un accord sur ce point est en bonne voie puisqu'en 2016, les pays de l'ASEAN ont adopté une déclaration sur la lutte contre la pêche illégale, non déclarée et non réglementée qui renforce la coopération multilatérale dans ce domaine, et qui vise à conformer la réglementation nationale des pays membres aux standards et aux règlements internationaux afin d'assurer leur sécurité alimentaire. La déclaration met l'accent sur le contrôle et la surveillance des activités de pêche, la traçabilité et la qualité des produits de la pêche et de l'aquaculture, les conditions de travail… Toutefois, les différences de point de vue entre États sur leur conception de la pêche illégale rendent la tâche particulièrement complexe. Mais l'organisation de patrouilles communes menées par des garde-côtes serait une mesure de confiance susceptible de faire avancer la mise en œuvre de la déclaration.

Enfin, il conviendrait d'entamer une démilitarisation de cette zone : la déclaration sur la conduite des parties interdit déjà aux pays concernés de construire des fortifications ou de nouvelles constructions en mer ; il s'agirait d'interdire en outre le développement de constructions existantes. Par ailleurs, les parties devraient accepter de remplacer progressivement les forces militaires par des forces paramilitaires ou de police ; Taïwan a déjà remplacé ses forces militaires à Itu Aba par des garde-côtes en 2000.

Certains vont plus loin et imaginent, pour l'archipel des Spratleys, un statut analogue à celui de l'Antarctique : une zone démilitarisée qui deviendrait un espace de paix et de développement en commun[223]. Les membres de l'ASEAN ont signé en 1995 un traité déclarant l'Asie du Sud-Est zone dénucléarisée ; en 2009, le président chinois Hu Jintao a déclaré devant le conseil de sécurité des Nations unies que la politique de la Chine était de ne pas utiliser en premier l'arme nucléaire et de ne jamais en menacer les États qui ne possèdent pas l'arme nucléaire et les zones déclarées dénucléarisées[224] ; en 2011, le gouvernement des Philippines a proposé de faire de la mer d'Asie du Sud-Est une « zone de paix, de liberté, d'amitié et de coopération » en isolant les Spratleys, en démilitarisant les îles et en formant un organisme conjoint chargé de gérer les ressources. Toutefois, cette feuille de route a été rejetée par la Chine et ignorée par les partenaires de l'ASEAN.

Mais ces diverses propositions supposent, pour voir le jour, l'ouverture de négociations de bonne foi, et non l'imposition d'un rapport de forces ; elles nécessitent un minimum de confiance entre les dirigeants de la région. De ce point de vue, l'établissement en 2017 d'une ligne téléphonique directe (*hotline*) entre les ministres des Affaires étrangères pour discuter des situations d'urgence en mer est un développement incontestablement positif. La même année, les ministres des Affaires étrangères ont adopté une déclaration commune pour mettre en œuvre en mer d'Asie du Sud-Est le « code de conduite pour les rencontres imprévues en mer » : ce « code » entré en vigueur en avril 2014 établit des standards de communication navale pour éviter que des rencontres imprévues en mer entre forces supposées non amicales ne suscitent des méprises, de mauvaises interprétations des intentions adverses, et ne dégénèrent en conflit. Malgré son intitulé, il n'a qu'une valeur de recommandation ; par ailleurs, il

---

[223] Zou Keyuan, "The south China sea", *in* Donald Rothwell (éd.), *The Oxford Handbook of the law of the sea*, Oxford, Oxford University Press, 2015, p. 643 *sq*.

[224] Déclaration du président Hu Jintao devant le Conseil de sécurité des Nations unies lors du sommet sur la non-prolifération nucléaire et le désarmement nucléaire, 24 septembre 2009.

n'est pas certain que ce texte qui concerne les navires civils puisse trouver application s'agissant des opérations de police en mer[225]. C'est pourquoi, depuis 2015, la Malaisie propose que les dispositions du « code » ne se limitent pas aux seules marines de guerre mais s'appliquent également aux garde-côtes ainsi qu'aux milices navales[226]. Reste que, en dépit de ses lacunes, l'adoption de la déclaration traduit incontestablement une intention de faire diminuer les tensions.

Dans le même esprit, ils ont exhumé un « accord pour la prévention des incidents en haute mer et au-dessus de la haute mer » afin de l'appliquer à la région : cet accord avait été signé entre l'URSS et les États-Unis le 25 mai 1972 pour prévenir les collisions en haute mer ; il vise à interdire un comportement agressif à proximité d'un navire étranger, prescrit l'utilisation de signaux par drapeaux afin d'établir une communication entre navires, et prévoit une rencontre annuelle afin de passer en revue les incidents survenus. Il s'agit de réduire le plus possible les malentendus et la mauvaise interprétation par une partie des intentions de l'autre. Concrètement, les dix articles de l'accord établissent des règles destinées à éviter les collisions, à interdire certaines manœuvres, à maintenir une distance suffisante par rapport au navire qui fait l'objet d'une enquête, à utiliser des signaux internationaux lorsque les navires manœuvrent les uns à côté des autres, à interdire des attaques simulées... L'accord requiert également des États concernés la notification préalable (trois à cinq jours, précise le texte) de toute initiative qui pourrait représenter un danger pour les navires ou les avions en survol. L'adoption du texte en 1972 marquait le dégel des relations entre l'Est et l'Ouest. Faut-il y voir un signe ?

---

[225] Puisque ces dernières supposent généralement le contrôle des navires, et donc leur approche, leur abordage et – en cas de refus de l'équipage – des mesures de contrainte.

[226] Sont visées les milices navales chinoises qui escortent les flottes de pêche, servent d'unités de reconnaissance hydrographique et d'observation des activités en mer, voire de forces d'obstruction à l'encontre de bâtiments étrangers ou de forces d'occupation sur les îlots contestés.

Bibliographie

Cette bibliographie n'entend évidemment pas être exhaustive : d'une part manquent les travaux en langues chinoise et vietnamienne dont n'ont été consultées que des traductions partielles et ponctuelles, en fonction des questions traitées dans cet ouvrage ; d'autre part, elle ne comporte que les ouvrages et articles généraux ; les études spécifiques qui ont été utilisées apparaissent au fil des notes de bas de page.

GÉOPOLITIQUE

BLAZEVIC Joan, "Navigating the security dîlemma. China, Vietnam and the South China sea", *Journal of Current Southeast Asian Affairs,* 2012, n° 4, p. 79-108.

FAURE Guy, *Nouvelle géopolitique de l'Asie*, Paris, Ellipses, 2005.

FELS Enrico *et al.*, *Power politics in Asia's contested waters: territorial disputes in the south China sea*, Cham, Springer, 2016.

FRECON Eric (dir.), *Asie de l'Est et du Sud-Est*, Paris, Ellipses, 2015.

GERSTL Alfred (ed.), *Unresolved Border, Land and Maritime disputes in Southeast Asia,* Boston, Brill, 2016.

GIPOULOUX François, *La Méditerranée asiatique*, Paris, CNRS, 2009.

GUILLAUME Jacques, *Espaces maritimes et territoires marins*, Paris, Ellipses, 2015.

HAIWEN Biao, "South 'China' Sea", *Outre-Terre*, 2010, n° 2, p. 321-336.

HUANG Jing et BILLO Andrew, *Territorial Disputes in the South China Sea: Navigating rough waters*, Londres, Palgrave, 2015.

IRIS, *Mer de Chine méridionale, nouvel espace de crise*, Paris, IRIS, 2012.

International Institute for Strategic Studies, *Asia-Pacific Regional Security Assessment,* Londres, 2017.

JAN Michel *et al.*, *Atlas de l'Asie orientale. Histoire et stratégies*, Paris, Seuil, 1997.

KONINCK de Rodolphe, *L'Asie du Sud-Est*, Paris, A. Colin, 2012.

LACOSTE Yves, « La Méditerranée de l'Asie du Sud-Est », *Hérodote*, n° 88, 1998, p. 184-193.

LASSERRE Frédéric, « Un conflit oublié : les rochers de mer de Chine du Sud », *Revue de géographie de Lyon*, 1998, n° 1, p. 25-32.

MOTTET Éric (dir.), *Géopolitique de la mer de Chine méridionale*, Québec, Presses de l'Université du Québec, 2017.

MUS Paul, *L'angle de l'Asie*, Paris, Hermann, 1977.

NGUYEN Quoc Thanh, « La mer au-delà des frontières : le lien entre les pays d'Asie du Sud-Est », *Moussons*, 2016, n° 27, p. 13-21.

ROCHE Yann, « La mer de Chine méridionale : un enjeu frontalier majeur en Asie du Sud-Est », *L'Espace politique*, 2013, n° 3.

ROCHE Yann, « Mer de Chine du Sud : un jeu de go à hauts risques », *Diplomatie*, juin-juillet 2016, p. 35-39.

SCHAEFFER Daniel, « Mer de Chine du Sud : force ne fait pas droit », *Annuaire du droit de la mer*, 2014, tome XIX, p. 253-289.

STOREY Ian, « Discordes en mer de Chine méridionale : les eaux troubles du Sud-Est asiatique », *Politique Étrangère*, 2014, n° 3, p. 35-47.

TERTRAIS Hugues, *Atlas des guerres d'Indochine*, Paris, Autrement, 2004.

TERTRAIS Hugues, *Atlas de l'Asie du Sud-Est*, Paris, Autrement, 2014.

TRÉGLODE Benoît de, *La mer de Chine du Sud, le Viêt Nam et la Chine*, Paris, Observatoire Asie du Sud-Est, 2011.

ASPECTS JURIDIQUES

APOLLIS Gilbert, *Les frontières maritimes en droit international*, Publications du Centre national pour l'exploitation des océans, rapport n° 7, 1979.

BASTID BURDEAU Geneviève, « Le puzzle de la situation dans la mer de Chine méridionale : un défi pour la sécurité régionale et mondiale ? », *Annuaire Français de Droit International*, 2015, p. 75-91.

BORIES Clémentine, « L'arrêt de la Cour internationale de justice du 23 mai 2008 dans l'affaire Souveraineté sur Pedra Branca/Pulau Batu Puteh, Middle Rocks et South Ledge, Malaisie/Singapour », *Annuaire Français de Droit International*, 2008, p. 227-236.

BUSZYNSKI Leszek (ed.), *The south China sea maritime dispute: political, legal and regional perspectives*, New York, Routledge, 2015.

CHEMILLIER-GENDREAU Monique, *La souveraineté sur les archipels Paracels et Spratleys*, Paris, L'Harmattan, 1996.

DUPUY Pierre-Marie et KERBRAT Yann, *Les grands textes du droit international public*, Paris, Dalloz, 2016.

DUPUY Florian et DUPUY Pierre-Marie, “A legal analysis of China’s historic rights claim in the south China sea”, *The American Journal of International Law,* 2013, vol. 107, p. 125-161.

EISEMANN Pierre-Michel et PAZARTZIS Photini, *La jurisprudence de la Cour internationale de justice*, Paris, Pedone, 2008.

FERRIER Jean-Pierre, « Le conflit des îles Paracels et le problème de la souveraineté sur les îles non habitées », *Annuaire Français de Droit International*, 1975, n° 1, p. 175-196.

HOURY Christophe, *La piraterie maritime au regard du droit international*, Paris, L’Harmattan, 2014.

KEYUAN Zou, “The south China sea”, *in* Donald Rothwell (ed.), *The Oxford Handbook of the law of the sea*, Oxford, Oxford University Press, 2015, p. 626-646.

LABRECQUE Georges, *Les différends internationaux en Asie. Règlement judiciaire*, Paris, L’Harmattan, 2007.

Ministry of Foreign Affairs of Viet Nam, National boundary Commission, *Viet Nam’s sovereignty over Hoang Sa and Truong Sa archipelagos*, Hanoï, 2015.

Organisation des Nations unies, Division des affaires maritimes et du droit de la mer, *Le droit de la mer. Obligations des États parties aux termes de la convention sur le droit de la mer*, New York, 2005.

PANCRACIO Jean-Paul, *Droit de la mer*, Paris, Dalloz, 2010.

SHICUN Wu (ed.), *UN convention on the law of the sea and the south China sea*, Burlington, Ashgate, 2015.

TASSIN Virginie, *Les défis de l'extension du plateau continental*, Paris, Pedone, 2013.

YANN-HUEI Song (ed.), *Major law and policy issue in the south China Sea*, Burlington, Ashgate, 2014.

ZHIGUO Gao et BING Bing Jia, "The nine-dash line in the South China sea: history, status and implications", *The American Journal of International Law,* 2013, vol. 107, p. 98-124.

L'ASEAN

AUFFRAY Danièle (dir.), *L'ASEAN+3 : un espace en voie d'intégration en Asie de l'Est ?* Paris, CIRPES, 2006.

BEESON Mark, "Can ASEAN cope with China?" *Journal of Current Southeast Asian Affairs,* 2016, n° 1, p. 5-28.

EMMERS Ralph, "ASEAN search for neutrality in the South China sea", *Asian Journal of Peacebuilding*, 2014, n° 1, p. 61-77.

EVERS Hans-Dieter, AZHARI Karim, "The maritime potential of ASEAN economies", *Journal of Current Southeast Asian Affairs*, 2011, n° 1, p. 117-124.

SCHAEFFER Daniel, « Mer de Chine du Sud. Code de conduite : la grande chimère », *La Revue Géopolitique*, 30 janvier 2016.

THAYER Carlyle, "ASEAN's Long March to a Code of Conduct in the South China Sea", *The Maritime Issues*, 2017, n° 1, p. 39-49.

VORAPETH Kham, *L'ASEAN de A à Z*, Paris, L'Harmattan, 2011.

LA CHINE

AMELOT Laurent, « La stratégie chinoise du collier de perles », *Outre-Terre* 2010, n° 2, p. 187-198.

BOOTH Anne, “China and Southeast Asia: political and economic interactions”, *Journal of Current Southeast Asian Affairs,* 2011, n° 2, p. 3-5.

CABESTAN Jean-Pierre, *La Chine en quête de ses frontières. La confrontation Chine-Taïwan*, Paris, Presses de Sciences Po, 2005.

CABESTAN Jean-Pierre, *La politique internationale de la Chine, entre intégration et volonté de puissance*, Paris, Presses de Sciences Po, 2015.

COLIN Sébastien, *La Chine et ses frontières*, Paris, A. Colin, 2011.

DELALANDE Philippe, *La Chine de Xi Jinping. Ambitions et résistances,* Paris, L'Harmattan, 2018.

DUCHATEL Mathieu, « Marine de Pékin et (fantasme de) menace sur la sécurité », *Outre-Terre*, 2010, n° 2, p. 199-213.

DUCHATEL Mathieu, *Géopolitique de la Chine*, Paris, PUF, 2017.

GIPOULOUX François *et al.*, *La Chine, puissance maritime*, Paris, Ateliers Dougier, 2016.

HURNQ-Yu Chen, “A Comparison between Taipei and Peking in their Policies and Concepts regarding the South China Sea”, *Issues and Studies. Institute of international Relations*, September 1993, p. 22-58.

JOHNSON Christopher, *President Xi Jinping's “Belt and Road” Initiative*, Washington, CSIS, 2016.

LASSERRE Frédéric, *Le dragon et la mer. Stratégies géopolitiques chinoises en mer de Chine du Sud*, Paris, L'Harmattan, 1996.

MAXWELL Neville, *China's borders*, Newcastle, Cambridge Scholars Publishing, 2014.

NAZET Michel, *La Chine et le monde*, Paris, Ellipses, 2012.

PETTMAN Ralph, "China's Region building Strategy in Southeast Asia", *in* KAVALSKI Emilian, *China and the global politics of regionalization*, Sydney, Ashgate, 2009, p. 139-152.

SCOTT Shirley, "China's nine-dash line, international law and the Monroe doctrine", *China Information*, vol. 30, n° 3, 2016, p. 296-311.

SHENG Lijun, "China and ASEAN in Asian Regional Integration", *in* WANG Gungwu, *China and the new international order*, Nottingham, Routledge, 2009, p. 256-278.

SUMMERS Tim, "Discourses and institutions in China's maritime disputes", *China Information*, vol. 30, n° 3, 2016, p. 275-295.

SURYADINATA Leo, *The Rise of China and the Chinese Overseas: a Study of Beijing's Changing Policy in Southeast Asia and Beyond*, Singapore, ISEAS, 2017.

THAYER Carlyle, "Chinese assertiveness in the South China sea and southeast Asian responses", *Journal of Current Southeast Asian Affairs*, 2011, n° 2, p. 77-104.

ZHANG Qingmin, *La diplomatie chinoise*, Paris, Pages ouvertes, 2015.

L'INDONÉSIE

CAYRAC-BLANCHARD Françoise, *Indonésie. Un demi-siècle de construction nationale*, Paris, L'Harmattan, 1992.

CHANG Félix, "Chinese energy and Asian security", *Orbis*, 2001, n° 2, p. 211-260.

HOROWITZ Donald, *Constitutional change and democracy in Indonesia*, Cambridge university press, 2013.

SMITH Anthony, "Indonesia's foreign policy under Abdurrahman Wahid", *Contemporary Southeast Asia*, 2000, n° 3, p. 498-526.

LA MALAISIE

ABDUL RAZAK Baginda, *China-Malaysian relations and Foreign Policy*, New York, Routledge, 2016.

CAMROUX David, *Unité nationale et politique étrangère en Malaisie*, Paris, Cahiers du CERI, 1994.

LAFAYE de MICHEAUX Elsa, *La Malaisie, un modèle de développement souverain*, Lyon, ENS, 2012.

MAHATIR Mirzan, "Malaysia's role in Asian regional cooperation", *Asia-pacific Review*, 2007.

LES PHILIPPINES

BOREL Gildas, « La gestion des pêches maritimes côtières dans les pays de l'ASEAN. L'exemple des Philippines », *Cahiers d'outre-mer*, 1998, n° 203, p. 227-254.

FOUBERT Charles Henri, *Les Philippines. Le réveil d'un archipel*, Paris, L'Harmattan, 2016.

ROMULO Roberto, "Philippine Foreign Policy", *Fletcher Forum of World Affairs*, 1993, p. 131-143.

STOREY Ian, "Creeping Assertiveness : China, the Philippines and the South China Sea Dispute", *Contemporary Southeast Asia*, 1999, n° 1, p. 95-118.

LE VIÊT NAM

BLANCHARD Michel, *Vietnam-Cambodge : une frontière contestée*, Paris, L'Harmattan, 1999.

CHEMILLIER-GENDREAU Monique (dir.), *Le Vietnam et la mer*, Paris, Les Indes Savantes, 2002.

GRANDSERRE Alice, *Le Viêt Nam face à la stratégie de défense chinoise en mer de Chine méridionale*, Paris, Centre d'études supérieures de la marine, 2012.

HÉRODOTE, « Les enjeux géopolitiques du Viêt Nam », n° 157, Paris, La Découverte, 2015.

HIEN Do Benoit, *La politique étrangère contemporaine du Viêt Nam*, Paris, Asia Centre à Sciences Po, 2009.

HOU Laurent, *Les relations sino-vietnamiennes*, Paris, China Institute, 2010.

KET Vu Doan, « L'empire du Milieu perçu du Viêt Nam », *Outre-Terre*, 2006, n° 2, p. 2290-245.

LAFONT Pierre Bernard (dir.), *Les frontières du Vietnam*, Paris, L'Harmattan, 1989.

LE Thi Hang, *Les facteurs de la politique étrangère du Vietnam*, Thèse, science politique, université Toulouse 1, 2015.

LE Tran Anh, « Viêt Nam résistant », *Outre-Terre*, 2010, n° 2, p. 351-358.

LY Toan Quan, *Géopolitique du Viêt Nam. Un État entre continent et mers du sud*, thèse Droit, Lille, 2002.

NGUYEN HONG Thao, *Le Vietnam face aux problèmes de l'extension maritime dans la mer de Chine méridionale*, thèse Droit, Paris1, 1996.

NGUYEN HONG Thao, *Le Vietnam et ses différends maritimes dans la mer de Bien Dong*, Paris, Pedone, 2004.

VO Long Tê, *Les archipels de Hoang Sa et de Truong Sa selon les anciens ouvrages vietnamiens d'histoire et de géographie*, Saigon, ministère de la Culture, Publications en langues étrangères, 1974.

Sites Internet

ASEAN :
http://www.aseansec.org
Agence vietnamienne d'information :
http://www.vnagency.com.vn
Center for Strategic and International Studies :
http://csis.org/FAS
Military Education Research Library Network :
http://merln.ndu.edu
Ministère des Affaires étrangères des Philippines :
http://www.dfa.gov.ph
Ministère des Affaires étrangères du Vietnam :
http://www.mofa.gov.vn
Ministère de la Défense nationale de la Chine :
http://www.gov.cn
Stockholm International Peace Research Institute :
http//www.sipri.org
Strategic Studies Institute :
http://www.strategicstudiesinstitute.army.mil

Table des matières

Structures éditoriales du groupe L'Harmattan

L'Harmattan Italie
Via degli Artisti, 15
10124 Torino
harmattan.italia@gmail.com

L'Harmattan Hongrie
Kossuth l. u. 14-16.
1053 Budapest
harmattan@harmattan.hu

L'Harmattan Sénégal
10 VDN en face Mermoz
BP 45034 Dakar-Fann
senharmattan@gmail.com

L'Harmattan Cameroun
TSINGA/FECAFOOT
BP 11486 Yaoundé
inkoukam@gmail.com

L'Harmattan Burkina Faso
Achille Somé – tengnule@hotmail.fr

L'Harmattan Guinée
Almamya, rue KA 028 OKB Agency
BP 3470 Conakry
harmattanguinee@yahoo.fr

L'Harmattan RDC
185, avenue Nyangwe
Commune de Lingwala – Kinshasa
matangilamusadila@yahoo.fr

L'Harmattan Congo
67, boulevard Denis-Sassou-N'Guesso
BP 2874 Brazzaville
harmattan.congo@yahoo.fr

L'Harmattan Mali
Sirakoro-Meguetana V31
Bamako
syllaka@yahoo.fr

L'Harmattan Togo
Djidjole – Lomé
Maison Amela
face EPP BATOME
ddamela@aol.com

L'Harmattan Côte d'Ivoire
Résidence Karl – Cité des Arts
Abidjan-Cocody
03 BP 1588 Abidjan
espace_harmattan.ci@hotmail.fr

L'Harmattan Algérie
22, rue Moulay-Mohamed
31000 Oran
info2@harmattan-algerie.com

L'Harmattan Maroc
5, rue Ferrane-Kouicha, Talaâ-Elkbira
Chrableyine, Fès-Médine
30000 Fès
harmattan.maroc@gmail.com

Nos librairies en France

Librairie internationale
16, rue des Écoles – 75005 Paris
librairie.internationale@harmattan.fr
01 40 46 79 11
www.librairieharmattan.com

Librairie l'Espace Harmattan
21 bis, rue des Écoles – 75005 Paris
librairie.espace@harmattan.fr
01 43 29 49 42

Lib. sciences humaines & histoire
21, rue des Écoles – 75005 Paris
librairie.sh@harmattan.fr
01 46 34 13 71
www.librairieharmattansh.com

Lib. Méditerranée & Moyen-Orient
7, rue des Carmes – 75005 Paris
librairie.mediterranee@harmattan.fr
01 43 29 71 15

Librairie Le Lucernaire
53, rue Notre-Dame-des-Champs – 75006 Paris
librairie@lucernaire.fr
01 42 22 67 13

www.ingramcontent.com/pod-product-compliance
Lightning Source LLC
LaVergne TN
LVHW011317061026
849535LV00005B/1601
* 9 7 8 2 3 4 3 1 4 7 3 1 4 *